Launert • Erdbuch für das Gut in Süderhastedt

Dieter Launert

Erdbuch
des Baltzer Hans von Buchwaldt
für das Gut in Süderhastedt
1680 -1744
Besitz von Heinrich Rantzau bis Familie Köhler

2016

© 2016 Verein für Dithmarscher Landeskunde e.V.

Gestaltung: Wolfgang W. Schulz

Herstellung und Verlag: BoD – Books on Demand, Norderstedt

ISBN 978-3-7392-0685-1

Inhaltsverzeichnis

Zur Geschichte des Gutes Lütjenhastedt	7
Das Erdbuch – Baltzer Hans von Buchwaldt 1680	
Die Besitzungen in Süderhastedt (Blatt 1 – 19)	53
Die Besitzungen in Krumstedt (Blatt 20 – 72)	66
Die Besitzungen in Bargenstedt (Blatt 73 – 75)	99
Das Erdbuch – Ein anderer Schreiber 1693	
2 Vergleiche 1660 und 1662 (Blatt 76 – 78)	101
„Inventarium" Lütjenhastedt (Blatt 79 – 86)	105
Besitzungen in Krumstedt (Blatt 87 – 122)	118
Besitzungen in Burg (Blatt 123 – 126)	129
Besitzungen in Bargenstedt (Blatt 127 – 149)	132
Besitzungen in Speersdieck (Blatt 150 – 152)	135
Das Erdbuch – Verkauf des Hofes 1743/44	
Die Besitzungen in Süderhastedt (Blatt 153 – 169)	137
Die Besitzungen in Kleinen Rade (Blatt 170 – 174)	146
Die Besitzungen in Burg (Blatt 175 – 180)	148
Die Besitzungen in Bargenstedt (Blatt 181 – 184)	151
Die Besitzungen in Krumstedt (Blatt 185 - 215)	154
Schreiben zu Klein Rade 1695/96 an Buchwaldt (Blatt 216)	162
Versteigerung von Lütjenhastedt (Blatt 217 - 232)	163
Neue Aufstellung (von 1735; Blatt neu 23 – neu 60)	170
Buchwald 1684 gegen Kirchspielvogt in Burg	179

Anhang 1.1: Verkauf des Hauses in Burg von Wulf von Buchwaldt an Johann Boje 1625	183
Anhang 1.2: Gesuch Wulf von Buchwalds über Privilegien für sein Gut in Steinburg 1643	185
Anhang 1.3: Wulf von Buchwald zur Reparatur der Windmühle in Lütjenhastedt 1643	192
Anhang 2: Kaufbrief für den Hof Lütjenhastedt durch Nicolaus von Merlau 1666	197
Anhang 3.1: Baltzer Hans von Buchwald verkauft Lütjenhastedt 1694	200
Anhang 3.2: Einwendungen der Landschaft 1696	205
Anhang 3.3: Notiz des Baltzer Hans von Buchwald als Erwiderung	206
Anhang 3.4: Pachtvertrag über Lütjenhastedt mit Leutnant Tuchscherer 1696	207
Anhang 3.5: Leichenpredigt für Catharina von Buchwald 1700	209
Anhang 4: Verkauf von Lütjenhastedt 1744	215
Anhang 5: Das braune Leder-Büchlein 1690-1695	218
Anhang 6: Die Bargenstedter Landschätzung 1677	239
Anhang 7: Abschrift des Erdbuches ca. 1724	242
Personen- und Flurstücknamen	261
Spezielle Begriffe und Landmaße	268
Literaturverzeichnis	269

Zur Geschichte des Gutes Lütjenhastedt

Die meisten Geschichtsdarstellungen[1] sagen für Dithmarschen, dass es nach 1300 fast keinen Adel und damit keine adligen Güter in Dithmarschen gab. Marten/Mäckelmann formulieren noch einfach,[2] dass „der Adel zuerst in der Marsch und später auch auf der Geest erlosch, und die Adligen, die im Lande blieben, wurden einfache Bauern." Heinz Stoob[3] sagt differenzierter: „Soweit der Adel nicht um 1300 außer Landes ging, dem kraftvoll über das ganze Land ausgreifenden Geschlechterwesen das Feld überlassend, vermochte er durch geschickte Anpassung an das neue Sozialgefüge seinen Einfluss auch fernerhin zu behaupten."Und Nis R. Nissen[4] erläutert, dass noch 1281 Beglaubigungen von Urkunden von „Vögten" und „milites", beides fraglos Vertreter des Adels, erfolgt seien; in den folgenden Jahren verschwänden jedoch bereits die „milites", die Adligen, aus dem Lande.[5] Mit dem Erstarken der Kirchspiele im 13. Jahrhundert verloren auch die Vögte ihre Bedeutung.

Bis zur Eroberung Dithmarschens 1559 waren adlige Güter bzw. Rittergüter, wie sie sonst in Schleswig und Holstein anzutreffen sind, in Dithmarschen also unbekannt. Danach versuchte der holsteinische Adel auch hier Land und Gutsgerechtigkeit zu erwerben. Im Mitteldrittel wollte Herzog Johann zu Hadersleben bereits 1572 den Landkauf unterbinden.[6] Im königlichen Süderdrittel erwarb Josias von Qualen als Amtmann von Steinburg und Gouverneur im Süderdrittel Dithmarschens ab 1571 Ländereien. König Friedrich II. schritt jedoch 1579 energisch ein und verlangte, den Kauf rückgängig zu machen,[7] da dies seinen eigenen Interessen zuwiderlief, denn Adelsgüter waren von Steuern und Abgaben weitgehend befreit. Die persönliche Steuerfreiheit des Adligen wurde auf seinen Landbesitz

---

[1] W. H. Kolster, Geschichte Dithmarschens, Leipzig 1873, Ndr. Leer 1976, S. 255.
Robert Chalybaeus, Geschichte Dithmarschens, Kiel/Leipzig 1888, Ndr. Leer 1988, S. 93.
Neocorus, Chronik des Landes Dithmarschen, hrsg. von Dahlmann, Heide 1904, Bd.I, S. 284f.
[2] Georg Marten/Karl Mäckelmann, Dithmarschen, Heide 1927, S. 51.
[3] Heinz Stoob, Geschichte Dithmarschens im Regentenzeitalter, Heide 1959, S. 237.
[4] in: Martin Gietzelt (Hrsg.), Geschichte Dithmarschens, Heide 2000, S. 114
[5] Nissen; in: Gietzelt, S. 117.
[6] E.J.Westphalen, Monumenta inedita, Bd. IV. 1745, Sp. 1669.
[7] Mandat des Königs vom 25. Jan. 1579.

übertragen, so dass der Besitznachfolger die Freiheiten auch dann mit erwarb, wenn er nicht dem Adel angehörte; dies sieht man deutlich an der Geschichte des Gutes Lütjenhastedt.[8]

Lediglich Heinrich Rantzau als Statthalter des Königs in Dithmarschen konnte ohne Schwierigkeiten größeren Landbesitz erwerben, da er beim König in hohem Ansehen stand. Am 31. Juli 1578 kaufte er für 6500 Reichstaler von den Erben Claus Rantzaus († vor 1570), der seit 1564 der Begründer des Gutes war und der erste königliche Amtmann von Süderdithmarschen, „dat Hus und Gut to Lütkenharstede mit aller togehörigen Fry und Gerechtigkeit" und konnte sogar trotz der oben genannten Verfügung des Königs seine Ländereien um Kleinhastedt mehren und meliorisieren und auf dem Gut prachtvolle Gebäude errichten.[9] Heinrich Rantzaus Sohn Geert Rantzau verkaufte das Gut 1600 an den König für 17.775 Reichstaler, und damit mit einer erheblichen Wertsteigerung. Im 17. Jahrhundert jedenfalls waren adlige Hofbesitzer in Süderdithmarschen mehrfach anzutreffen. Allein die Kirchenbücher von Süderhastedt für 1680-1762[10] nennen „Caspar von Roden aus Südergartstede", „Margareta von Roden", „Marx von Schonen in Eggstede", „Claus von Schonen in Eggstedt".

Zur Geschichte dieses Gutes Kleinhastedt von 1564 bis 1696 erschien im Dezember 2000 im Heft 4 der Zeitschrift „Dithmarschen" (Seiten 98-103) ein Bericht. In diesem standen die Gebäude und ihre Besitzer im Vordergrund, neben Heinrich Rantzau insbesondere Balthasar Hans von Buchwald,[11] aus einer Nebenlinie des großen Geschlechts der Buchwaldt (Bockwoldt) in Schleswig und Holstein. Dieser Baltzer Hans von Buchwald nimmt unter den Pächtern bzw. Besitzern einen besonderen Rang ein, da er 1680 sein sogenanntes „Erdbuch" anlegte, in welchem er Nachrichten über Zustand der Gebäude und Abgrenzungen des Hofbesitzes hinterließ. Er legte dieses Erdbuch an, weil seine schriftlichen Zeugnisse über den Hof bei einem Brand im September 1675 vernichtet worden waren.[12] Buchwald hatte die Pacht des Hofes 1660 von seinem verstorbenen Vater Wulf von Buchwald

---

[8] Köhler, S. 20.
[9] Heute Köhlerhof in Kleinhastedt. Vergl. Zeitschrift Dithmarschen, Heft 4, Dez. 2000, S. 98-103.
[10] Mikrofiche 1.1/2+ im Rentamt Meldorf, S. 128-133.
[11] Auch Baltzer, Balster.
[12] Siehe Seite 15 in Buchwaldts Erdbuch.

übernommen und kaufte ihn 1677. Schon 1627 im 30-jährigen Krieg hatten die Gebäude durch kaiserliche Truppen starken Schaden genommen; es gab kaum mehr Pferde und Vieh, die Heuerleute waren mehrheitlich verstorben, so dass König Christian IV. dem damaligen Pächter Wulf von Buchwald eine Reduzierung der jährlichen Pacht von 800 auf 500 Mark lübsch genehmigte: „ mit dem ehrsamen unserem lieben getreuen Wulf von Buchwalden wegen Gebrauchung unseres Hofes Lütgenharstede dahin contrahiert und geschlossen, dass derselbe 500 Mark lübisch zur jährlichen Heuer oder Abgift in unser Dithmarscher Amtsregister, so lange bis der jetzige Mangel an Pferden und Vieh mit der Zeit ersetzet und der Hof im vorigen besseren Stand wiederum gebracht worden, ... entrichten und geben soll."[13] Außerdem beauftragte er seinen Landvogt in Dithmarschen, die Schäden zu besichtigen und reparieren zu lassen. In einer Urkunde werden diese genau aufgelistet und Reparatur angeordnet: „Erstlich an dem großen Viehstalle, so 20 Werke lang, muss das Dach ganz neu gedeckt werden."[14] Bis 1653 scheinen sich die wirtschaftlichen Verhältnisse auf dem Gut wieder verbessert zu haben, denn König Friedrich III. gestattet Wulf von Buchwald „einen bei Klein Hadtstedt in der Heide gelegenen und dahin gehörigen Ort Klein Rade[15] einzunehmen und zu bebauen".[16]

Dieser Wulf von Buchwald besaß bereits, bevor er Kleinhastedt pachtete, ein Haus in Burg, das er 1625 verkaufte.[17] Dieser Kaufvertrag wurde auf dem Gut Lütjenhastedt geschlossen, weil der Käufer Johann Boie dort wohnte, wie eine Akte nachweist [siehe Anhang 1.1]. 1649 wird Buchwaldt königlicher Hegereiter in Süderdithmarschen. 1631 stiftet „der edle ehrenfeste Wulf von Buchwald, Inhaber des Gutes Lütken Hastedt der Kirche Süderhastedt 50 Mk. oder deren Zinsen"; in der Folgezeit werden in den Kirchenvisitationsprotokollen 1632-1648 „3 Mk. 5ß 6~~9~~ Rente" dafür eingenommen.[18] Noch 1702 und 1703 vermerkt dieses Kirchenvisitations-

---

[13] Landesarchiv Schleswig, Abt. 65.1, Nr. 604, Urkunde vom 31. Mai 1630.
[14] Landesarchiv Schleswig, Abt. 65.1, Nr. 604, Urkunde vom 25. April 1633.
[15] Auf halbem Wege an der Landstraße von Süderhastedt nach Großenrade gelegen.
[16] Landesarchiv Schleswig, Abt. 65.1, Nr. 605. Deutsche Kanzlei, Urkunde Christian Graf zu Rantzau vom 25. April 1654 auf Breitenberg.
[17] Wilhelm Johnsen, Balster Hans und seine Liebste, in: Zeitschrift Dithmarschen, 2/1954, S. 35.
[18] Kirchenvisitationsprotokoll 1660. Landesarchiv Schleswig, Abt. 102.1, Nr. 515.

protokoll Zinsen „wegen Frau Anna von Buchwald". Auf einer undatierten Seite, wahrscheinlich zu 1660, heißt es, „dass mit Frau Anna von Buchwaldt und dem Kirchspiel wegen ihres sel. Ehemannes Wulf von Buchwalds Begräbnisses ein Vergleich geschlossen worden ist, dass sie der Kirche noch 14 Mk. bezahle und dieser Streit damit aufgehoben sein solle. Im übrigen wollen die Kirchspielleute sich vorbehalten, dass sie niemandem ohne des Kirchspiels Bewilligung gestatten, dass er in der Kirche begraben werden soll." Beim Geld hörte halt auch damals der Dank für Spenden auf. Es heißt nämlich weiter, „dass sich die Prediger sehr beklagen, dass ihnen ihr Salarius nicht bezahlt wird."

Die Witwe Anna von Buchwald verkaufte als Eigentümerin von Kleinrade diesen Hof am 11.10.1695, nach dem Tod ihres Sohnes Wulf am 5. Mai 1695.[19] Wahrscheinlich ist dieser ein Sohn des oben genannten Wulf von Buchwald und damit Bruder des Balthasar von Buchwald. Wulf von Buchwald jun. tritt in demselben Kirchenbuch noch zwei Mal als Taufpate auf, 1682 bei Claus Sote auf Kleinrade und 1683 bei Jacob Moller in Süderhastedt.[20] Die Mutter muss kurz darauf verstorben sein, denn am 11.12.1695 heißt es „sel. Frau Mutter Miterben". Wulf von Buchwald sen. wird 1660 in der Kirche Süderhastedt beigesetzt,[21] das Gut Kleinhastedt wird am 11. Juli 1666 an Nikolaus von Merlau verkauft.[22] Der König behielt sich jedoch das Vorkaufsrecht (ius reluitionis), die Landschaft Süderdithmarschen erhielt das Näherverkaufsrecht (ius protemiseos).[23] Wulf von Buchwald sen.

---

[19] Kirchenbuch Süderhastedt 1665-1762, Taufen, Trauungen, Bestattungen. Mikrofiche 1.1/2+, S. 136, im Rentamt Meldorf: „Den 5. Mai 1695 ist Wulf von Buchwalt von Klein Rade begraben worden."

[20] „Den 12. August 1682 ist Claus Soten auf Klein-Rade Sohn Johan getauft worden. Gevattern sein Claus Sote der Großvater, Wulff von Buchwalt und Margareta Busche." „Den 31. Martii 1683 hat Jacob Moller in Süderharstede seinen Sohn Johan taufen lassen. Gevattern sein Wulff von Buchwalt, Marx Selmer aus dem Kirchspiel Schenefelt."

[21] Erdbuch, S. 76/77: „sel. Herrn Wulf von Buchwald 7. Mai 1660."

[22] Michelsen, *Adlige Güter in Dithmarschen*; in Staatsbürgerliches Magazin, Bd. 7, Kiel 1827, S. 706-732.

[23] Köhler, S. 25-27.

hatte mit seiner Frau Anna (mindestens) vier Kinder: Detlef,[24] 1668 als Kirchspielschreiber in Meldorf gestorben, eine Tochter Magdalena verheirate Boie, ein zweiter Sohn, namentlich nicht genannt, aber vielleicht Wulf jun., und als dritten Sohn eben den Baltzer Hans von Buchwald.

Mit ihm beginnt nun ein längerer Streit mit den Bauern, deren Ländereien sich mit denen des Hofes Kleinhastedt berührten; diese Streitigkeiten dauerten wohl bis 1680, denn in seinem Erdbuch (Seite 11) gibt er an, dass jetzt Grenzsteine und -pfähle stehen „die als eine beständige Scheidung zwischen Großenrade, Frestedt und seinem Hofe nach vielem Streit und Vergleich gesetzt worden seien." Um die richtigen Grenzen wieder zu erreichen, die die Bauern insbesondere in Großenrade und Frestedt eigenmächtig und unrechtmäßig in früheren Jahren zu ihren Gunsten verändert hatten und die nun auf ihrem vermeintlichen „Recht" beharrten, musste Buchwaldt gegen diese prozessieren. Er schreibt, er habe „bey angetrehtenem besitz dieseß hofeß viehle ungelegenheit, streihtt und proces annemen müßen, maßen sie ein mehreß weder ihnen zugehorig, in langen iahren in gebrauch gehabt und dahero alß ein recht pretendiret". Er wolle dieses Erdbuch erstellen nach solcher Art, dass alle Stücke gleichsam als eine Kette aneinander hängend von einem zum andern angezeigt und benannt werden.

Auch mit der Kirche Süderhastedt hatte er Streit. Dabei spielte wohl auch sein Anspruch eine Rolle, dass er eine Sonderstellung als adliger Gutsherr einnehmen dürfe. Er und sein Vater Wulf von Buchwald sprechen denn auch in diversen Urkunden im Landesarchiv Schleswig aus den Jahren 1631-1684 vom Hof, aber auch vom „Gut Lütken Hastede", eine Bezeichnung, die auch der König für diesen Hof verwendet. Buchwald führte einen Streit mit der Kirche Süderhastedt wegen Kirchenschatzungen, von denen er befreit war wegen „der praescribierten Immunität seines Hofes Lütgenhastedt".[25] Die Kirche hatte 1683 eine Sondersteuer erhoben, einen „Kirchenschatz zur Erhaltung der Kirche und der Priesterhäuser". Buchwald als „Eingepfarrter"

---

[24] Taufbuch St. Michaelisdonn: „Den 6. Mai 1668 ist Detlef von Buchwaldts Söhnlein getauft. Die Gevatter H. Jacob ..., Nicolaus Voigdt und Gretje Boyens, das Kind aber ist geheißen worden Jacob."
[25] Urteil Glückstadt vom 24. April 1689, Landesarchiv Schleswig Abt. 65.1, Nr. 1221.

müsse die Gebühr auch entrichten,[26] er verweigert jedoch die Zahlung mit dem Hinweis, dass sein Hof frei von solchen Abgaben sei. Der gerichtliche Streit zieht sich über mehrere Instanzen lange hin, mit wechselndem Erfolg. Am 5. Okt. 1687 entscheidet Friedrich Graf von Ahlefeld,[27] dass Buchwald bei künftigen Kirchenschatzen zahlen müsse, von alten Forderungen aber freigestellt wird. Am 24. April 1689 entscheidet das Glückstädter Gericht im Namen Kg. Christian V. jedoch zu Gunsten Buchwaldts, dass der „Kläger Baltzer Hans von Buchwaldt bei der präscribirten Immunität seines Hofes Lütgenhastedt von dem Kirchenschoße zu schützen" sei. Daraufhin ergeht erneut von den „gesamten Eingepfarrten des Kirchspiels Süderhastedt" eine vierseitige, eng beschriebene Klage an den König mit einigen Anlagen „wegen verweigerter Kirchencollecte oder Tribut". Geschickt argumentiert der Verfasser, wahrscheinlich ein Jurist, dass ja zuerst der Amtmann entschieden habe, dass Buchwald zu zahlen habe; er lässt weg, das nur die künftigen Abgaben gemeint sind, legt aber den Wortlaut der Entscheidung vom 5. Okt. 1687 als Anlage A bei. Dann geht der Verfasser auf frühere Zeiten ein, sagt, dass Magdalena Rantzau (eine Verwandte Heinrich Rantzaus, von der dieser den Hof Kleinhastedt kaufte) solche Umlagen „gerne mit contribuieret" habe und „sich dagegen nie gesperret" habe; Anlage C sind Auszüge aus dem Kirchenbuch Süderhastedt, die für 1570-1586 Zahlungen von Magdalena und Heinrich Rantzau bezeugen (24ß bis 6 Mk. 7ß). Dann erhebt der Autor moralische Vorwürfe, dass „von Buchwaldt in der Kirchen die besten Kirchengestüelte mit seinem gantzen Hofe betrete, seine Todten daselbst bestättige und in allen Not- und in anderen Fällen unserer Priester und deren Ambts sich mit seinem ganzen Hofe bediene". Buchwald sei dann in zweiter Instanz vor die Glückstädter Regierungskanzlei gegangen, die entschied, dass „bei der vorgeschützten Immunität seines Hofes Lütjenhastedt des Kirchenschoßes wegen zu lassen sei". Außerdem sei es Schuld der „einfältigen blöden alle Jahre wechselnden Kirchenvorsteher" gewesen, und die Baumeister seien „wegen allertiefsten Respektes und Ehrerbietung [gegenüber Buchwald] zur Eintreibung zu blöde gewesen". Nun geht der Verfasser zu Drohungen mit kirchlicher Macht über; dabei benutzt er

---

[26] Landesarchiv Schleswig, Abt. 102.1, Nr. 515: Kirchenvisitationsprotokolle.
[27] Landesarchiv Schleswig, Abt. 65.1, Nr.1221.

einen Entwurf, wahrscheinlich vom Pastor.[28] Sollte „von Buchwald wider seine Pflicht dem Gotteshaus und dessen Dienern die Kollekten nicht reichen wollen, so soll er [ganz in christlicher Nächstenliebe] bei Sterbe- und anderen Fällen als ein *forensis* [Auswärtiger, Fremder] angesehen und von dergleichen christlichen emolumentis [Segnungen] ausgeschlossen sein." Die Akte enthält kein endgültiges Urteil des Königs.

Im Landesarchiv Schleswig liegen mehre umfangreiche Akten zu diesen gerichtlichen Streitigkeiten, Abt. 102. II, Nr. 158, 159, 160. Darin finden sich Gerichtsunterlagen über viele Streitigkeiten zwischen Baltzer Hans von Buchwald und angrenzenden Dithmarscher Bauern aus den Jahren um 1652 bis 1695. In diesen Akten finden sich auch zwei sehr interessierende Stücke.
Neben dem hier abgedruckten Original „Erdbuch des Baltzer Hans von Buchwald" aus dem Privatbesitz von Christian und Nils Köhler in Kleinhastedt, das heute beim Verein für Dithmarscher Landeskunde aufbewahrt wird, gibt es
- zum einen ein in braunes Leder gebundenes Büchlein von 140 Seiten, von denen 72 Seiten beschrieben sind,[29] mit dem Titel „Richtige Specification und auffsatz deß Hofeß Süder- oder Lütke Hatstet", mit dem auch das Original-Erdbuch beginnt. Dieses „braune Büchlein" wurde 1695 für den Verkauf des Gutes an die Landschaft Dithmarschen als Kopie des Original-Erdbuches angelegt. Auf dem hinteren Deckel ist aufgeschrieben „Des Gutes Hatstedt ErdtBuch mitt dreyen beylagen, ergangener achtungen, so von mier nachgesucht und corrigirt, übergeben an die deputirten von der Lantschafft, und darnach angewiesen ao 1695 den 7. Maii. No 6."[30]
- zum zweiten ein Heft, ebenfalls „Richtige Specification" genannt, in sehr schöner Handschrift, wohl eine Abschrift aus dem „braunen Büchlein".

Das hier vorgestellte „Erdbuch" ist das „Original". Es ist viel umfangreicher als die beiden anderen Exemplare, es wurde bereits 1680 angefangen, es ist nach dem Verkauf des Hofes weitergeführt worden.

---

[28] Pastor zu Süderhastedt war 1657-1704 Johannes Sommer. Sein Sohn, Johannes Matthies Sommer, wurde 1697 Adjunkt und 1704 selbst Pastor. Er starb 1705.
[29] Beschrieben sind die Seiten 1-18, 21-41, 46-74, 78, 90, 103-104. Landesarchiv Schleswig, Abt. 102. II, Nr. 159 I.
[30] Der Text wird, zum Vergleich mit dem Text des hier abgedruckten Erdbuches, als Anhang gegeben.

Im Jahre 1694 verkaufte Buchwald den Hof schließlich und pachtete ihn sofort wieder für 2 Jahre. Danach verliert sich seine Spur. Auf Seite 101 der Zeitschrift Dithmarschen vom Dezember 2000 hieß es dazu: „Wohl noch während der Pachtzeit muss Buchwald gestorben sein, da die Pacht für ihn nicht verlängert wurde und da am 20. Januar 1696, also noch vor Ablauf der Pachtzeit, die Landschaft den Hof weiterverpachtete. Von ihm selbst hat man nichts mehr gehört."[31] Der Verkauf geschah wohl an den dänischen König, der sein Vorkaufsrecht einlöste.

Bei Recherchen zu anderen Fragen fand ich jedoch weitere Spuren von ihm. Im Jahre 1696 ist er nach Meldorf verzogen und hat sich dort als Bürger eintragen lassen. Das *Neubürgerbuch Meldorf*[32] verzeichnet ihn für 1694 als „Herr Balster Hans von Buchwald"; wahrscheinlich hat er in diesem Jahr ein Haus in Meldorf gekauft. Im Archiv der Stadt Meldorf liegt das handschriftliche Original.[33] Darin ist von den für die Aufnahme neuer Bürger zuständigen „Sechsern" an zweiter Stelle von sieben eingetragen worden: „Anno 1696 hat Herr Balstar Hans von Buchwalt sein Einfadelgelt[34] entrichtet mit 10 Mk. und wird ihm deswegen erlaubt, frei aus- und einzuziehen nach seinem Belieben." Eine genauere Datierung ist nicht gegeben. Baltzer Hans von Buchwald ist nicht auf Kleinhastedt verstorben, sondern kurz vor Ablauf der Pachtzeit Anfang 1696 nach Meldorf gezogen. Es befindet sich jedoch kein Eintrag im Sterbebuch Meldorf für die Jahre 1696-1716.

Eine zweite Quelle weist ihn im Dezember 1694 [sic] in Meldorf im Klosterviertel aus. Die im Stadtarchiv Meldorf liegenden Haus- und Einwohnerlisten der fünf „Viertel" Meldorfs[35] vom 18. Dez. 1694 wurden von Landvogt Christian Gude[36] und Propst Stephan Clotzius erstellt, um

---

[31] Johannes Köhler, Die Geschichte Kleinhastedts, in: Jahrbuch des Vereins für Dithmarscher Landeskunde, Bd. III, 1919, S. 34.

[32] Erwin Freytag, Neubürger in Meldorf 1574-1755, Schleswig-Holst. Gesellschaft für Familienforschung und Wappenkunde, Kiel 1983, S. 65.

[33] Hauptbuch der Bürger zu Meldorf 1574-1755; Abt. I,1, Seite 302.

[34] Bauernschuld, Eintrittsgeld.

[35] I 4. Nr. 26a.

[36] Geb. 27.8.1644 in Meldorf; Schüler der Meldorfer Gelehrtenschule unter Rektor Samuel Lüneck; Justizrat bei der Regierungskanzley zu Glückstadt, Landvogt in Meldorf seit 12.2.1681. Stirbt 15.3.1703.

Steuern von den Hausbesitzern für eine neue Feuerspritze und für das Reparieren der alten zu erheben. Die Häuser sind taxiert von 12 Schillingen bis 3 Mark, zusätzlich für einen Stall 6 Schillinge bis 2 Mk. 4 ß. Die Listen nennen in Meldorf insgesamt 404 Häuser, davon 73 für das „Kloster- oder Lilienviertel", in dem an sechster Stelle „Baltzer Hans von Buchwalten Haus 3 Mk., dessen Stall 1 Mk. 8 ß" genannt ist. Sein Haus gehörte also zu den größten. Es ist anzunehmen, dass Buchwald bereits 1694 das Haus im Klosterviertel Meldorfs besessen hat, sich aber erst 1696 als Bürger hat einschreiben lassen. Eine Urkunde im Meldorfer Stadtarchiv[37] beschreibt eine gütliche Einigung zwischen Baltzer Hans von Buchwald und Nachbarn. Er hatte seinen Stall an der Straße „Breiter Weg", womit auch die Lage des Hauses näher feststeht,[38] um 3 Fach nach Norden verlängert; die Bürgersechs bemängelten, dass der „Tropfenfall von den drei Fachen nunmehr auf den Bürgergrund fallen könne". Man einigte sich durch eine Dachkonstruktion derart, „dass der Tropfenfall nicht in oder über den Rinnstein fallen könne". Buchwald hat demnach bereits 1696 seinen Stall am Meldorfer Wohnhaus erweitert. Dazu passt, dass er das Haus schon 1694 erworben hat.

In den Süderhastedter Kirchenvisitationsprotokollen 1604-1818[39] gibt es für das Jahr 1700 einen Eintrag „wegen seiner Frau Liebsten Begräbnis 60 Mark". Seine Frau Catharina Margaretha ist also am 18. Mai 1700 in Süderhastedt beerdigt worden, er selbst lebte also 1700 noch. Ein Fund in den Akten des Gutsarchivs Breitenburg, eine gedruckte Leichenpredigt[40] für diese Catharina Margaretha von Buchwald, liefert die oben genannten und weitere Informationen.

In dieser Leichenpredigt heißt es, dass Catharina Margaretha von Buchwaldt, Ehefrau des königlichen Oberförsters, von vornehmen Eltern geboren war am 20. Mai 1645 zu Stade im Herzogtum Bremen. Ihr Vater war der „hoch-edle und groß-mannhafte" Johann Huedwalcker, vieljähriger Capitän bei der

---

[37] Meldorf I, Nr. 1262. Vertrag vom 17. Juni 1696.
[38] Am Rande der Altstadt Meldorfs, nördlich des Domes, münden in die Norderstraße „1. Breiter Weg" „und 2. Breiter Weg".
[39] Landesarchiv Schleswig, Abt. 102.1, Nr. 515.
[40] Landesarchiv Schleswig, Abt. 127.21 Moll, Nr. 27, darin „Buchwald": Leichenpredigt für Catharina Margaretha von Buchwald, geb. Huthwalcker, beerdigt 18. Mai 1700, gehalten von Propst Heinrich Hahn [1655-1703], gedr. bei Reinh. Janßen Witwe, Glückstadt, o.J. [1700].

Infanterie des dänischen Königs; ihre Mutter war die „hoch-edle, groß-ehr- und tugendreiche Catharina Huedwalcker". Die adlige Familie Hudwalker war erbgesessen im Kirchspiel Osten, nördlich Bremervörde. Die Ehe mit Baltzer Hans von Buchwald war 1661 ganz üblich arrangiert worden, die Braut war 1661 „ehelich versprochen" worden, am 16. Mai 1661 fand die „Heimführung und hochzeitliche Vollziehung" statt. Die Braut war bei der Hochzeit allerdings erst 16 Jahre alt, vielleicht hat diese Tatsache Köhler/Steinhäuser veranlasst, das negative Bild von Buchwald zu beschreiben. Catharina Margaretha war am 20. April 1700 krank geworden mit Fieber, und starb am 1. Mai 1700, fast 55 Jahre alt. Siehe dazu Anhang 3.4.

Sowohl Baltzer Hans von Buchwald selbst wie auch seine Kinder und die Verwandten auf Kleinhastedt sind mit der dörflichen Umgebung verwoben, sie erscheinen keineswegs als die entrückten und feindlichen Adligen aus den Darstellungen des frühen 20. Jahrhunderts. Hierzu passt auch, dass Wilhelm Johnsen[41] Wulf von Buchwald, den Vater des Baltzer Hans, als „Unechten von Adel" zitiert. Das negative Bild von Baltzer Hans von Buchwald, dass insbesondere Johannes Köhler und Martin Steinhäuser vermitteln, muss zurecht gerückt werden.

- Es ist richtig, dass Buchwaldt ein streitbarer Mann gewesen ist, der versuchte, sein Recht gerichtlich einzuklagen. Und wenn er damit nicht immer Erfolg hatte, so liegt dies weniger daran, dass seine Kontrahenten Recht hatten, sondern dass bei dem Brand seines Hofes 1675 sämtliche Besitzunterlagen verbrannt waren und er keine Nachweise führen konnte. Johannes Köhler[42] macht aus ihm eine Spukgestalt, „die Dithmarscher ließen ihn später als bösen Geist umgehen".
- Zu diesem Charakterbild passe angeblich, „dass er sich 1661, offenbar ohne Wissen der Eltern, heimlich durch einen früheren Feldprediger mit der 15- bis 16-jährigen Katharina Margarethe habe trauen lassen". Dies ist nachweislich falsch.
- Martin Steinhäuser[43] wiederholt die „Tatsache, dass man ihn nach seinem Tode als bösen Geist umgehen ließ" und fügt hinzu, „dass er [als Geist]

---

[41] Johnsen, S. 35.
[42] Köhler, S. 28f.
[43] Steinhäuser, S. 50.

später in dem Wohnhaus den Hahnenbalken[44] immer wieder herausgerissen habe, so oft er auch wieder eingesetzt worden sei". Beide vermitteln eher den Aberglauben und die sagenhafte Ablehnung der Dithmarscher dem Adel gegenüber. Wulf von Buchwald und Baltzer Hans von Buchwalds Frau wurden in Ehren beigesetzt, letztere gar mit einer Totenrede des Propstes, die Baltzer Hans in Glückstadt 1700 drucken ließ.

- Der Streit um Besitz von Ländereien ging wesentlich von den dithmarscher Bauern aus Frestedt und Großenrade aus, die bereits vor der Übernahme des Hofes durch Baltzer Hans von Buchwald Ländereien illegal nutzten und daraus das Recht herleiten wollten, dass das so bleiben müsse. Unter **Magister Johannes Brehmer** wurde der Streit geschlichtet und wahrscheinlich auch die oft beschriebenen Grenzsteine und -pfähle errichtet. Solche illegalen Grenzveränderungen durch die Bauern waren wohl nicht die Ausnahme, sondern eher üblich. Auch noch 1774 gibt es einen Rechtsstreit wegen „von Claus Rudolph Möller in Krumstedt unternommener Veränderung der Gränze zwischen dem Torfmoor des Klägers Marcus Friedrich Fries vom Lütjenhastetter Hof und der Wische des Beklagten zu Osten der Weddel bei Krumstedt."[45] Dieser Marcus Friedrich Fries hatte den Hof 1773 gekauft und verkaufte ihn 1783 wieder.

Auch eine Großzügigkeit von Wulff von Buchwaldt, der einer alten schwerhörigen Frau gestattet hatte, einen seiner Kirchenstühle vorn in der Kirche zu benutzen, missbrauchten deren Erben, um daraus ein Anrecht auf diesen Kirchenstuhl zu erheben.

Auszüge aus dieser Leichenpredigt von Propst Henricus Hahn lassen ein Bild der Familie Buchwald entstehen, auch wenn sich, wie in allen Leichenpredigten so auch hier, nur lobende und ehrende Worte finden, keine kritischen. Der Propst sagt, dass zu der Beisetzungsfeier für die verstorbene Frau Catharina Margaretha die „Anwesenden in ansehnlicher Frequenz erschienen". Die Kirche war wohl nicht leer! Weiterhin haben „ich und mein Haus an derselben nicht allein eine aufrichtige, vertrauliche und werte Freundin, sondern auch eine wohltätige, freigebige und gütige Gönnerin verloren." Selbst nach Abzug von üblichen Lobpreisungen in

---

[44] Querbalken, der unterhalb des Firstes je zwei gegenständige Sparren miteinander verbindet und auf dem sich in Bauernhäusern die Hühner setzen. Auch Hahnholt, Kehlbalken.
[45] Landesarchiv Schleswig, Abt 102.1, Nr. 609. Schriftstück vom 13.2.1774.

Leichenpredigten bleibt die Aussage „sehr werthe Frau Schwieger- und Freundin" des Propstes.[46] Die in der Leichenpredigt verstreuten Angaben zur Person der Catharina von Buchwald lassen erkennen, dass sie Kinder und Enkelkinder hatte[47] und mehrere Schwiegersöhne. Kinder und Schwiegerkinder sind jedoch alle erwachsen.[48] Als Trauernde werden vom Propst genannt: „Herr Witwer, Herren Söhne, Frau Tochter, Herren Schwiegersöhne, Schwester."[49]

Die Angaben zur Person am Ende der Leichenpredigt führen an, dass Catharina Margaretha von Buchwald am 20. Mai 1645 zu Stade von vornehmen Eltern geboren wurde, ihr Vater war der sel. Herr Johan Hudwalker,[50] vieljähriger königlicher Kapitän der Infanterie, ihre Mutter war die sel. Catharina Hudwalker, die früh verstorben war; die Mutter stammte aus Brunsbüttel, war eine Tochter des Kirchspielschreibers Andreas Boldt und der Armgard aus dem Geschlecht der Wasmer. Nach dem frühen Tod der Mutter ist Catharina Margaretha einige Jahre in Altona bei der Frau Bürgermeister Goldbach aufgewachsen. Sie heiratet mit fast 16 Jahren am 16. Mai 1661: „Auf vorher geschehener vornehmer Personen Anwerbung [wurde] diese sel. Frau an den H. Balthasar Hans von Buchwald anno 1661 ehelich versprochen und darauf am 16. Mai 1661 die Heimführung und hochzeitliche Vollziehung der verabredeten und versprochenen Ehe erfolgt." Diese Angabe widerspricht der negativen Darstellung von Johannes Köhler[51] über eine heimliche Entführung und Trauung durch einen „Feldprediger". Aus der Ehe gingen acht Kinder hervor, vier Söhne und vier Töchter, von denen beim Tod der Mutter noch 2 Söhne und eine Tochter leben. Die

---

[46] Leichenpredigt S. 14: „Ich bekenne gern wie schmerzlich es mir fiel, eine so werte Freundin so schwer krank zu sehen."
[47] „Eben das ist die Klage der betrübten Kinder und Enkelkinder, so an der Wohlseligen eine gewünschte Mutter und Großmutter verloren haben."
[48] S. 7.
[49] S. 8, 16, 17, 33.
[50] Siehe dazu Wilhelm Johnsen, Balster Hans und seine Liebste, in: Zeitschrift Dithmarschen, 2/1954, S. 33-35: Johan Hudwalker war im 30-jährigen Krieg Kapitän (Hauptmann) in dänischen Diensten; Ende 1645 lässt er sich abmustern, 1646 lässt er sich in Brunsbüttel nieder; er ist bis 1674 nachweisbar.
[51] Köhler, S. 28f.

Tochter Anna Margaretha von Buchwald[52] war seit dem 16. Okt. 1689 verheiratet mit dem „Oberleibchirurgen" Johannes von Buchwald, einem Doktor der Medizin. Eine zweite Tochter Catharina, die 1683 als Taufpatin auftritt,[53] muss schon verstorben sein; es wird jedoch von Schwiegersöhnen, im Plural gesprochen. Auch die beiden noch lebenden Söhne sind namentlich genannt. Der ältere Detlev von Buchwald konnte als königlicher Leutnant der Infanterie nicht an der Beisetzungsfeier für seine Mutter teilnehmen, der jüngere Sohn Wolff Ernst tritt 1695 auch als Taufpate auf.[54] Auch Balthasar Hans von Buchwald ist einmal als Taufpate nachweisbar.[55]

Die Buchwaldt sind durchaus auch mit Meldorf verbunden. Detlef von Buchwald, Bruder unseres Baltzer Hans von Buchwald, war Kirchspielschreiber in Meldorf, wie oben erwähnt; und Catharina Margaretha von Buchwald tritt am 1. Sept. 1661 als Taufpatin für die Tochter Eva des Rektors der Meldorfer Gelehrtenschule Samuel Lübeck[56] auf. Frau Catharina

---

[52] Heiratsbuch Süderhastedt, Mikrofiche 1.1/1+, S. 99: „Den 16. Oktober 1689 haben sich Hr. Johan von Buchwalt und Jungfrau Anna Margareta von Buchwalt copulieren lassen."

[53] Taufbuch S. 7: „Den 14. Julii 1683 hat der Müller Claus Peter seine Tochter Catharina Dorthe taufen lassen. Gevattern sein Jungfer Catharina von Buchwalten, Catharina Sommers und Marx Struve in Süderhartstede."

[54] Kirchenbuch Süderhastedt, Mikrofiche 1.1/1+, S.24: „Den 9. Juni 1695 ist H. Schultzen Frau Catharina Elisabeth verlöset [entbunden] und beiderseits Eltern mit einer jungen Tochter erfreuet, so den 13. ejusdem ist getauft worden. Gevattern sein die Fr. Waldvogtin vom Friedrichshofe Zabel Elsebe Blöckerin und Mons. Wulf Ernst von Buchwaldt in Süderhastedt."

[55] Kirchenbuch Süderhastedt, Mikrofiche 1.1/1+, S. 11: „Den 21. April 1686 hat der Hr. Capitein Johan Hinrich von Biggen seinen Sohn Johan Balthasar taufen lassen. Gevattern sein gewesen Hr. Balthasar Hans von Buchwalt, Mons. Dieterich Carsten und Frau Catrina Sommers Pastörsche."

[56] Samuel Lübeck (Lübegk) aus Freystadt, Fürstentum Glogau in Schlesien. Geboren 9. Sept. 1612. Sein Vater, ebenfalls Samuel Lübegk, war Kaufmann daselbst, seine Mutter Eva, jüngste Tochter des Ratsherren David Klocken. 1626 wir er von seinem Vater nach Polen geschickt, um Sprachen zu erlernen. Ende November 1628 geht er für einige Jahre auf das Gymnasium in Görlitz. Im Sept. 1631 geht er wegen des Einfalls kaiserlicher Truppen in Görlitz an die Universität Königsberg, wo er 1632 den Magistergrad erhält. 1633-1642 ist er Privatlehrer in Königsberg, Lübeck, Hamburg und Rostock, 1645 bis 1656 Lehrer an der Schule in Brunsbüttel. 1654 hatte er sich verheiratet mit Elsabe Bolten und mit ihr 6 Kinder gezeugt. Im Herbst 1656 wird er zum Rektor der Schule in Meldorf gewählt. Gestorben am 16. April 1668. Aus: Johann von Anken, *Geschichte der Meldorfer Gelehrtenschule*, Handschrift im Stadtarchiv Meldorf, S. 16-18.

Margaretha von Buchwald wurde am 20. April 1700 krank, begab sich zu Bett, hatte Fieber. Ärzte und Medizin konnten nicht helfen. Der Propst wurde als Beichtvater gerufen. Sie starb nach 39 Jahren Ehe am 1. Mai im Alter von 55 Jahren.

Wie oben schon erwähnt, waren Balthasar Hans von Buchwald und seine Frau Catharina Margareta 1696 nach Meldorf gezogen und hatten dort das Einschreibgeld bezahlt. Nach 1700 verliert sich jedoch die Spur, kein Todeseintrag für Balthasar in den Kirchenbüchern Süderhastedt oder Meldorf. Vielleicht müsste er nun in Meldorf spuken und nicht in Kleinhastedt.

Vom Hof Hattstedt in Kleinhastedt bei Süderhastedt existieren einige Abbildungen, die eine Vorstellung von seiner Anlage vermitteln. Zwei von den dreien sind in dem Werk veröffentlicht, das die „Rantzausche Tafel" beschreibt,[57] deren Anfertigung Heinrich Rantzau 1586 in Auftrag gab und die 1591 oder etwas später fertiggestellt bzw. ergänzt worden ist.[58] Die Tafel enthält den Stammbaum des Geschlechts Rantzau, und innerhalb der beiden Profilleisten des 7,5 cm breiten Eichenholzrahmens, der das Ölgemälde einfasst, sind 50 ca. 4cm x 4cm große farbige Ölbildchen Rantzauscher Besitzungen angebracht, darunter die des hier interessierenden Herrenhofes „Hattstedt"[59] bei Süderhastedt.

Vom Hof Hattstedt existieren außerdem zwei „etwas voneinander abweichende Kupferstiche"; der eine erschien 1587 mit den übrigen im Druck, der andere 1590.[60] Die Abbildung des Kupferstichs von 1590 ist hier mit aufgenommen.[61]

---

[57] *Rantzausche Burgen und Herrensitze im 16. Jahrhundert* hrsg. von Vilh. Lorenzen; aus dem Dänischen übersetzt, Schleswig 1913. Das 78 cm x 54 cm große Ölbild auf Kupferplatten, das die Tafel darstellt, befindet sich heute im Herrenhaus Krengerup/Fünen, wie mir das Landesdenkmalamt Schleswig-Holstein mitteilte.

[58] Nach Vilhelm Lorenzen, S. 4, ist der letzte Namenseintrag in der Wappentafel „Caius natus A.C. 1591".

[59] Bei Lorenzen Taf. IV.

[60] Vilhelm Lorenzen, S. 3ff und 79ff. Die Titel der Werke des Genealogen Hieronymus Henninges (* Lüneburg, † 1597) sind korrekt zitiert bei Wiebke Steinmetz, H. Rantzau, 1991: Kupferstich 1587: „Henniges (I), Genealogia Ranzoviana, Helmstedt 1587"; Kupferstich 1590: „Henniges (II), Genealogiae aliquot familiarum nobilium in Saxonia, Hamburg 1590".

[61] Lorenzen, S. 34: Abb. und Text.

Abb. 1: *Rantzaus Hof Hattstedt 1590. Aus Launert 1999, S. 20.*

Das Wohnhaus und die Wirtschaftsgebäude liegen an den drei Seiten des viereckigen Hofes; die freie vierte Seite mit dem Toreingang ist durch Palisaden gesichert. Heinrich Rantzau selbst berichtet:[62] „Hattstedt ist der Besitz des Kimbrischen Statthalters Heinrich Rantzau, in Dithmarschen gelegen, in überaus fruchtbarer und anmutiger Gegend. Nachdem er es mit eigenen Mitteln erworben, mit einem Wall umgeben und prachtvolle Gebäude errichtet hatte, erhielt er vom mächtigen König Friedrich II. von Dänemark die hohe und die niedere Gerichtsbarkeit über die Ländereien dort." Der Wall erscheint im Vordergrund, im Hintergrund ist von ihm nur unscharf etwas zu erkennen. Auf den Graben, der zum Wall hinzugehört und

---

[62] Cimbricae Chersonesi descriptio, S. 47: „Hattstedium praedium est, Henrici Ranzowii, Producis Cimbrici in Dithmarsia situm: fundo perquam frugifero et amoeno. Quod is, postquam A.C. 1565 [rechtmäßig gekauft erst 1578] sumtibus suis emptum, vallo circumdedisset, egregieque aedificasset a potentissimo Rege Daniae Friderico II. merum Imperium et jurisdictionem simplicem ibi locorum ... obtinuit."

von dem heute noch Reste vorhanden sind,[63] wird im Kupferstich, unten rechts, ein Hinweis gegeben durch eine stark schraffierte Stelle.

Nach der Eroberung Dithmarschens 1559 durch Dänemark war das Land geteilt worden, zunächst in drei, 1582 dann in zwei Teile. König Friedrich II. von Dänemark erhielt die südliche Hälfte (seit 1582 Süderdithmarschen genannt) und setzte dort als Amtmann zu Steinburg und seinen Statthalter den Grafen Claus Rantzau ein. Dieser ist der Begründer des Hofes Hattstedt im Kirchspiel Süderhastedt. Er kaufte ab 1564 in mehreren Kirchspielen Dithmarschens Land zusammen, wobei die Ländereien der Bauerschaft in Süderhastedt den Hauptanteil stellten.[64] Dazu erwarb er noch Teilflächen in einer Reihe der benachbarten Gemeinden, ohne dass von Seiten des Königs oder von Seiten der Dithmarscher Bauern zunächst Einspruch dagegen erhoben wurde.[65] Anton Vieth[66] nennt als Heinrich Rantzaus Besitz „Lütkenharstedt" und „Kramstedt" bei Sarzbüttel, und nur drei weitere adlige Höfe zu „Fredestall" für Benedict von Ahlefeld, zu „Sarzbüttel" für Melchior von Ahlefeld und zu „Fridrichshof" für Josias von Qualen.

Nach dem Tode Claus Rantzaus (vor 1570) wurde Josias von Qualen 1571 Amtmann in Süderdithmarschen. Im Gegensatz zu seinem Vorgänger konnte er seine Pläne zum Landerwerb nicht verwirklichen. Er scheiterte am Unwillen des dänischen Königs Friedrich II. Als dieser im Januar 1579 in Krempe weilte, erfuhr er von dem umfangreichen Landankauf des Josias von Qualen und ließ an ihn den Befehl ergehen, die angekauften Güter wieder abzutreten, da ihm der Kauf ungelegen sei. Ein ausdrückliches Verbot, Land an den Adel zu verkaufen, bestand bis dahin im kgl. Süderteil Dithmarschens allerdings noch nicht; der Landkauf von Qualens war vielmehr Anlass für ein solches Verbot. Im Mittelteil Herzog Johanns war um 1578 ein Mandat, das Landankauf durch den Adel verbot, bereits bekannt.[67] Heinrich Rantzau aber,

---

[63] Ich habe diese 1996 vor Ort selber gesehen; siehe auch Johannes Köhler, Der Freihof Lütjenharstede, in: Jahrbuch des Vereins für Dithmarscher Landeskunde III, 1919, S. 19ff, S. 22; Martin Steinhäuser, Der Adel in Dithmarschen, in: Jahrbuch des Vereins für Dithmarscher Landeskunde IX, 1929, S. 26ff, S. 31f.

[64] Johannes Köhler, S. 20f und Martin Steinhäuser, S. 26.

[65] Martin Steinhäuser, S. 26: „Iß keine Ihnensage", d.h. „kein Einspruch".

[66] Vieth 1733, Seite 30 und 21.

[67] Mandat Kg. Friedrich II. vom 25. Jan. 1579; siehe Johannes Köhler, S. 20, Martin Steinhäuser, S. 58.

dem nach Claus Rantzaus Tod dessen Witwe Magdalena und ihre Söhne Paul und Breide 1578 die Ländereien ihres Mannes mit dem Freihofe südlich Süderhastedt verkauft hatten, für 6500 Taler,[68] erfreute sich hoher Gunst seines Königs. Er konnte trotz der königlichen Verfügung von 1579 sein Eigentum an Land vermehren sowie meliorisieren. Auf dem Hofe ließ er die vorhandenen schlichten Gebäude, besonders das Wohnhaus, ansehnlicher gestalten, und der so entstandene Herrenhof "Hattstedt" bildete fortan den Mittelpunkt des von Claus Rantzau und von ihm selbst zusammengebrachten Landbesitzes. Nach eigenen Angaben habe er für den Hof die gutsherrliche Gewalt erhalten,[69] eine Neuerung in Dithmarschen, wo adlige Landgüter bis dahin allgemein unbekannt waren, vor allem deren Steuer- und Abgabenfreiheit.

Im Mittel- und im Norderdrittel des dreigeteilten Dithmarschen wollten die Herzöge Johann und Adolf den Landaufkauf durch den Adel unterbinden, vorwiegend wohl, weil ihnen selbst dadurch Einnahmen und Einfluss entgingen. „Anno 1572 den 1. April hat Hertzog Johannes zu Hadersleben verordnet, daß niemand von Dero Unterthanen einig Bunden Land oder Güter, freyen Leuten, oder denen von Adel solle versetzen, verkauffen, verbeuten oder verpfänden."[70] In einem Schreiben des Landvogtes Christian Boje an Herzog Johann vom 7. Juli 1578[71] beschwert sich dieser darüber, dass „einer vom Adel, mit Nhamen Jochim Blome, ein stücke guts mit achtzehen morgen Landes ungefehr alhir in E.F.G. [Euer Fürstlichen Gnaden] gebiete zur Streiwisch belegen ... vor 6000 Mk. gekaufft, und willens sein solle, uff vorberürtem gute zu whonen... Dieweiln aber solchs wider E.F.G. mher verordentes Mandat, alse daß solchs keinem vom Adel dieses orts verstattet noch zugelassen werden solle. So bitte ich underthenichlichen, E.F.G. wollen sich jegen mir in gnaden erkleren, wes ich mich in diesem vhall hinfürder zu verhalten." Am 4. Juli 1585 verbot auch Herzog Adolf für Norderdithmarschen den Landverkauf an Adlige: „Ihr wollet nun hinfürter ...

---

[68] Johannes Köhler, S. 21f; Martin Steinhäuser, S. 26.
[69] Heinrich Rantzau, Cimbricae Chersonesi descriptio, S. 47: „et jurisdictionem simplicem ibi locorum ... obtinuit".
[70] Westphalen, Bd. 4, Spalte 1669 (Schleswig-Holsteinische Ritterchronic ... zusammengetragen von B. Enewald).
[71] Michelsen, Urkundenbuch zur Geschichte des Landes Dithmarschen, S. 329.

keinem von Adell einig Landt versetzen, verpfänden, vielweniger Verkauffen."[72]

Nach Heinrich Rantzaus Tod erhielt 1599 sein Sohn Gert (†1627) durch König Christian IV. die Statthalterschaft in Süderdithmarschen; und er übernahm den Hof Hattstedt, behielt ihn aber nicht lange, sondern verkaufte ihn, wohl aus finanziellen Gründen, im Jahre 1600 an den dänischen König, der sein Vorkaufsrecht (ius reluitionis) einlöste, für 17.775 Taler.[73] Das ist eine erhebliche Wertsteigerung gegenüber dem Kaufpreis (6500 Taler) vom Jahre 1578. In den Jahren nach 1600 wechselte der Hof verschiedene Besitzer bzw. Pächter. 1630 verpachtete Detlef Rantzau als Amtmann von Steinburg das Gut an Wulf von Buchwald. Während des Schwedisch-polnischen Krieges (1655-1660) wurden die alten „prachtvollen Gebäude" des Hofes stark beschädigt, nachdem sie im 30-jährigen Krieg durch kaiserliche Truppen 1627 bereits Schaden erlitten hatten; und 1675 vernichtete ein Brand die Gebäude des Hofes völlig.[74] Unter Balthasar Hans von Buchwald (genannt Baltzer, Balster), Pächter des Hofes Hattstedt ab 1660, ab 1677 dann Besitzer,[75] waren bereits nach 1660 neue Wirtschaftsgebäude errichtet bzw. das stark verfallene Wohnhaus wieder instandgesetzt worden.

Balthasar Hans von Buchwald nimmt einen besonderen Rang ein unter den verschiedenen Besitzern bzw. Pächtern des Hofes, verdankt ihm die Nachwelt doch eingehende Kenntnisse von der Größe seines Hofes. Um diese zu beschreiben, legte er 1680 das *Erdbuch* an,[76] in dem alles „Inventar" des Hofes sowie alle dazugehörigen Besitzungen mit ihren Grenzen verzeichnet sind. Dadurch wird „ein einigermaßen abgerundetes Bild" vom Hof und seinen Ländereien vermittelt.[77] Auch die nach 1660 neu errichteten Gebäude werden im „Erdbuch" genannt, dazu Gegenstände in der St. Laurentius-Kirche zu Süderhastedt. Siehe den Text im Erdbuch auf Seiten 79-80.

---

[72] Michelsen, Urkundenbuch zur Geschichte des Landes Dithmarschen, S. 359.
[73] Johannes Köhler, S. 22-25; Martin Steinhäuser, S. 33 u. 40.
[74] Johannes Köhler, S. 26-28; Martin Steinhäuser, S.34.
[75] Kaufpreis 4300 Reichstaler mit Abzug von 1800 Reichstalern für die Wiederherstellung der Gebäude. Siehe Erdbuch Seite 16.
[76] Handschriftliches Manuskript 1680 (Privatbesitz der Familie Christian Köhler, jetzt im Archiv des Vereins für Dithmarscher Landeskunde), S. 79f; Johannes Köhler, 1919, S. 29ff; Martin Steinhäuser, 1929, S. 41, oben.
[77] Steinhäuser, S. 41, oben.

Die Grenzen seiner Ländereien hatte Balthasar Buchwald aus eigener Anschauung bestimmt und geriet dadurch in dauerhaften Streit mit den Bauern, deren Ländereien sich mit denen des Hofes berührten.[78] Offensichtlich wurde er der Auseinandersetzungen schließlich müde, so dass er am 16. Nov. 1694 seinen Freihof für 8200 Reichstaler verkaufte, und zwar an die Landschaft Süderdithmarschen; aber am selben Tage pachtete er den Hof noch einmal für zwei Jahre. Dann ist er nach Meldorf in sein dortiges Haus gezogen. Die Pacht ist für ihn nicht verlängert worden, und am 20. Jan. 1696, also noch vor Ablauf der Pachtzeit, hat die Landschaft den Hof weiterverpachtet. Von ihm selbst hat man nichts mehr gehört.[79]

Mitte des 18. Jahrhunderts (1742/44) erhielt die Landschaft Süderdithmarschen vom dänischen König durch Kauf das Gut mit Hof zur freien Verfügung. Sie parzellierte die Ländereien, die damals, und damit wohl auch zu Heinrich Rantzaus und zu Buchwaldts Zeiten, etwa 650 ha Land umfassten, und verteilte die Parzellen als Einzelhöfe, auch den Haupthof, an verschiedene Besitzer.[80] Insbesondere die zum Gut Kleinhastedt gehörenden Höfe in Krumstedt, Bargenstedt und Burg gingen an andere Besitzer. Damit endete die Existenz des Gutes "Hattstedt" bzw. Lütjenhastedt oder Kleinhastedt, obwohl auch in den folgenden Jahrzehnten immer noch vom Hof Lütjenhastedt gesprochen wird, weil er in seinem Zentralbesitz in Süderhastedt weiter bestand.

Am 20. Juni 1863 werden als (die größeren) Besitzer an den Ländereien des ehemaligen Gutes Lütjenhastedt und des Wischhofes Kleinrade genannt[81]
Johann Christian Köhler zu Lütjenhastedt mit 136 Tonnen,
Benjamin Wrage Ehefrau daselbst mit 54 Tonnen,
Marten Sachau auf Kleinrade mit 115 Tonnen,
Hans Sachau daselbst mit 49 Tonnen.
Insgesamt werden 492 Tonnen Land aufgezählt.
Am 1. Juli 1863 werden als „Parzellenbesitzer des ehemaligen Lütjenhastedter Hofes" genannt Marx Ruge und Hans Jacob Schuldt.

---

[78] Johannes Köhler, S. 29ff.
[79] Johannes Köhler, S. 34; Martin Steinhäuser, S. 50.
[80] Johannes Köhler, S. 41f.
[81] Landesarchiv Schleswig, Abt. 102.III, Nr. 518.

Das ehemalige adlige Gut Lütjenhastedt war in der Erinnerung der Bevölkerung noch keineswegs vergessen. In einem Schreiben der Süderdithmarscher Landvogtei vom 30. Juni 1860 heißt es einleitend immer noch: „Das ehemalige Gut Lütjenhastedt mit dem später davon abgelegten Wischhofe Kleinrade wurde den darüber vorhandenen historischen Nachrichten zufolge alsbald nach der Eroberung des Landes Dithmarschen von dem Amtmann Claus Ranzau gegründet, der um 1564 die dazu gehörigen Ländereien von den angrenzenden Dorfschaften zusammen kaufte. Nachdem das Gut sich bis zu Ende des 16. Jahrhunderts im Besitz der Familie Rantzau befunden, ging es durch Kauf auf andere Besitzer über, bis es in die Hände der Regierung [des dänischen Königs] gelangte, welche es unterm 30. Oktober 1742 in öffentlicher Auktion für 8200 dänische Kronen mit allen Pertinenzen, namentlich den in den Dorfschaften Burg, Krumstedt, Bargenstedt und Leersbüttel belegenen Ländereien, Freiheiten und Gerechtigkeiten, namentlich mit der <u>Freiheit von allen Oneribus und Schatzungen, ausgenommen etwas weniges Herrengeld,</u> ... an die Landschaft Süderdithmarschen zum freien Eigentum verkaufte." Das Gut hatte danach verschiedene später auch häufig wechselnde Besitzer bis 1789, als die beiden Schwäger Köhler das Gut kauften. Seit dieser Zeit bis heute ist es im Besitz der Familie Köhler, die es bewirtschaftet, und die auch das hier beschriebene „Erdbuch" und die Kaufverträge der früheren Besitzer im Privatbesitz haben. Sie haben mir dies freundlicherweise sehr großzügig zur Verfügung gestellt, wofür ich herzlich danke. Das Original-Erdbuch hat Christian Köhler 2013 dem Verein für Dithmarscher Landeskunde gestiftet.

Im Jahre 1788/89 erwarben die Vettern und zugleich verschwägerten Johann Christian Conrad Köhler und August Friedrich Köhler, sie hatten Schwestern geheiratet, beide aus der Familie Köhler in Gera/Thüringen stammend, für 8000 Reichstaler den Haupthof mit 207 ha Land. Die Vettern teilten ihn so auf, dass Johann Christian Conrad den Stammhof mit dem Herrenhaus und 104 ha Land erhielt, August Friedrich den Nebenhof mit Mühle und 103 ha Land. Aber dieser überließ seinen Anteil bereits 1793 seinem Vetter und Schwager Johann Christian Conrad für 3399 Reichstaler. Damit lag der Haupthof wieder ganz in einer Hand.[82]

---

[82] Johannes Köhler, S. 47.

Abb. 2 Hof um 1950   Aus Launert 2010, S. 240

Die Photographie zeigt den Hof um 1950. Die erhaltenen Gebäude, Wohnhaus (links hinten, quer) und ein Wirtschaftstrakt, entsprechen in ihrer Lage noch ganz derjenigen aus Rantzaus Tagen. Heutiger Besitzer ist Nils-Kristian Köhler, geb. 1964.

Nach der Eroberung Dithmarschens 1559 ordneten die drei neuen Landesherren das Gerichts- und Verwaltungswesen neu. In jedem Landesdrittel wurde ein Landvogt und je acht Räte eingesetzt; hinzu kam je ein Landschreiber, der die Steuern erheben und abrechnen sollte und bei den Gerichtsverhandlungen das Protokoll führte. Im Jahre 1567 wurde das neue dithmarscher Landrecht in Kraft gesetzt. 1581 war das Land wegen des Todes von Herzog Johann dem Älteren nun zweigeteilt in einen königlichen Süderteil und einen gottorfschen Norderteil. Seit 1637 sollten die Kirchspielvögte und die übrigen Gevollmächtigten ihre Nachfolger selbst wählen, nach 1643 mit Vorwissen des Landesherrn von den Kirchspielseingesessenen.[83]

Der jeweilige Kirchspielvogt als landesherrlicher Beamter musste zum Beispiel in Süderdithmarschen laut der 1642 abgefassten Verfahrensform

---

[83] Siehe dazu Gietzelt 2014, Seiten 19-29.

Voraussetzungen über Grund- und Hausbesitz und Vermögen erfüllen, um in seiner Amtsausübung finanzielle Sicherheit gegen das Wirtschaften in die eigene Tasche zu gewähren.[84]

Nachdem der König den Hof Lütjenhastedt 1694 wieder eingelöst hatte, verkaufte er ihn 1743/44 an die Landschaft Süderdithmarschen, die ihn parzellierte und weiterverkaufte. Insbesondere die weiter außerhalb liegende Höfe in Kleinrade, Krumstedt, Bargenstedt und Burg werden extra verkauft worden sein, der Kernhof blieb erhalten.

Die Windmühle südwestlich des Hofes wurde am 13. Mai 1744 verkauft an den damaligen Müller **Hans Jürgen von Hellm**, zusammen mit Haus und Hof, Mühle, etwas Pflug- und Wischland „cum pertinentibus" für 1500 Mark.[85] Der Käufer zahlt 300 Mark sofort und in vier Jahresraten jeweils 300 Mark nebst 5% Zinsen. Es bürgen dafür **Jürgen Friederich Leefeldt** aus Meldorf und **Christian Diederich Heesch** aus Windbergen.

---

[84] Gietzelt 2014, Seite 30.
[85] Privatbesitz Christian Köhler in Kleinhastedt. Abschrift von 1837 der Urkunde vom 13. Mai 1744: „Es verkauft und ueberläßt dahero vorgedachte wohllöbliche Landschaft durch dero Herren Deputirte, als der Königliche Commerzen-Rath und Kirchspielvogt Herr Johann Matthias Thießen zu Marne und der Bürgermeister Herr Marx Strufe zu Süderhastedt, für sie und ihre Nachkommen an Hans Jürgen von Helms, Müller auf der Kleinhastedter Mühle, und dessen Erben und Erbnehmer erb- und eigenthümlich (ein vor dem Kleinhastedter Hofe im Kirchspiel Süderhastedt belegenes und vorher bey Kleinenhastedt zugehöriges kleines Mühlenhaus mit dem Kohlhof, woran eigenland größtentheils rund herum benachbarte, wie auch die dabey zu Westen stehende Windmühle und folgendes Pflug- und Wischland, als ... , welches obspecificirtermaßen alles von allen Schatzungen, oneribus, an pflichten und Beschwerden frey; jedoch müssen die Pondischen [?], Kirchen- und Schulintraden und abgiften, so jährlich davon gefordert werden möchten, zu rechter zeit davon richtig abgehalten werden) mit aller ab und beygehöriger Gerechtigkeit, gleich die hiesige wohllöbliche Landschaft solches von Ihrer Königlichen Majestät gekauft und an sich gebracht und bishero freyest besessen, genutzet und gebrauchet. Summaritur um und für 1500 Mark, schreibe Fünfzehn Hundert Mark Courant, stipulirten [festgelegten] Kaufgeldes. ... Anlangend die Kaufsumme der 1500 Mark, so verspricht Käufer für sich und seine Erben und Erbnehmer, davon beym Antritt sogleich baar zu bezahlen 300 Mark; von denen alsdann noch restirenden 1200 Mark gelobet derselbe jährlich auf Maitag 300 Mark Capital nebst denen jederzeit fälligen Zinsen a 5 procent jährlich gerechnet, so lange terminsweise an die hiesige wohllöbliche Landschaft oder den rechten Einhaber dieses Briefes abzuführen, bis die ganze Kaufsumme cum ...ris völlig und zu Grunde entrichtet worden." Unterschrieben von den beiden Deputierten der Landschaft, vom Käufer und von den beiden Bürgen.

Über die weiteren Verkäufe des Hofes Lütjenhastedt von 1744 bis 1789 gibt es im Privatbesitz von Christian Köhler in Kleinhastedt Abschriften von 1837 der Verkaufsverträge.

- 1744 verkauft die Landschaft Süderdithmarschen an **Heinrich Nicolaus Matthießen** in Burg, Kirchspiels- und Landvogt, am 4. Februar 1744.

- 1744 erwirbt **Hans Hinrich Weiß**, Pensionär in Krummendeich, den Hof für 10.500 Mark, am 24. November 1744.

- 1749 verkauft dieser „Hans Hinrich Weiß auf Kleinen Hastädt an **Hans Hadenfeldt** aus Meißbostel im Kirchspiel Hohenwestedt,[86] ... seinen bei Süderhastedt belegenen Hof Kleinen oder Lütjenhastedt genannt, ... bestehend in ein Wohnhaus, Futter-Scheune, Stall und Backhaus mit den dabei gehörigen Schlechhölzern und Brettern, auch Hilden und Boden, ... ausgenommen dasjenige was davon bei Kleinem Rade und der Mühle gelegen ist, ... mit aller dafür gehörigen Freiheit und Gerechtigkeit ... in Summa umb und für 20.150 Mark, schreibe zwanzig Tausend Einhundert und funfzig Mark. Burg den 21. Juli 1749."[87]

- 1771 verkaufen die Erben von Hadenfeldt den Hof an **Andreas Beeck** für 15.400 Mark. Im Kaufvertrag heißt es dazu: „Es verkaufen, cediren [übergeben], treten ab und räumen ein zum wahren Erb und Eigenthum des seeligen **Hans Hadenfeldts** auf dem Hofe und der Mühle Lütjenhastat hinterlassene Kinder und Erben, nämlich des Peter Bötern Ehefrau Wiebcke, Claus Büken Ehefrau Anna Elsabe, und Cathrina Hedewig Hadenfeldten respective cum Curatoribus Censtitutis [Censitutis] Marx Busch, Christian Müller und Johann Matthiesen resp. für sich und ihre Erben an Andreas Beeck von der Hanerauer Lohmühle unter dem Hochadel-Guthe Hanerau im Kirchspiel Hademarschen und dessen Erben, ihres bemelten seeligen Vaters Hans Hadenfeldts nachgelassenes Guth Lütjenhastedt Hof und Mühle genannt, wie

---

[86] Maisborstel ist ein Ortsteil von Todenbüttel im Kirchspiel Hohenwestedt.
[87] Privatbesitz Christian Köhler in Kleinhastedt. Abschrift von 1837 der Urkunde vom 21. Juli 1749.

solches nämlich in dem Wohn- und Neben-Hause, Futter-Scheune, Backhaus, Mühlenhaus und der Windmühle ... alles um für 15.400 Mark, schreibe fünf zehn Tausend vier hundert Mark lübisch. ...
Lütjenhastedt den 12. Juni 1771."[88]

- 1773 verkauft Andreas Beek am 3. Mai an **Marcus Friedrich Frieß** aus Flensburg. „Demnach **Andreas Beek** auf der Hanerauer Lohmühle unterm 17. Aprill 1773 von Herrn Hochwohlgeboren dem Königlichen Conference Rath Eggers in Meldorf per Decretum die Erlaubniß erhalten, sein im Kirchspiel Süderhastedt belegenes Gehöfte, Lütjen Hastedter Hof genannt, sub hasta [Zwangsversteigerung] zu verkaufen, ..., so ging hierauf von 3. May 1773 die gedachte Subhastation auf dem Hofe selbst unter meiner Direction vor sich, und es wurde dem Herrn Marcus Friedrich Frieß aus Flensburg als Meistbietendem das Gehöfte Lütjenhastedt mit Genehmigung des Verkäufers zugeschlagen. ... Es verkauft, übergiebt und räumet ein zum wahren Erb und Eigenthum Andreas Beek vor der Hanerauer Lohmühle unter dem Hochadelichen Gute Hanerau im Kirchspiel Hademarschen, deßen Procurator der Bürgen Johann Daniel in Meldorf ist, für sich und seine Erben an den Herrn Marcus Friedrich Frieß aus Flensburg und deßen Erben sein im Kirchspiel Süderhastedt belegenes Gehöfte, Lütjenhastedter Hof und Mühle genannt, wie solches nemlich in dem Wohnhause und neben Hause, Futterscheune, Backhaus, Mühlenhaus und der Windmühle sammt dabei gehörigen Schlethölzer und Bretter auf Hilden und Boden, ... alles von und für 16.000 Mark schreibe Sechzehn Tausend Mark lübisch grob Courant behandelten Kaufgeldes. ... Buchholz den 12. May 1773."[89]

- 1781 verkauft **Marcus Friedrich Fries** Teilflächen des Hofes, nämlich das Fettmoor, an 5 Hofbesitzer in Süderhastedt: „Es ist am 5. November 1781 bey einer ritae gehaltenen subhastation [Zwangsversteigerung] nachfolgender Kauf getroffen: Nach Anbietung derselben verkauft der Besitzer des Hofes Lütjenhastedter Hof Marcus Friedrich Fries für sich und seine Erben an **Marx Bolß, Diederich Busch, Karsten Karstens, Claus Nagel und Jürgen Claußen**, sämtlich in Süderhastedt, und deren Erben das sogenannte

---

[88] Privatbesitz Christian Köhler in Kleinhastedt. Abschrift von 1837 der Urkunde vom 12. Juni 1771.
[89] Privatbesitz Christian Köhler in Kleinhastedt. Abschrift von 1837 der Urkunde vom 12. Mai 1773.

Fettmoor, ..., umb und für Tausend Mark lübisch Kaufsumme. ... Buchholz den 11. December 1781."[90]

- 1783 verkauft Marcus Friedrich Fries den Hof an **Joachim Hinrich Rave** als Pächter des Gutes Mehlbek **und Peter Claudius** als Inspektor vom adligen Gut Ascheberg für 15.500 Mark: „Es verkäuft der Besitzer des Freyhofes, Lütjenhastedter Hof genannt, Marcus Friederich Fries, für sich und seine Erben an Joachim Hinrich Rave, itzigen Pächter des adlichen Gutes Mehlbeck,[91] und Peter Claudius, Inspector über das adliche Gut Ascheburg im Holsteinischen und deren Erben vorgedachten Hof Lütjenhastedterhof mit beigehöriger Windmühle bey Süderhastedt belegen, welcher Hof und Mühle von allen Schatzungen frey, ... um und für 15.500 Mark, schreibe Fünfzehn Tausend und Fünf Hundert Mark lübisch behandelter Kaufsumme in guter grober ... dänischer Courant Münzen. ... Burg den 4. April 1783 und Ascheburg den 16. April 1783."[92]

- 1785 verkauft **Joachim Hinrich Rave** seinen Anteil von 100 Reichstaler am Gut an **Peter Claudius**: „Es verkauft, cedirt und tritt ab der Pächter [des Gutes Mehlbeck] Joachim Hinrich Rave, jetzt auf Mehlbek für sich und seine Erben an den Inspector Peter Claudius zu Ascheberg und dessen Erben, sein des Joachim Hinrich Rave gehabten Mitantheil am dem im Kirchspiele Süderhastedt der Landschaft Süderdithmarschen belegenen FreiHofe, Lütjenhastedter Hof genannt, cum pertinentibus, welche jetzige Contrahenten von Marcus Friedrich Fries gemeinschaftlich erhandelt haben und zu welcher Kaufsumme der Mitkäufer Rave Ein Hundert Reichsthaler an Kaufgelder zugelegt und also für die Theil der Kaufsumma ein Miteigenthums Recht am gedachten Hof gehabt hat, um und gegen den bereits ihm von Mitkäufer Peter Claudius baar ausbezahlten Hundert Reichsthaler ueberläßt er seines bisher am gedachten Lütjen Hastedter Hof gehabten Mitantheils. ... Ascheberg am 12. October und Mehlbek am 20. November 1785.

- 1788 verkauft **Peter Claudius** an die beiden Schwäger Johann Christian Köhler und August Friedrich Köhler den etwa 207 ha großen Hof für 5000

---

[90] Privatbesitz Christian Köhler in Kleinhastedt. Abschrift von 1837 der Urkunde vom 11. Dez. 1781.
[91] Südlich Schenefeld.
[92] Privatbesitz Christian Köhler in Kleinhastedt. Abschrift von 1837 der Urkunde vom 4. April 1783.

Reichstaler. Damit kommt der Hof nun dauerhaft in den Besitz der Familie Köhler, die ihn bis heute bewirtschaftet: „Es hat bereits verkauft und unterm 25. April 1788 abgetreten der Herr Peter Claudius zu Hubersdorf, itziger Amts-Inspector des Hochstifts Lübek, für sich und seine Erben an den beeden Schwägern **August Friederich Köhler** und **Johann Christian Köhler**, itzt beede auf dem LütjenHastedter Hof, und deren Erben den ganzen Freihof, Lütjenhastedter Hof genannt, gleich Herr Verkäufer diesen ganzen Hof mit seinen pertinentien besessen, und zwar an August Friederich Köhler die Hälfte von ... nebst der in dieser Koppel (Mühlenkoppel) stehenden Wind-Mühle mit beigehörigen Mühlengerätschaft wie auch das in dieser Koppel stehende Mühlen-Haus. ... Weiter den sogenannten Hofplatz oder die Hofstedte, groß ohngefehr 1 Morgen 1 Scheffel 8 Ruthen 6 Fus mit dem auf dieser Hofstelle stehenden grossen Wohnhause und kleinem Backhause ... Sodann an Johann Christian Köhler die Hälfte des ... Ferner eine Hofstelle oder Hofplatz von ohngefehr 7 Scheffel 24 Ruthen $3^{3}/_{4}$ Fus groß mit dem darauf stehenden Wohnhause ... Und dies Alles an beeden Schwägern Verkauftes um und für 5000 Reichsthaler,[93] schreibe Fünf Tausend Reichsthaler, und die Erbpachtsmühle Hubersdorf bei Lübek, so mit ihren pertinentien von Contrahenten auf 3000 Reichsthaler geschätzt worden. ... Käufer, die das Gekaufte bereits alles am 25. April 1788 vom Herrn Verkäufer abgeliefert erhalten, ..., haben dem Herrn Verkäufer auch bereits den 25. April des 1788. Jahres die stipulirten Fünf Tausend Reichsthaler baar bezahlet. ... Geschehen Hubertsdorf[94] bei Lübek den 12. Februar 1789 und Lütjenhastedter Hof in der Landschaft Süderdithmarschen den 31. März 1789."[95]

---

[93] 1 Reichstaler = 3 Mark lübisch.
[94] Hubertsdorf/Hobbersdorf, Kirchspiel Ratekau, jetzt in sehr kleine Landstellen parzellierter Hof an der Schwartau, mit 2 Wassermühlen und 4 Kater.
[95] Privatbesitz Christian Köhler in Kleinhastedt. Original-Urkunde vom 31. März 1789.

Abb. 3 Originalunterschriften im Kaufvertrag vom 25. April 1788

Die im „Erdbuch" immer wieder auftretenden Flurnamen finden sich zum Teil auch in einer Aufstellung von Johann Christian Köhler für seinen Hofteil vom 19. Oktober 1803[96] „Die Belegenheit und Größe, oder Tonnen[97] und Morgenzahl von meiner Pflug, Wiesen und Weide oder Mohrländereien, sind folgende. Kleinhastedter Hof den 19. October 1803. J.C.Köhler".

Erstlich die Nahmen und Tonnen-Zahl von die Sandkoppeln oder Pfluglandereien:	
Eine Koppel Rawinkel genannt, an Aussaat gr.	9
Die Junkersfeldt Koppel, groß	8
Die Lehmsicks Koppel	11
Langenackers Koppel	9
Jetthückens Koppel groß	9
Schwartzenberg Koppel	9
Die Mohrkoppel	9
Die Haberkoppel	5
Die Galgenkamps Koppel	10
Die Großemühlen Koppel	8
Die Kleinemühlen Koppel groß	4
Die Neue Koppel	5
sind	96
1 Tonne = 240 Ruten = 6 Scheffel = 0,4 Morgen	

Zweitens die Belegenheit meiner Wiesen und deßen Morgenzahl sind: Urbar			
	Mor.	Sch.	Rut.
Die kleine Wiese zu Westen an der Haberkoppel belegen, ist groß	--	13	19
Die Neue Wiese groß	--	12	--
Die Dubenwiese zu Norden an die Neuewiese	6	8	32
Der Streitkrug zu norden an die Dubenwiese	1	10	11
Der Bollenkrug groß	4	5	11
Die Junkerswiese zu osten am Bollenkrug	5	--	23
Die Döse zu westen an die Junkerswiese	2	10	8
Die sämmtlichen Wischländereien enthalten	21	13	24
Mit 16 Scheffel = 1 Morgen müsste es heißen:	21	12	24

---

[96] Privatbesitz Christian Köhler in Kleinhastedt. Original-Aufstellung vom 19. Oktober 1803.
[97] 1 Tonne = 240 Quadratruten = 6 Scheffel = 0,4 Morgen.

Die Mohren, deren Benennung und Größe. Urbar.	Mor.	Sch.	Rut.
Transport	21	13	24
Rapsamenkrug zu Süden an Bultkruge groß	7	11	36
Daß Pferdemohr zu Süden an Rapsamenkrug belegen	3	7	--
Daß Kuhmohr zu Süden an Pferdemohr	3	13	34
Daß Heidemohr zu Süden an Kuhmohr	2	14	15
Die Wiesen und Urbaren Mohren zusammen genommen sind groß	41	--	29

Die Nichturbaren Mohren werden genennet und sind groß:	Mor.	Sch.	Rut.
Daß Kätenersmohr zu osten an der Dubenwiese	10	1	14
Daß Galgenmohr zu osten an Kätenersmohr	3	9	30
Großheidemohr zu Süden an Kätenersmohr	5	6	14
Kleinheidemohr zu süden an Großheidemohr	4	9	26
Der Heidekamp zu westen an Kleinheidemohr	2	4	20
Das Nichturbare ist allen groß	26	1	24

Die Hofbesitzer waren also:

1564   Claus Rantzau
1578   Heinrich Rantzau für 6500 Reichstaler
1599   Geert Rantzau
1600   König Christian IV. für 17.775 Taler
1630   Wulff von Buchwaldt als Pächter
1660   Baltzer Hans von Buchwaldt als Pächter
1666   11. Juli Nicolaus von Merlau für nur 7416 [richtig] Reichstaler
1677   Baltzer Hans von Buchwaldt für 2500 Reichstaler + 1800 Rtlr für neue Gebäude.
1694   Landschaft Dithmarschen für 8200 Reichstaler, der König von Dänemark löst sein Vorkaufsrecht ein; verpachtet an Baltzer Hans von Buchwaldt 1694-1696
1696   Johan Tuchscherer (Touchère ?), Leutnant, verpachtet für 6 Jahre 1696-1702 für jährlich 500 Reichstaler
1709   Marx Otte, erneut 1710 gepachtet. Auch im Nachfolge-Pachtvertrag für Hans Halcke erwähnt; 1000 Mark Pacht jährlich
1724   Hans Halcke. Im Vertrag vom 17. Januar 1724 nennt die Heftkopie des Erdbuches (siehe hinten Anlage 8) den Landesgevollmächtigten Hans Halcke als neuen Pächter des Gutes Kleinhastedt für 10 Jahre

	von 1724 bis 1734, für 1000 Mark jährlich. Erneute Pacht für 10 Jahre bis 1746. Jedoch hat der König sein Einlöserecht geltend gemacht.
1735	Christian Müller. Diesen nennt das „Erdbuch" für das Jahr 1735 (Seite neu 58) als Pächter, als „Pensionair" des Gutes Kleinhastedt.
1742/4	Landschaft Dithmarschen erwirbt das gesamte Gut, Parzellierung zum Weiterverkauf
1744	Landvogt Heinrich Nicolaus Matthießen in Burg für 10.500 Mark
1744	Hans Hinrich Weis aus Krummendeich für 10.950 Mark
1749	Hans Hadenfeldt aus Meißborstel für 20.150 Mark
1771	Andreas Beek aus Hanerau für 15.400 Mark
1773	Marcus Friedrich Fries aus Flensburg für 16.000 Mark
1783	Joachim Hinrich Rave aus Mehlbek und Peter Claudius aus Ascheberg für 15.500 Mark
1785	Peter Claudius Alleinbesitzer, Rave verkauft seinen Anteil von 100 Rtlr.
1788	**Johann Christian Köhler und August Friederich Köhler** für 5000 Reichstaler
1793	Johann Christian Köhler kauft den Anteil seines Schwagers für 10.197 Mark
1815	Johann Christian Köhler überlässt an seinen Sohn Christian Detlef Köhler
1846	Christian Detlef Köhler überlässt an seinen ältesten Sohn Johann Christian
1885	J. Chr. Köhlers Witwe überlässt an den ältesten Sohn Christian Detlef Köhler
1907	Christian Detlef Köhler überlässt an seinen 4 Jahre jüngeren Bruder Johann August[98]
1929	Johann August überlässt an seinen Sohn Friedrich Köhler
1965	Friedrich Köhler überlässt an seinen Sohn Christian Köhler
1994	Christian Köhler überlässt an seinen Sohn Nils Köhler

Die Entwicklung des ehemaligen Gutes Lütjenhastedt, insbesondere der Höfe Kleinhastedt und Klein Rade, ist geprägt von den weiterhin geltenden

---

[98] Seit dem Jahre 1891 ist laut Urteil des Oberlandesgerichts Kiel die Abgabenfreiheit für den Hof aufgehoben.

Befreiungen der Besitzer von jeglichen Gemeindeabgaben und den vergeblichen Versuchen des Kirchspiels Süderhastedt, dies zu ändern. Erst im Jahre 1859 fordert die Landvogtei Süderdithmarschen einen Bericht dazu von der Kirchspielvogtei Süderhastedt zu Burg an, der am 28. Juni 1860 vorgelegt wird. In dem Bericht wird zwischen dem „politischen Kirchspiel", also der öffentlichen Verwaltung, und dem kirchlichen Kirchspiel unterschieden; hier geht es um Gemeinabgaben an das politische Kirchspiel. Wegen der (adligen) Freiheiten und Privilegien des Hofes Lütjenhastedt gehörte dieser nicht zur Bauernschaft Süderhastedt und unterstand nicht dem Kirchspiel Süderhastedt, sondern bildete eine unabhängige Verwaltungseinheit; dies äußerte sich auch in der etwa 1585 erfolgten Erteilung der „hohen und der niederen Gerichtsbarkeit" für Heinrich Rantzau auf diesem Hof.

Allerdings spricht der Bericht etwas theatralisch davon, dass die Kirchspielsverwaltung sich „aufopferte", um für die beiden Hofbesitzer Geld aus der Kirchspielskasse zu verwenden. Ebenso argumentiert der Bericht seltsam, wenn er einerseits bemerkt, dass erst 1840 ein schleswig-holsteinisches Gericht die Freiheiten der Hofbesitzer bestätigte und die Kirchspielskasse zur Rückzahlung der erhobenen Abgaben verurteilten, andererseits aber von einer „Verkennung aller Rechtsgrundsätze" spricht, wenn die Hofbesitzer danach auf „ihren verbrieften Privilegien" beharren, keine Abgaben zu leisten. Schließlich stimmen die betroffenen 6 Hofbesitzer zu. Es werden dabei insgesamt um 60 Mark jährlich genannt, wovon 20 Mark auf den Haupthof Kleinhastedt entfallen. Die glatten Summen erscheinen sofort verdächtig, sie sind sicherlich nur grobe erste Schätzungen. Die Hofbesitzer lehnen am 18. November 1846 diese Forderungen auch prompt ab und bieten deutlich reduzierte Beträge an; die Mitgliedschaft in der Bauerschaft Süderhastedt lehnen sie gänzlich ab, sie würden sich auch einen Bauerschaftsgevollmächtigten selbst halten.

Der Bericht lautet:[99]

    Pflichtmäßiger Bericht der Süderhastedter Kirchspielvogtei zu Burg, betreffend die Regulierung der politischen Verhältnisse sämmtlicher zu dem ehemaligen Gute Kleinhastedt gehörigen Ländereien. Erfordert den 6. Juni 1859. Erstattet den 28. Juni 1860. Mit Anlagen sub Numeris 1 bis 4.

---

[99] Landesarchiv Schleswig, Abt 102 II, Nr. 159.

Das ehemalige Gut Lütjenhastedt mit dem später davon abgelegten Meierhofe Kleinrade wurde den darüber vorhandenen historischen Nachrichten zufolge alsbald nach der Eroberung des Landes Dithmarschen von dem Amtmann Claus Rantzau gegründet, der um das Jahr 1564 die dazu gehörigen Ländereien von den angrenzenden Dorfschaften zusammenkaufte. Nachdem das Gut sich bis zu Ende des 16. Jahrhunderts im Besitz der Familie Rantzau befunden, ging es durch Kauf auf andere Besitzer über, bis es in die Hände der Regierung gelangte, welche es unterm 30. Oktober 1742 in öffentlicher Auction für 8200 r[eichstaler] Dänische Kronen mit allen Pertinenzien, namentlich den in den Dorfschaften Burg, Krumstedt, Bargenstedt und Leersbüttel belegenen Ländereien, Freiheiten und Gerechtigkeiten, <u>namentlich mit der Freiheit von allen Oneribus und Schatzungen, ausgenommen etwas weniges Herrngeld</u>, welches von den Besitzern der dazu gehörigen Bauernhöfe selber abzuhalten an die Landschaft Süderdithmarschen zum freien Eigenthum verkaufte, welche ihrerseits wiederum die Ländereien parzellirte und sammt dem Hofe Kleinrade im Jahre 1744 an verschiedene Käufer meistbietend überließ.

Da die Landschaft es beim Verkauf der ehemaligen Gutsländereien, namentlich der hier in Betracht kommenden beiden Höfe Kleinhastedt und Kleinrade cum pert. aber verabsäumt hatte, dieselben zu den pflugzähligen Abgaben anzusetzen, selbige vielmehr nach Ausweis der resp. unterm 20. Juli und 13. Mai 1744 darüber abgeschlossenen Kaufcontracte mit allen bisherigen Freiheiten und Gerechtigkeiten, namentlich der Freiheit „von allen sowohl ordinairen als extraordinairen Schatzungen, oneribus, Unpflichten und Beschwerden, sie mögen Namen haben wie sie wollen", den neuen Acquirenten zu gewährleisten sich verpflichtete, so blieben in der Folge die Besitzer der bemeldeten Ländereien auch von allen Schatzungen, sowohl an die Landes- als Kirchspielscasse verschont, obwohl sie in neuerer Zeit zu den königlichen Steuern, namentlich zur Grund- und Benutzungssteuer und den darnach zu repartirenden ausserordentlichen Steuern herbeigezogen worden sind, ohne daß sie meines Wissens dagegen reclamirt oder Entschädigungsansprüche gegen irgend Jemanden dieserwegen erhoben hätten.

Eine natürliche Folge davon war, daß die Besitzer der mehrgedachten beiden Höfe ohne irgend etwas zu den ihnen zu Gute kommenden Ausgaben des politischen Kirchspiels an die Kirchspielscasse beizutragen, allmählich gleichwohl an allen aus dem Kirchspiel-Communalverbande hervorgehenden Einrichtungen Theil genommen und sich successive wenigstens factisch dem Kirchspiel Süderhastedt sowohl als den nächstbelegenen Dorfschaften Süderhastedt und Grossenrade angeschlossen haben.

Das Kirchspiel Süderhastedt, welches es müde wurde, sich für die Besitzer der zu den genannten beiden Höfe gehörigen Ländereien, soweit dieselben im Kirchspiel Süderhastedt belegen sind, fortwährend aufzuopfern und die auch zu ihrem Besten gereichenden Ausgaben für sie aus der Kirchspielscasse zu bezahlen, hat seinerseits freilich nicht unterlassen, dieselben zwangsweise nach Art der Käthner und Nahrungstreibenden zu einem moderaten Beitrage an die Kirchspielscasse anzusetzen, wurde indessen auf desfällige Beschwerde der gedachten Hofbesitzer von der vormaligen Schleswig-Holsteinischen Regierung unter Vorbehalt einer Regulierung der in Betracht kommenden Verhältnisse unterm 20. November 1840 schuldig erkannt, diese von ihnen erhobenen Beiträge zu restituiren.

Von nicht minder ungünstigem Erfolge sind später die Bemühungen des Süderhastedter Kirchspielscollegii gewesen, die fragliche Angelegenheit auf gütlichem Wege mit den beikommenden Besitzern der Kleinhastedter und Kleinrader Hofländereien zu arrangiren, wie sich dieses aus den Anlagen sub Numeris 1, 2, 3, und 4 ergibt, indem dieselben, wenn sie gleich nunmehr anfingen, die Nothwendigkeit ihrer rechtlichen Einverleibung in den Süderhastedter Kirchspielsverband und ihrer Theilnahme an den Lasten desselben einzusehen, sich dennoch aber weigerten, auf die sie gestellten billigen Bedingungen einzugehen und einen annehmlichen Beitrag an die Kirchspielscasse zu leisten.

Bei einer solchen Verkennung aller Grundsätze des Rechts und der Billigkeit und bei der Hartnäckigkeit, mit der die mehrgenannten Hofbesitzer auf ihre verbrieften Privilegien trotzen, bleibt freilich nichts weiter übrig, als die fragliche Angelegenheit Einer Königlichen Landvogtei zur schließlichen Regulierung und Entscheidung zu überlassen, wobei ich mir nur noch die Bemerkung erlaube, daß zur

gründlichen Beurtheilung der Frage, welchen Dorfschaften die beiden Höfe Kleinhastedt und Kleinrade unterzulegen sein mögten, vorerst noch eine Localbesichtigung erforderlich sein dürfte.
Ganz gehorsamst, Postel.[100]

Die in obigem Bericht genannten Anlagen 1-4 sind folgende:

Anlage 1: Kirchspielvogtei Süderhastedt.
Actum in der Königlichen Süderhastedter Kirchspielvogtei zu Burg, den 19. Mai 1846.
Auf geschehene Ladung und vorherige Bekanntmachung mit dem Gegenstande ihrer Vernehmung waren heute erschienen die Parcelisten
1. Paul Friedrich Kähler,
2. Johann Christian Kähler,
3. Jasper Kähler und
4. Johann Christian Friedrich, sämmtlich zu Kleinhastedt, sowie
5. die Gebrüder Marten und Hans Sachau von Kleinrade,[101]
um in Anleitung Schreibers der Königlichen Süderdithmarscher Landvogtei zu Meldorf vom 8. April des Jahres über die beabsichtigte Einverleibung ihrer zum ehemaligen Gute Kleinhastedt gehörigen Ländereien in das Kirchspiel und die Dorfschaft Süderhastedt zu Protocoll vernommen zu werden.
Selbige erklärten hierauf nach geschehener Verlesung des gedachten Schreibens übereinstimmend, daß zwar die sämmtlichen Ländereien, in deren Besitz sie gegenwärtig sich befänden, zum ehemaligen Gute Lütjenhastedt gehörten, daß sie aber diese Ländereien nach Ausweise ihrer resp. Kaufbriefe mit der Freiheit von allen und jeden Schatzungen erworben hätten und sich daher auch nicht dazu verstehen könnten, dieselben mit seither ungekannten Lasten und Abgaben für die Zukunft

---

[100] Postel ist der Kirchspielvogt des Kirchspiels Süderhastedt.
[101] 1811 hatte Johann Christian Köhler seinen beiden Söhnen den Hof Kleinhastedt übergeben, und zwar an Paul Friedrich Köhler den Norderhof, an Christian Detlef Köhler den Süderhof, den Stammhof. Christian Detlef Köhler übergibt 1846 den Stammhof an seine beiden Söhne Johann Christian Köhler und Jasper Köhler. Jasper verkauft später seinen Hofteil an seinen Bruder Johann Christian, der damit den Stammhof wieder allein besitzt. Johann Christian Friedrich ist seit 1840 Besitzer der Mühle. Marten und Hans Sachau sind seit 1839 Besitzer des Hofes Kleinrade. Siehe Köhler, S. 47/48.

zu beschweren. Gleichwohl wären sie in Anerkennung der Vortheile, welche ihnen der Verband mit dem Kirchspiele und der Dorfschaft Süderhastedt, in dem sie sich bisher factisch befunden, gewähre, sowie in Betracht der mancherlei auch ihnen zu Gute kommenden Ausgaben des politischen Kirchspiels sowohl als der Dorfschaft Süderhastedt nicht ungeneigt, sich beiderlei Communen förmlich nunmehr incorporiren zu lassen und, wie an den Vortheilen und Rechten so auch an den Lasten des Kirchspiels und der Bauerschaft Süderhastedt für die Zukunft Antheil zu nehmen, wofern sie sich hierüber mit beiden Communen gütlich etwa auf die Weise arrangiren könnten, daß sie alljährlich an die Kirchspiels- und Bauerschaftscasse eine nach Größe und Werth ihres Grundbesitzes im Verhältniß zum schatzpflichtigen Grundbesitz anderer Kirchspielseingesessenen zu bestimmende feststehende und unveränderliche Abfindungssumme zu bezahlen haben würden. Über den Belauf dieses von ihnen jährlich zu erlegenden Beitrags an die Kirchspiels- und Bauerschaftscasse könnten sie sich zur Zeit noch nicht erklären, müßten hierüber vielmehr vorerst den Propositionen des Süderhastedter Kirchspielscollegii und der Bauerschaft Süderhastedt entgegen sehen.

Vor allem aber müßten sie es zur Bedingung machen, daß nicht bloß die jetzigen Höfe Kleinhastedt und Kleinrade als Theile des ehemaligen Gutes Lütjenhastedt, <u>sondern überhaupt alle dazu gehörig gewesenen Ländereien</u>, von denen sich viele gegenwärtig im Besitz von Süderhastedter und theilweise auch von Großenrader Eingesessenen befänden, zu den Communallasten hinzugezogen würden. Ebenfalls besäßen auch die Krumstedter und vielleicht auch die Bargenstedter sowie die Windberger Eingesessenen von diesen ehemaligen Lütjenhastedter Gutsländereien.

Womit geschlossen. Actum ut supra. In fidem prot. Postel. Procura Copia.

Anlage 2: Kirchspielsversammlung Süderhastedt.

Extract aus dem Schlussenprotocoll des Kirchspiels Süderhastedt. Actum Süderhastedt den 20. Mai 1846.

In heutiger ordnungsmäßig berufener Kirchspielsversammlung wurden folgende Gegenstände verhandelt:

1. Der Kirchspielvogt Postel legte ein Schreiben der Königlichen Süderdithmarscher Landvogtei vom 8. vorigen Monats vor, demzufolge dieselbe, nachdem sie von der Königlichen Schleswig-Holsteinischen Regierung auf Gottorf mit der Regulierung der politischen Verhältnisse der zum ehemaligen Gute Lütjenhastedt gehörigen Ländereien beauftragt worden, es für zweckmäßig erachtet, dieselben in jeder Beziehung dem Kirchspiel und der Dorfschaft Süderhastedt zu incorporiren, hierüber jedoch zuvor mit der Erklärung des Süderhastedter Kirchspiels-Collegii und sämmtlicher Eigenthümer jener Ländereien versehen zu werden verlange.

Gleichzeitig theilte der Berichterstatter dem Collegio eine von den zu Kleinhastedt und Kleinrade jetzt wohnhaften Eigenthümern jener ehemaligen Gutsländereien über den obigen Gegenstand bereits eingezogene protocollarische Erklärung mit, derzufolge dieselben sich mit der beabsichtigten Incorporation zufrieden erklärt und ihre künftige Theilnahme an den Ausgaben und Lasten, sowohl des politischen Kirchspiels als der Bauerschaft Süderhastedt unter der Bedingung zugesichert,

> sie sich mit dem Kirchspiel und der Bauerschaft gütlich etwa auf die Weise vereinbaren könnten, daß sie alljährlich sowohl an die Kirchspiels- wie an die Bauerschaftscasse eine nach Größe und Werth ihres Grundbesitzes im Verhältniß zum schatzpflichtigen Grundbesitz anderer Kirchspielseingesessenen zu bestimmende, feststehende und unveränderliche Abfindungssumme zu bezahlen haben würden, über deren Belauf sich vorerst das Kirchspiel und Bauerschaft Süderhastedt zu erklären haben würden.

Nach reichlich erwogener Sache erklärte sich das Kirchspielsvorstehercollegium damit einverstanden und bereit, die Besitzer der zum ehemaligen Gute Lütjenhastedt gehörigen Ländereien in den politischen Verband des Kirchspiels Süderhastedt aufzunehmen und sie aller damit verbundenen Rechte nach wie vor theilhaftig werden zu lassen, wenn dieselben sich vorbehältlich aller ausserordentlichen Steuern und Lasten, als zum Beispiel Kriegsführen, Einquartierungen und Contributionen sowie derjenigen Abgaben und Leistungen, die nicht aus der Kirchspielscasse abgehalten, sondern speciell repartirt würden, zu einer feststehenden an die Kirchspielscasse Statt der Schatzungen alljährlich zu bezahlenden Aversionalsumme [Abfindungssumme] verstehen würden.

Demgemäß glaubte das Vorstehercollegium von den Parcelisten der ehemaligen Lütjenhastedter Hofländereien nachfolgenden jährlichen Beitrag an die Süderhastedter Kirchspielscasse in Anspruch nehmen zu dürfen als

a) von dem Hofbesitzer Johann Christian Kähler zu Kleinhastedt	20 Mark
b) von Paul Friedrich Kähler daselbst	10 Mark
c) von Jasper Kähler daselbst	4 Mark
d) von Johann Christian Friedrich daselbst	6 Mark
e) Marten Sachau zu Lütjenrade	20 Mark
f) Hans Sachau daselbst	6 Mark
Summa	66 Mark

wogegen das Collegium es sich vorbehielt, die Besitzer einzelner zu den gedachten Gutsländereien gehöriger Grundstücke, als namentlich die Eingesessenen Vollmacht Voss, Marten Bols, Matthias Reimers, Hinrich Kruhe, Reimer Strufe und Marx Bruhn, sämmtlich in Süderhastedt, sowie der Eingesessene Jasper Eggers in Grossenrade, nach dem Werth und der Beschaffenheit ihrer Ländereien bei der jährlichen Setzung zum Kirchspiels-Käthnerschatz auf eine angemessene und billige Weise zu berücksichtigen.

2. Womit geschlossen. Postel; J. Voss; Johann Hanssen; C.A. Claussen; J. Bornholdt; Marten Hennings.

Extrahirt in der Königlichen Süderhastedter Kirchspielvogtei zu Burg, den 23. Juni 1860. In Fidem Postel.

Anlage 3: Aufnahmeerklärung der 7 kleineren Grundstücksbesitzer.

Actum in der Königlichen Süderhastedter Kirchspielvogtei zu Burg, den 17. November 1846. Praevia citatione sind vor mir erschienen die Besitzer einzelner zum ehemaligen Gute Lütjenhastedt gehöriger Ländereien als:

1. des Landesgevollmächtigten Jacob Voss in Süderhastedt,
2. des Bauerschaftsgevollmächtigten Marten Bols daselbst,
3. des Eingesessnen Matthias Reimers daselbst,
4. des Eingesessnen Hinrich Kruhe daselbst,
5. des Eingesessnen Reimer Strufe daselbst,

6. des Eingesessnen Marx Bruhn daselbst und
7. des Eingesessnen Jasper Eggers uxor.noie. [? /vermutl.: Witwe] in Grossenrade,

um im Auftrage der Königlichen Süderdithmarscher Landvogtei über die beabsichtigte Einverleibung ihrer vorgedachten Ländereien in den politischen Verband des Kirchspiels und der Dorfschaft Süderhastedt vernommen zu werden, und haben dieselben auf gegebene Veranlassung erklärt:

sie wären mit der beabsichtigten Einverleibung zufrieden, wenn ihre gedachten Ländereien nicht höher als wie mit 4 Schillinge für jeden Reichsthaler Kirchspielsschatz, das Land des Marx Bruhn aber nicht höher als mit 2 Schillinge für jeden Reichsthaler Kirchspielsschatz besteuert würden und diese Besteuerungsnorm als eine unwandelbar feststehende angesehen würde. In fidem, Postel.

Anlage 4: Änderung der Höhe der Zahlungen.

Actum in der Königlichen Süderhastedter Kirchspielsvogtei zu Burg, den 18. November 1846. Auf vorhergegangene Ladung sistirten sich heute vor mir die Besitzer der zum ehemaligen Gute Lütjenhastedt gehörigen Höfe als:

Johann Christian Kähler von Kleinhastedt,
Paul Friedrich Kähler daselbst,
Jasper Kähler daselbst,
Johann Christian Friedrich daselbst,
Marten Sachau von Kleinrade und
Hans Sachau daselbst,

um schließlich über die ihnen vom politischen Kirchspiel Süderhastedt hinsichtlich ihrer Einverleibung in den Süderhastedter Kirchspielsverband gestellten Propositionen zu Protocoll vernommen zu werden, und erklärten dieselben, nachdem ihnen der bezügliche Süderhastedter Kirchspielsschluß vom 20. Mai des Jahres vorgelesen und ihnen alle bei der Sache in Betracht kommenden Umstände nochmals vorgehalten worden:

daß sie sich auf Grundlage der in diesem Schlusse enthaltenen Propositionen, selbst auf die Gefahr hin, aus dem Kirchspielsverband excludirt zu werden, nicht einlassen könnten, vielmehr einer eventuell höhern Entscheidung hierüber entgegensehen müßten. Eventuell aber und wenn die Sache damit erledigt werden könne, wären sie Comparenten bereit, nachfolgendes an das Kirchspiel alljährlich zu leisten:

Johann Christian Kähler	7 Mark 8 Schillinge
Paul Friedrich Kähler	3 Mark ---
Jasper Kähler	1 Mark 4 Schillinge
Johann Christian Friedrich	2 Mark ---
Marten Sachau	6 Mark ---
Hans Sachau	2 Mark ---
	21 Mark 12 Schillinge.

Dagegen erklären die Comparenten sich gegen ihre Einverleibung in den bauerschaftlichen Verband der Dorfschaft Süderhastedt, indem dieses nach ihrer Meinung keinen Nutzen bringen könne und wären sie erneut erbötig, ihren Eid- und Wegegeschwornen sowie Bauerschaftsgevollmächtigten sich selbst zu halten.
Womit geschlossen. In fidem Postel.

Weitere Akten hierzu liegen mir nicht vor.

Im Erdbuch des Baltzer Hans von Buchwald werden zur Beschreibung seiner Ländereien oft Gewannbezeichnungen/Flurstücknamen verwendet. Einen großen Teil davon habe ich in den nachfolgenden Karten identifiziert und zugeordnet. Ich danke dem Katasteramt Husum für die guten Kopien der Karten und für die Veröffentlichungsgenehmigung. Ich habe verwendet die Urkarten zur Mutterrolle 1877, Süderhastedt Nr. 85.

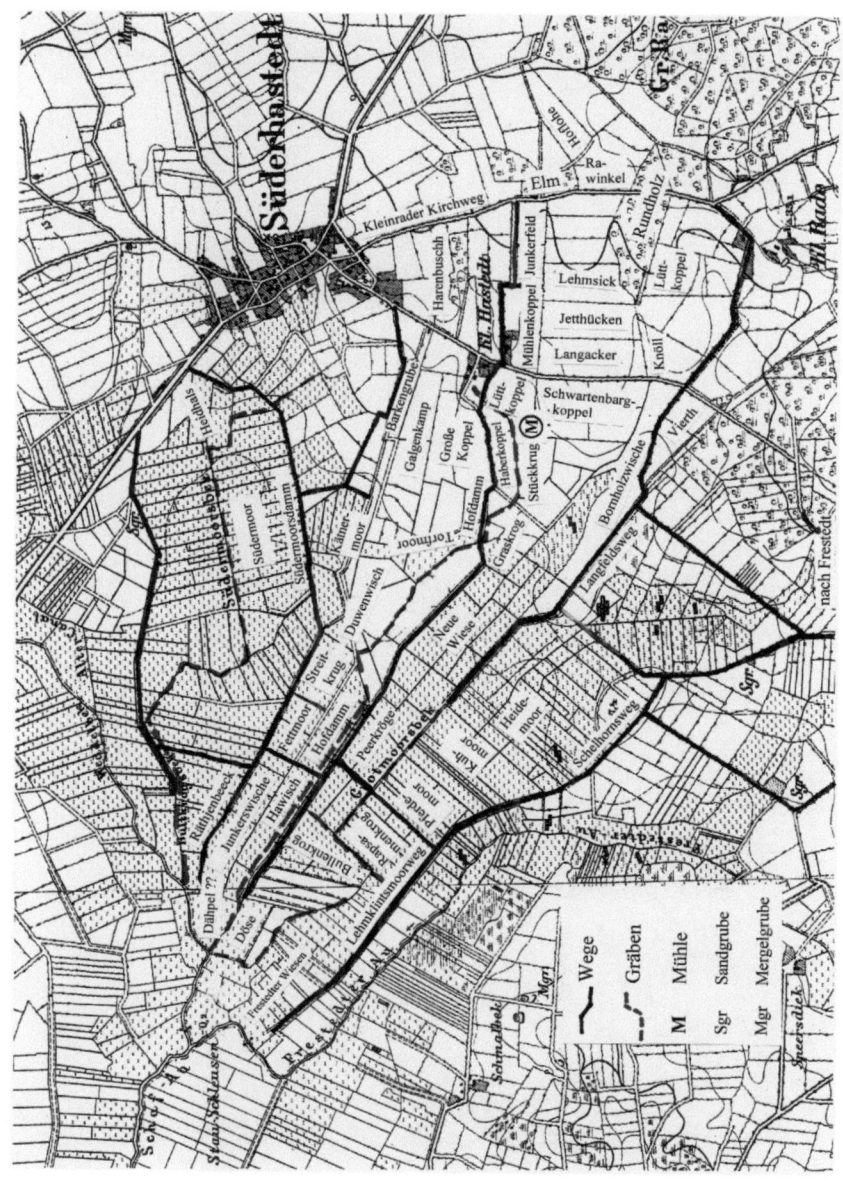

*Karte 1: Königlich Preußische Landesaufnahme 1878, Blatt 1921 Süderhastedt, Ausschnitt. Mit eingezeichneten Flurnamen.
Verlauf und Zusammenfluss von Weddelbek und Frestedter Au haben sich verändert.*

Karte 2: Topographisch Militärische Charte des Herzogtums Holstein, 1789-1796 (Varendorfsche Karte), Blatt 17 Meldorf, Nachdruck 1993. Zwischen Krumstedt und dem Pferdemoor fließt die Weddelbek (Krumstedter Au), sie fließt mit der von Süden kommenden Frestedter Au zusammen und bildet von dort die Schafau, die in den Windberger See fließt.

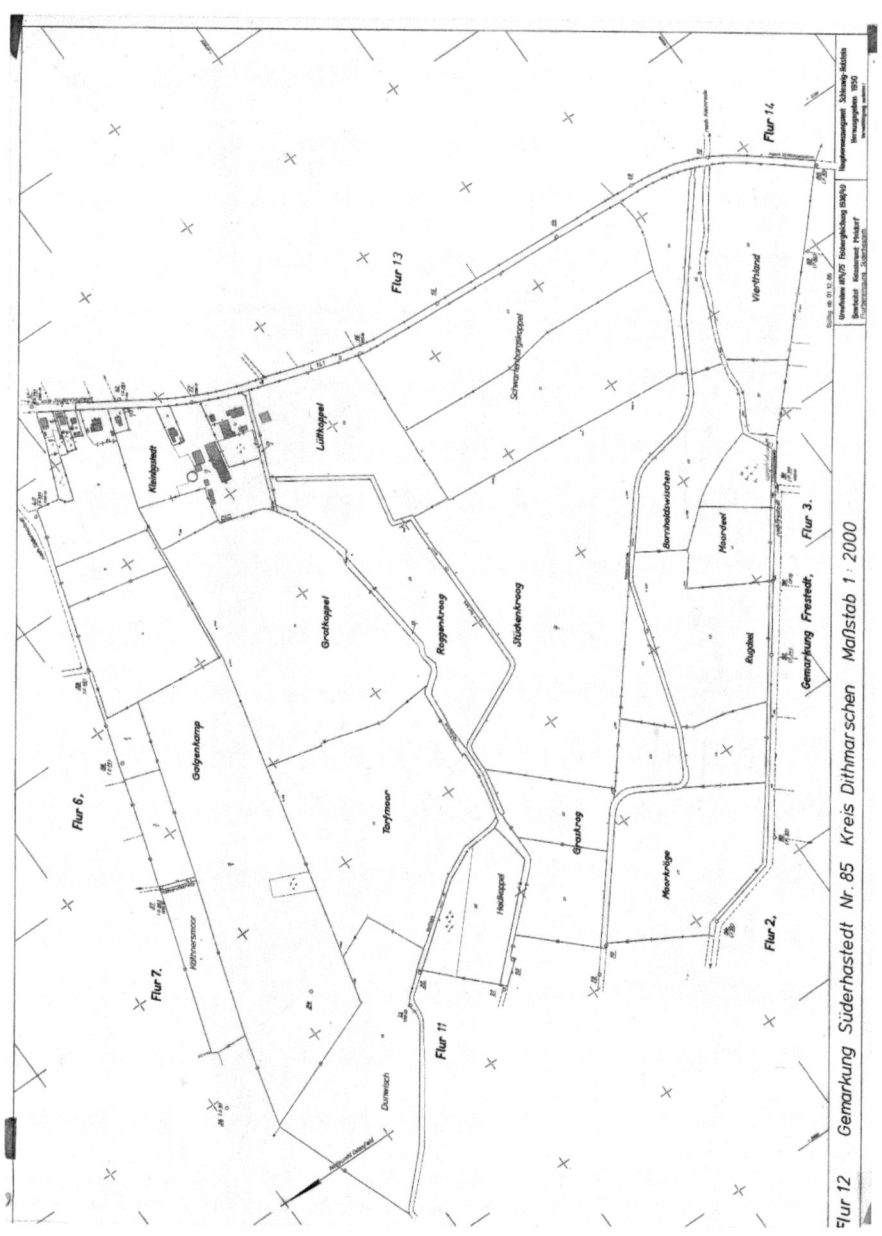

*Karte 3: Uraufnahme 1874/75 Süderhastedt, Nr. 85 Flur 12, mit Flurnamen.
Landesarchiv Schleswig, Acc. 117/12 Süderhastedt Blatt 12.*

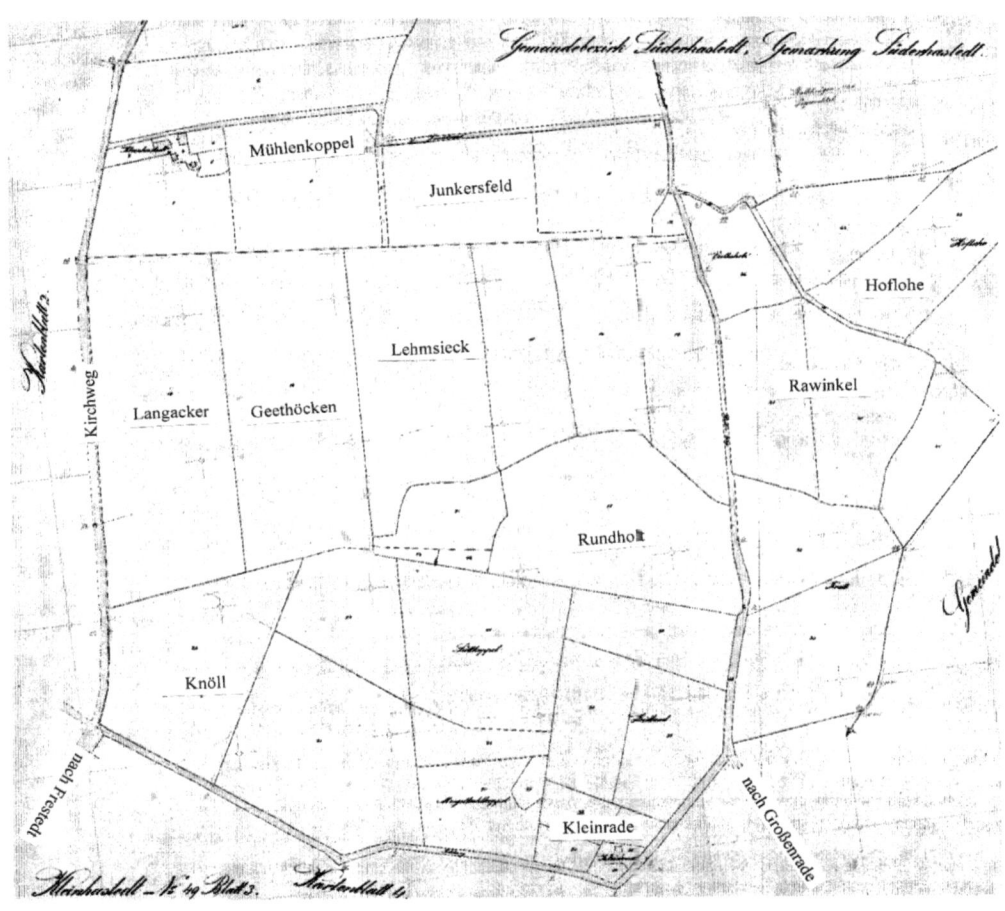

Karte 4: Uraufnahme 1874/75 Süderhastedt, Kleinhastedt Flur 3, mit Flurnamen.

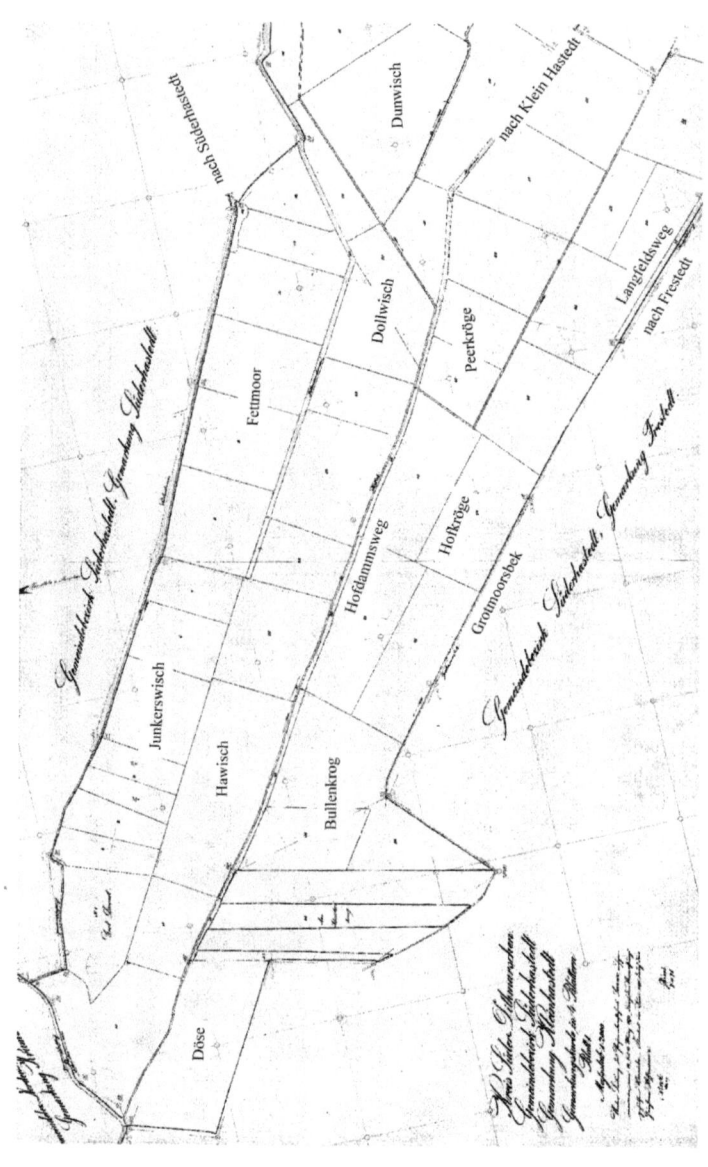

Karte 5: Uraufnahme 1874/75 Kleinhastedt Flur 1, mit Flurnamen

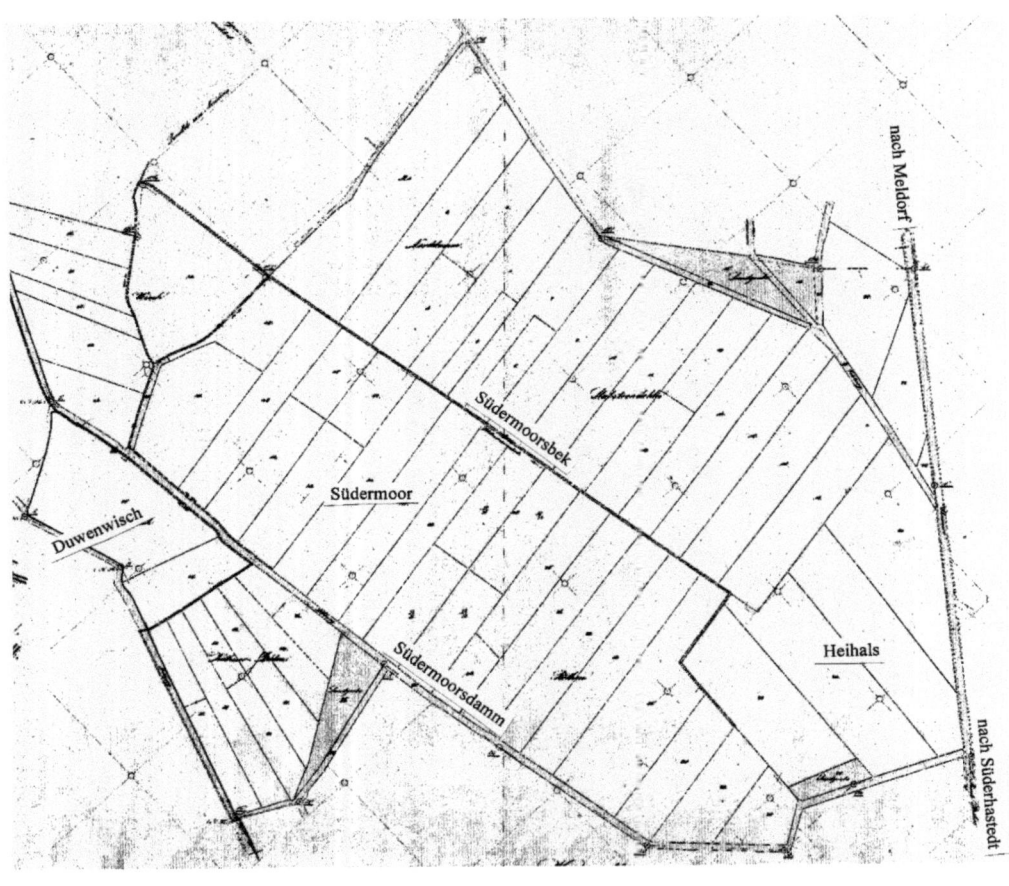

Karte 6: Uraufnahme 1874/75 Süderhastedt Flur 7, mit Flurnamen.

In den Karten eingetragene Flurnamen		In den Karten nicht gefundene Flurnamen
Barkengrube	Kätnersmoor	Finckhert
Bornholzwisch	Knöll	Frauenfeld
Bullenkrog	Kuhmoor	Galgenmoor
Dähpel, Döhpel	Langenacker	Geern (Gehrn)
Dammgraben, Hofdamm	Lehmsick	Großheidemoor
Döse	Lohe	Heidekamp
Duwenwisch	Lüttkoppel	Hemm
Elm	Mühlenkamp	Kiekberge
Fettmoor	Neue Wisch	Kiel
Frestedter Wiesen	Pferdemoor (Fettmoor)	Kleinheidemoor
Galgenkamp	Peerkröge	Krattbusch
Geethöcken, Jetthücken	Rapsamenkrug	Langenharen
Graskrog	Rawinkel	Macken Orke
Großer Krug	Ratjenbäk	Moorkoppel
Haberkoppel (Besenk.)	Rundholz	Neue Koppel
Hawisch	Schwarzenbergkoppel	
Harenbusch	Streitkrug	
Heidemoor	Stückenkrug	
Heidhals	Südermoor	
Junkersfeld	Torfmoor	
Junkerswisch	Vierth	

Von hier ab sind meine Kommentare und meine Texte eingerückt gedruckt.

Die Originaltexte sind hingegen seitenfüllend gedruckt.

Das Erdbuch

1. Teil: (Von Baltzer Hans von Buchwaldt 1680 geschrieben)

Die Besitzungen in Süderhastedt

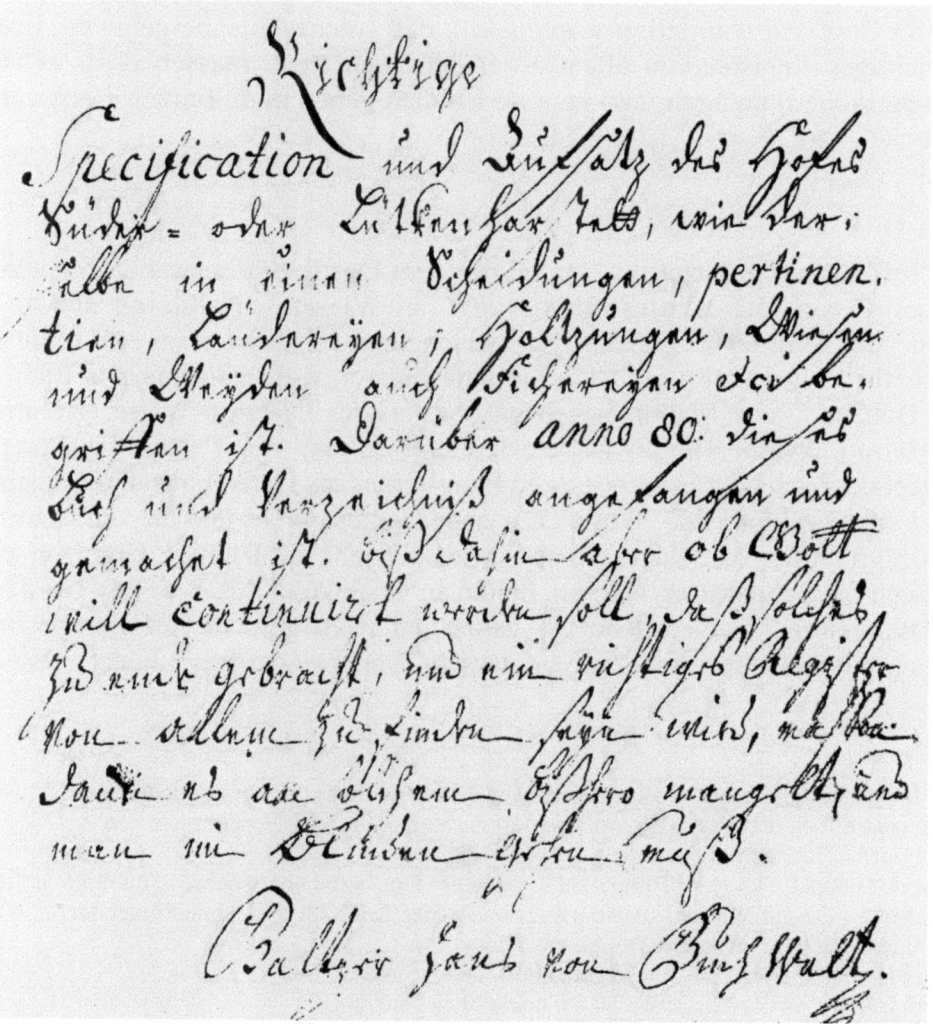

Abb. 4: Titelblatt (Blatt 1 des Originals)

[Blatt 1]
Richtige Speⁱcification und Aufsatz des Hofes Süder- oder Lütkenharstett, wie derselbe in seinen Scheidungen, pertinentier, Ländereyen, Holtzungen, Wiesen und Weyden, auch Fischereyen etc begriffen ist. Darüber anno [16]80 dieses Buch und Verzeichniß angefangen und gemachet ist. Biß dahin aber ob Gott will continuiret werden soll, daß solches zuende gebracht, und ein richtiges Register von allem zu finden seyn wird, massen dann es an solchem bißhero mangelt, und man im Blinden gehen muß. Baltzer Hans von Buchwalt.

[Blatt 2 leer]

[Blatt 3]
Der Hoff Hastätt gräntzet ins Norden mit dem Dorffe Süderhastätt, fänget zu Westen an von der **Krumstätter Aue**[102] an Wiesen, so allda an der Aue liegen, die **Dähpel**[103] genannt, an welchem zu Nordwesten ein frembd Wiesentheil oder Wehr zu Osten hin aufschiesset, welches seine alte Pfähle oder Dohlen[104] vier Marckzeichen hat, biß an des Pastoren Wiese, genannt der **Hemm**. Dieser Hemm als eine Wiese, so bey der Pastorey gehöret, grentzet oder scheidet in seiner Begrabung ferner ins Osten hinaus mit einem alten Graben schiessende. Was ausser obgedachtem Wehr und diesem Hemm zu Westen an der Aue lieget, solches wird genannt die **Dähpel**. Gräntzen zu Süden an die **Fredstätter Wiesen**, halten an Dachwerk[105] 8. Was bey Norden der **Damgröbe**,[106] als welche ich gantz neu nach gerader line durch von Damm biß an die Aue ziehen lassen, anhero gehöret, lieget Osten

---

[102] Krumstedter Aue, heute Weddelbek, die im Zusammenfluss mit der Frestedter Au die Süderau bildet, die südöstlich von Meldorf zusammen mit der Nordermiele den Meldorfer Hafenstrom bildet.

[103] Döpel, Dümpel, Dökel = (Tümpel) eine mit einer Grasnarbe überwachsene quellige Stelle im Moor oder auf Wiesen, auch ein zugewachsener Teich. Zum Beispiel bildet der Mühlenbach bei Fiel solche Döpel.
Hier ist allgemeiner eine Wiese gemeint.

[104] Dodelsteen = Grenzstein, etwa 50 cm hoch, oben spitz.

[105] Tagwerk, Tagewerk, Joch, auch Mansmahd ist ein altes Feldmaß, besonders in Süddeutschland, das die Feldarbeit eines Tages mit einem Ochsengespann misst, etwa 35 Ar ≈ 3500 m^2.

[106] Dammgraben neben dem Hofdamm.

vorgedachte **Däpel**, und zu Süden des gedachten Hemms, so dem Pastoren gehöret, ein Dachwerck allein, so anhero an diesem Hoffe gehöret, wobey benachbahret folgende 8 Dachwerk.

Dann schießen 8 Dackwercke in einer Länge ins Osten hinauf nach meinem **Pferde-Mohr** zu lanck dem **Ratjenbäck**,

[Blatt 4]

welcher an die Norder-Seite lieget. Diese 8 Dachwerck haben das herkommen und diesen Gebrauch, daß 4 Dachwerck anhero und 4 Tagwerk nach hiesigem Dorffe gehören. Wird aber alle Jahr umgewechselt, also daß das eine Jahr das unterste, das andere Jahr das oberste theil anhero genommen und genossen wird. Dann lieget bey Norden dem Damm-Graben der große Krug, halt 8 Tagwerke in einer Länge und Breite und ist ausgedohlet,[107] wie weit er sich verstrecket. Bey Süden der **Damm-Grube** zu Westen lieget die **Döse**,[108] sechs Dachwerk haltende, grenzet mit den Fredstätter Wiesen und den **Däpeln** zu Süden und Westen, nach Ausweisung seiner alten Dohlen oder Pfähle.

Die Wiesen, so nach Kleinen Rade gehören, liegen zwischen der **Döse** und dem **Bullenkrug**[109] unter die **Fredstätter Wiesen**, dann folgt allda an selbiger Seite des **Damm-Grabens** der **Bullenkrug**, hält 4 Tagwerk, gräntzet ins Süden mit dem **Fredstätter Wiesen**, und schiesset ins Osten an das **Kühemohr**.

Bis hieher diese grosse Wische specificiret hält in alles an Dachwercken
                                                   31 Tagewercke,
die **Duwenwisch** 12 und die **Bornholtz Wische** 4, ist   16.
                Facit in alles an Tagwercke   47.[110]

---

[107] Dool ist ein Zeichen aus Stein, das man im Feld aufrichtet, um einen bestimmten Ort wiederzufinden.
[108] Siehe Wegemann S. 52 für Kleinhastedt.
[109] Siehe Wegemann S. 52 für Kleinhastedt.
[110] 47 Tagwerke ≈ 16 ha.

[Blatt 5]
Daselbst bey Norden dem Damm fänget an das **Pferde-Mohr**, welches mit einem Graben oder einer Bache zwischen den **Hastätter Wiesen-Damm** und dem **Pferde-Mohr** fliessend die Scheidung machet, biß an die **Duwenwische**.[111] An dieser Duwenwiese zu Norden und dem Pferde Mohr zu Osten lieget eine kleine Wiese, so jetzt einem Krüger zu Hastätt Nahmens **Clement** gehöret, ins Süden aber mit einem Graben von der **Duwenwische** abgegraben und gesondert ist, welchen Graben der Besitzer der Wische alleine kleyen muß, und davor er genieß hat von dem **Pferdemohr** zu seiner Wiese, so weit dieselbe gehet. Da dann solchem Graben erstlich zu Osten hin auf und an zu Süden wieder hinein lanck der **Duwenwische** eine Ecke zwischen dem Dorf und Hofe Mohr oder Wede eine breite Grube von Westen ins Osten schießend, die **Barcken Grube** genannt, gantz hinauf nach dem Dorf Ackerland und dem **Galgenkamp**[112] zu Süden die Scheidunge machet.

Und schießen die Stücke, so auf dem **Galgen Kamp** liegen und nach dem Hofe gehören, allda von Süden ins Norden, von welchem Stücke zu Westen bey dem Kirchwege 4 nach dem Dorffe Hastätte gehören in einer Fähre[113] die Westersten etc zu Süden

[Blatt 6]
die gehören nach dem Hofe Hastätte. Von denen Stücken, so von Westen ins Osten zu Süden dem Galgenkamp liegen, scheidet die Norderste Fähre, welche zu Südem dem Galgenkamp von Westen ins Osten nach dem **Haren Busche**[114] zuläufft, biß an dem Busch. Sothaner Busch aber, so breit derselbe ins Norden gehet, gehöret nach dem Hofe Hastätt von Westen ins Osten biß an den uhralten Kirchsteige,[115] so von **Kleinen Rade** kömmt und bereits ziemlich ins Westen über die Schnur ins Hofe fellt, sowohl getreten als

---

[111] Siehe Wegemann S. 53 für Süderhastedt.
[112] Siehe Wegemann S. 52 für Kleinhastedt.
[113] fähr, fehr, feer = unfruchtbar.
[114] Vielleicht ist mit Hare gemeint Harde, Harr, mit Angleichung des d an r = Bezirk, Landschaft oder Hirte.
[115] Vielleicht die L 297, der Weg von Kleinrade nach Süderhastedt.

gepflüget ist. Zu Osten dem Kirchsteige aber gehöret der Busche nach dem Dorffe und schiesset lanck solchem Busche hinauf von Westen ins Osten ein Block Ackerland, welcher nach dem Hofe gehöret.

Von solchem Block alß von Norden ins Süden nach dem Holtze oder Busche **LehmSieck**[116] zu, lieget der Kamp, genannt **Frauenfeld**, worauf der Hof Hastätt liegen hatt erstlich den vorbemelten Blocke Landes, allernegst dem **Haren Busch**, dann folget ein Block Landes, so nach dem Dorfe gehöret, zunegst aber wieder ein Block Land, so anhero[117] gehöret. Darauf aber nach dem Dorffe gehören 4, dann folgen 2 Stücke

[Blatt 7]

in einer föhr, dieselbe gehören nach dem Hofe, denn folget ein Stück, so nach dem Dorfe gehöret, dann folgen abermahl 2 Stücke in einer **Führe**, so nach dem Hofe gehören, darauf 2 Stücke beysammen, so nach dem Dorfe gehören, darauf dann folget ein Stück, so etwas zu Osten ab vom Kirchsteige an die Süder Fähre ein Stein liegen hat, so nach dem Hofe gehöret, darauf so dann wieder 2 Stück in einer Fähre nach Hastätt folgen, worauf wieder zwey stück beysammen liegen, so anhero nach dem Hofe gehören, dann wieder 4 Stück, so nach dem Dorfe gehören, dann wieder zwey stück beysammen nach dem Hofe, dann nur eines mehr inzwischen welches nach Hastätte gehöret. Die übrigen alle ins Süden als Neun lange und ein kurtz Stück so neben dem **LehmSieck** kehret, gehören alle anhero nach dem Hofe. Darauf continuiren ins Nordosten bey dem grossen Rader Kirchwege und liegen daselbst bey Norden dem Holtze daran der Weg lang gehet, und zu Westen des Busches genannt **Pastoren Elmm**[118] kehrend fünf Blöcke in einer Fähren, so vorhin alle 5 sollen anhero gehöret haben, jetzo aber und so lange

[Blatt 8]

ich es besessen, auch schon für [vor] meiner Zeit, nur Viere davon anhero gebrauchet, und der 5te Block bey dem Priester Lande geblieben. Von dem Ostern Ende des Südersten Block Landes, so allernegst am Busche oder

---

[116] Siek, Sick = sumpfige Niederung, Tümpel, auch Kuhle. Zum Beispiel „Siekenmoor" bei Erfde. Siehe Wegemann S. 52 für Kleinhastedt.
[117] her, hierher.
[118] Siehe Wegemann S. 53 für Süderhastedt.

Holtze lieget, etwa Sechzig gute Mannes Schritte ins Süden lieget der erste Scheide-Stein zwischen dem hiesigen Hofe und dem Dorf Feltmarck an einem alten kleinen Wege zu Osten einer kleinen Büte[119] Holtz, welche Büte zu Süden den vorbemelten 4 Blöcken als das erste Holtz anfänget, und flugs mit einem kleinem alten Wege, auch an die Süder Seite, von meinem Holtze scheidet.

Vorberührten Scheidestein ziehlet ins Osten auff seine vier Nachbahren, davon drey Steine aufeinander folgend auf der **Lohe**[120] ins Osten nach dem langen **Haren** zu, und der Vierte an die Öster-Seite im **Langenharen**[121] nach denen Bergen, so ins Osten allda liegend sich finden.

Hinter dem **Langharen** als zu Osten lieget ein alter Heide Kamp, so etwa auf die Helffte nach dem Dorfe an die Norder Seite, und ins Süden nach dem Hofe Hastätt gehöret, und giebet der vorberührte Stein, so an die Oster Seite in seiner Ziehlung mit denen andern

[Blatt 9]
Scheidesteinen terminiret von seinem termino ab ins Osten einen richtigen Unterscheid, mit denen alten Auftritten und Fähren, auf solchem alten Lande oder Kämpe, wie weit solche Stück zu Süden anhero, und zu Norden nach dem Dorffe gehören.

Von vorbemelten Bergen als ins Osten angehet die Scheidung wieder ins Westen unter dem **Großen Rader Busch**,[122] als bey welchen zu Norden lang ein Sichten[123] oder kleine Galle[124] gehet, welche die Scheidunge machet zwischen **Großen Rade** und dem Hofe, jedoch das die alten Qverstücke zu Norden bey der Galle nach Rade bleiben und die norderste Fähre Ost und West lauffent gerade ins Westen die Scheidunge machet.

---

[119] Büte, Büt = Anteil (besonders an Moor und Wald).
[120] Siehe Wegemann S. 52 für Kleinhastedt.
[121] Siehe Wegemann „Langenhorn" S. 52 für Kleinhastedt.
[122] Großenrader Holz zwischen Süderhastedt und Großenrade.
[123] Sicht, Sich = Niederung, sumpfige Stelle im Acker.
[124] Galle = eigentlich Geschwulst an den Beines eines Pferdes. Übertragen auch für unfruchtbare Stelle auf Acker und Wiese.

Nachdem allda im **Langharen** zu Westen deßelben Busches oder Holtzes stehenden Scheide-Pfahl und Stein ihn als eine völlige Scheidung ins Südwesten mit noch zweyen solchen Pfählen und Steinen zwischen dem Hofe und dem Großen Rader Dorffe feld die Scheidunge machet, auf dem Rader Kirchwege zu und continuiret selbige den Kirchweg an die Öster Seite entlangk biß an die kleinen Räder Stücke, so fast bey Süd Osten dem **Finckhert** oder gewesenen **Vogelhert** über dem Kirchwege

[Blatt 10]

schießen, und so langk sie sind, über dem Weg trehten, dererselben Stücke sind bey Osten dem Kirchwege in einer Fähre 18.

Von welchenn die letztennn ins Süden unter dem kleinen Holtze, so daran ins Westen liegt, kehren, an die Norder Seite aber desselben Höltzgens machet die erste Fähre unter solchem Holtzen die Scheide wieder ins Westen, biß an die dagegen Süd- und Nord-schiessende lange stücke alhier sind auch drey Stücke abgemercket, welches der **Gehrn**[125] zu Süden und das Hölzgen ins Westen mit den andern Stücken, so zu Westen demselben liegen, und nach Kleinen Rade gehören, (die langen Stücke) so gegen einander lauffen, sind gnugsam zu unterscheiden, wann solche Stücke fürbey biß an den **Kieckberge**,[126] alßdann für jetzo ein kleiner **Rähm**[127] oder Buschwerck ins Süden gegen dem Kieckberge steht, so schießen die übrigen langen Stücke Ost und West, alle bey jetzigen **Rähmen** ins Westen liegend in einer Länge biß unter das daran zu Süden liegende kleine Höltzgen, da dann die Vorjahrt oder das Querstück, so unter gemelten Höltzgen lieget, und darauf die langen Stücke guten Theils kehren, mit

[Blatt 11]

ihrer Süder Fähre lanck, unter solchem Höltzgen die Scheide macht.

---

[125] Geer = keilförmiges Ackerstück. Siehe auch Geerviertel in Meldorf. In der Krumstedter Feldmark gibt es einen Flurnamen „Gehrn", „Gehren"; siehe Wegemann S. 58.
[126] Siehe Wegemann S. 52 für Kleinhastedt.
[127] Rem, Rehm = schmaler Streifen Landes, schmale Wiese am Rande einer Hölzung, schmaler Gehölzstreifen in der Feldmark (Buschrem). Die Grundbedeutung des Wortes ist Rand, Rahmen.

Gerade zu da der Pfahle und Stein beysammen gegen solche Fähre an als eine beständige Scheidung (nach vielen Streit und Vergleich) gesetzet stehen, als welche Steine und Pfähle zwischen **Großen Rade**, auch **Fredstätte**, und diesem Hofe Hastätt zu einer beständigen Scheide also gesetzet seyn, daß bey Verlust Einer Tonnen Bier der Hoff die Pfähle und jene die Steine sichtbarlich und unversuncken oder umbgefallen im Stande halten müssen. Solche Pfahle und Steine behalten und unterscheiden, sonder allem Bedinge einem jeden das Seine zu nach deroselben Schnur und linie, wie sie auf einander ziehlen, biß an den Fredstätter Kirchweg. Zu Westen aber selbigen Kirchweges haben die Fredstätter Freyheit (mit ihrem Vieh allein) und nicht weiter Gerechtigkeit als etwa Torff zu stechen oder Heyde zu meyen noch Holtz oder Busch zu hauen (zu hüten bis an die **Bornholtz-Wiese**), dagegen aber uns gleichmäßig die Hüte mit Vieh und Schaafe frey bleibet biß unter ihrem Holtze. Und weilen sothanes Holtz der Fredstätter merklich abnimmt, und hingegen **Krattbusch**[128] weiter zu uns heraus anwächst, so könnte in [ihnen] nach Jahren

[Blatt 12]
geschehn, daß ihr Holtz an herwerts breiter auswüchse und unser Raum der Hüte halber nach diesem Buchstaben enger würde. So hat es aber den Verstand, daß weilen zu Südwesten der **Bornholtz-Wischen**[129] das Mohr, so gantz und gar anhero nach dem Hofe gehört, der Viehtrifft im Wege liegt und hindert, wir demnach über dem kleinen Mohr eine freye Trifft behalten, unter solchem Fredstätter Holtze-Weck mit unserem Vieh und Schaafen nach **Macken Orcke** zu (als woselbst ich jetzo einen Teich machen lassen). Hingegen aber bleibt alle weitere Abnützung zu geniessen einem jeden gesetzten Stein und Pfahle pro termino, und als nun von diesem Pfahle und Steinen der letzte zu Südwesten der **Bornholtz Wische** stehet, so ist zu wissen, daß derselbe auf die Mitte des **Heidhalses**,[130] so das lange Feld genannt wird, deutet, und gehöret die Scheidung mitten lang solchen Heidhals biß an das Mohr Westwertsschießende, da dann zwischen unserem

---

[128] Unterholz, niedriges Buschwerk, trockenes Holz, Dürrholz aus Wald und Knick. Siehe Wegemann S. 52 für Kleinhastedt.
[129] Siehe Wegemann S. 52 für Kleinhastedt.
[130] Siehe Wegemann S. 53 für Süderhastedt.

Kühemohr und dem Fredstätter **Pferde-Mohr** ein richtiger Graben die Scheide hält, welchen wir und sie zugleich offen halten und kleyen müssen, woselbst dann der vor und obgedachte **Bullenkrog** und die vorbenahmte Wischen sich wieder

[Blatt 13]
befinden. Und ist also die Scheidung dieses gantzen Hofes beschlossen.

Dabey angefüget wird, daß weil man an der **Großen Rader** und **Fredstätter** Seite bey angetretenem Besitz dieses Hofes viele Ungelegenheit, Streit und process annehmen müssen, massen sie ein mehres weder ihnen zugehörig in langen Jahren im Gebrauch gehabt und dahero als ein Recht praetendiret, ihnen aus schweren Beweis, da die Alten so darum gewußt, verstorben waren, wohl ziemlich gewichen und eine richtige Gräntze wieder zu erlangen man sich durch schrifftlich aufgerichtetem interims Vergleich, als von welchem sowohl wir als auch beyde Dörffer eins unter seel. **Magister Johannes Brehmer** Hand zu sich genommen und empfangen hat, desfalß eines geworden und allen Streit und Eintracht weiters verhüten wollen.

Und weilen leider mein gehabtes Original davon mir anno [16]75 mit im Feuer aufgegangen, bin ich dahero, und daß ich mit Verdruß erfahren müssen, wie theils aus Eintracht und Studio, theils auch aus Unwissenheit und vermeintlichen Rechte einer oder anderer

[Blatt 14]
auf seiner Meinung bestehen und irren können, und daß ich auch kein Register oder gründliche Nachricht gefunden, was zu hiesigem Hofe gehöret, bewogen worden, meinem Successori zum Besten und zu gründlicher Sicherheit, dieses als ein Erdbuch zu formiren, und zwar nach solcher Art, daß ich gleichsam als eine Kette aneinander hänget, ich auch alle Stücke und terminos von einem zum andern also deutlich angezeiget und benahmet, und daß mit Ost und West, Süden und Norden da also anzeiget, daß obzwar nicht alles Ost und West nach dem compas gerichtet ist, du doch daraus in in der Nachsuchung alles richtig ausfinden wirst und kanst. Und als ich bis hieher mit eigener Hand alles eingeschrieben, und zwar hier und dort etwas als im ersten concept corrigiret habe, magst du denn doch so weit es meine Hand ist, sicher glauben und aus diesem und nachfolgendem erkennen und schliessen,

daß ich mir angelegen seyn lassen, alles in Richtigkeit zu fassen und dich, lieber Nachfolger, ja Ruhe zu halten, das Gott dir verleyhen wolle.

[Blatt 15]
Nachfolgendes aber alles als pertinentia dieses Hofes habe ich zwar mit eigener Hand der Ausfindung nach concipiret. Aber aus solchem Concept anhero ins Reine zu bringen, einer meiner Leute gebrauchet, welches ich selbst nachgesehen und alles richtig befunden habe. Und hastu in diesem Buche desfalß beschrieben an Blättern mit diesem, so ich bis hierher selbst gesetzet an der Zahl Einhundert und Viertzig Stück.

> Bis hierhin hat also Baltzer Hans von Buchwald selbst geschrieben, der Rest wurde nach Buchwaldts Konzept auf seinem Hof von einem Schreiber zu Papier gebracht, aber von ihm selbst kontrolliert.

Anno 1675. September als ich diesem Hof pachtsweise bewohnet, ist leider durch böse Menschen derselbe Hof angezündet und alles, was an Gebäuden darauf gestanden, ausser die Scheune und Backhauß in die Asche geleget worden, da denn der Hoff gantz öde und wüste geworden ist, biß ich denselben Anno [1]677 mit Ihrer Königlichen Mayestät allergnädigster confirmation hinwieder an mich erkauffet, und nachdem ich meinem **Pricipalen**[131] **H.N. von Merle**, königlichen Ober Stallmeister ziemlich tief eingestiegen und bey meinem Antritt nach überstandenem Kriege[132] diesem Hof auf das blosse Wohnhaus nach, welches doch sehr an

---

[131] Principal = Arbeitgeber, Vorgesetzter. Das Verhältnis zum „Prinzipalen" ist nicht das Verhältnis Besitzer-Pächter, denn der Pächter arbeitet eigenwirtschaftlich, sondern das Verhältnis Besitzer - angestellter Verwalter.

[132] Die unversöhnlichen Gegensätze zwischen dem dänischen König und dem Gottorfer Herzog Christian Albrecht brachen nach dem Regierungsantritt Christians V. von Dänemark wieder auf, er sah in den mit Schweden verbündeten Gottorfern eine Gefahr im Rücken Dänemarks. Es kam zur Beschlagnahme der gottorfer Gebiete Schleswigs, im Frühjahr 1679 litt Norderdithmarschen unter der Einquartierung von dänischer Artillerie. Am 23. August 1679 kam es zum Frieden von Fontainebleau.

[Blatt 16]
Dach, Wänden und Bedungen verfallen, so mehr gantz öde angetreten und mittelst aufgerichteter Hauer zart durch dem seligen **Landvoigt Herrn Matthies Johannsen** ex commissione Ihro Königlichen Mayestät vollenzogen, dahin condescediret,[133] daß ich ihm Vorschuß gethan, wiewohl vorbehalten der Gefahr des Feuers, daß in solchem event der Hoff Hastätte meines Verschusses halber mir zum Unterpfande bleiben, ich aber gehalten seyn wollte, das Onus[134] dreyer Gilden,[135] (als darin ich sofort den Hof zeichen lassen müssen) abzuhalten, da dann nach unglücklichen Ausschlag Herr Pricipal die Gilden geniessen und nach Belieben bauen mögte, ich aber für kein Feuers Gefahr weiter stehen noch zu antworten schuldig seyn wollte, daß ich also und solchemnach ein grosses meiner Mittel darin angewandt und über 1800 Rthr Reichstaler an solchem Hof und dessen pertinent[ien] verschossen, welches wir aber dahin behandelt, daß ich mit bahrer Zugabe den Hof erblich erhandelt und an baarem Gelde heraus gegeben 2500 Rthr.

[Blatt 17]
Was es mit **Kleinen Rade** für Bewandniß hat, davon zeiget der von Ihro Königlichen Mayestät allergnädigst ertheilte confirmations Brief die Specialia an.

Im **Fredstätter Holtz** zu Westen läufft ein Bach bey regnigtem Wetter die Grund hinaus nach dem Mohr zu, daselbst dann ein Teich vorhin gewesen, so anhero gehöret, seiner Unwürdigkeit halber aber, und daß die Fische von andern aus gefangen worden, bleibet derselbe wüste liegen.

Demnach nun folgen die pertinentien[136] dieses Hofes an Fischereyen.

Und gehöret anhero die **Schaaf-Aue**[137] in den **Windberger See** fließend, mit in sich haltende ein Wehr, darauf sonst niemand zu fischen berechtiget ist, biß an den See sich erstreckend.

---

[133] sich herablassen.
[134] Onus, lat. die Last, Unkosten.
[135] Feuerversicherung.
[136] Rechtlich Zugehöriges.

Die Holtzungen.

Alles was auf hiesigem Hoff und Felde lieget, woran das Dorffe **Hastätt, Großen Rade** und die **Kleinen Rader** angelegte und in deren confirmation ihnen zugestandenen Holtzungen und Ackerland grentzen.

[Blatt 18]
Zu **Baringstätt** [Bargenstedt] beym Dorff Eine Büte, so verhauen ist, zu **Leersbüttel** [Lehrsbüttel bei Odderade] liegen 5 Büte Holtz, so verhauen sind.

Zu **Röst** liegen allda im Röster Holtz 2 Büte Holtz, so nach **Friedrichshoff**[138] gegen 2 Morgen Wischland in der Aue Hörne zum Friedrichs Hoff nach Hastätt die würcklicher Abnutzung (nichtes aber zu verhauen oder zu verkauffen) verleget und genutzet werden.

Item gehöret anhero das **Ael-Wehr**, so zu allernegst dem **Windberger See** lieget, in der **Wollmersdorfer Aue**,[139] so aus dem See fließet.

Die **Statthalter Wiese** in **Eggstätter FeldMarck** mit dem Wehre ist Kleinen Rade zugeleget, und von Ihro Königlichen Mayestät confirmiret, gegen Abgifft der gewöhnliche Hauer, so es in der Zeit anhero gegeben hat, nemlich 17 Mark.

Kleinen Rade giebet anhero zu jährlichen canon 2 Tonne Rocken, Eine halbe Tonne Haber und Einen Scheffel Buchweitzen.

Zum **Speersdieck**[140] lieget eine Wassermühle, dabey

[Blatt 19]
gehörig Eine kleine Wiesentheil und einige Blöcke Landes. Diese Mühle ist abgebrannt, weil ich dem Hoff im Hauer gehabt, und als es eine geringe Hauer gegeben, nemlich 30 Mark 12 Schilling, hat es der Mühe nicht verlohnen wollen, neue Steine und Zimmer desfalß wieder anzuschaffen. Bin

---

[137] Im Zusammenfluss bilden Frestedter Au und Weddelbek (Krumstedter Au) die Schafau, die in den ehemaligen Windberger See fließt, und als Süderau südlich Meldorf weiterfließt.
[138] Zwischen St. Michaelisdonn und Kuden.
[139] Hierbei könnte es sich um die heutige Süderau handeln, die südlich Wolmersdorf fließt.
[140] Speersdieck liegt an der Straße zwischen Frestedt und Windbergen.

dahero bewogen worden, eine Stampmühle daselbst verfertigen zu lassen. Dabey es dann annoch wegen des Wassers mangelt und übermässigen Zusturtz an Zeiten viele incommoditaet giebet. Diese Mühle aber in besserm Stande zu bringen, ist man annoch, so Gott will, in Bedacht und Sinnes. Der Mann aber, so dabey wohnet, nahmentlich **Hanß Groht**, giebet für dem Teich, Gras darauf zu meyen, und dem zugehörigen Wisch Lappen und Blöcken jährlich zur Hauer 15 Mark 6 Schillinge.

Die Wassermühle Spersdick erwähnt bereits Neócorus im Kirchspiel Meldorf, Windbergen:[141] „bi der Watermölen an Spirßdicken gelegen". Sie wird 1559 erwähnt, ist 1675-77 abgebrannt.[142] Hans Beeck leitet die Namensgebung für die Hofstelle Spersdick im Zusammenhang mit dem Bau der Wassermühle her. Bei Bolten wird zu 1472 in Windbergen auch der Name eines Hans Spers genannt, der 5 Mark für das Abhalten von Seelenmessen (Memorien) spendet.[143] Diesen hätten die Wassermengen, mit denen die Wiesen beiderseits des Fredebachs immer wieder überschwemmt wurden, auf die Idee gebracht, die Naturkraft gewinnbringend zu nutzen. Dazu musste das Wasser gestaut werden, ein Deich war also nötig. In mühevoller Arbeit wurde eine reichlich 100 Meter lange, teilweise bis zu 20 Meter breite und einige Meter hohe Wassersperre aufgeschüttet. Das sei „Spers sin Dick" = „Spers´dick". Seit 1564, als Claus Rantzau das Gut Kleinhastedt zusammenkaufte, scheinen die Müller in Spersdick Pächter des Gutsherren gewesen zu sein.[144]

---

[141] Neocorus 1827, Band I, S. 256. Ausgabe 1904, Bd. I, S 217.
[142] Petersen/Scherreiks, S. 429.
[143] Bolten Band 4, S. 10: „Spers Hans 1472 dedit 5 marc."
[144] Beeck S. 56 und 162.
  Hans Beeck, 1896-1983, übernahm 1918 den elterlichen Hof Spersdick.

Die Besitzungen in Krumstedt

Im Dorf Krumstedt besitzt der Hof Hastedt 1665 neben einigen Katenstellen drei volle Bauernstellen (Hufen) mit 4 Meenten, die im Folgenden oft zitiert werden als

- Hülle Claus Buh

- Hencke Eggers Buh

- Tieß Buh,

dessen Wohnhaus gleich gegenüber von Hencke Eggers Buh liegt, wobei die Namen wahrscheinlich frühere Besitzer bezeichnen. Buh bedeutet hierbei Bau, Bauernstelle, Hufe, also Hülle Claus Hufe, Hencke Eggers Hufe und Tieß Hufe. Diese Bauernstellen werden verpachtet zu einer halben, einer viertel oder einer achtel Hufe, wie der Text auf Seite 21 sagt. 1 Hufe bedeutete als Flächenmaß (zum Beispiel in Frestedt) 6 Tonnen Saat (8 Scheffel je Tonne), allgemein sollte eine Hufe = Hofstelle die Ernährung einer Bauernfamilie sichern; sie hatte zumeist etwa 30 Morgen Land, mit Nutzungsrecht an der Meente (Allmende) und umfasste ca. 15-20 ha (1 Morgen = 5800 m^2).

Im Einzelnen ist Hülle Claus Buh verpachtet an Marx Warnsholt zu $^5/_8$, an Hans Harrings, Claus Jürgens und Dethlev Mansfeld zu je $^1/_8$; Hencke Eggers Buh an Detlev Iven zu ½, Jochim Kröger zu ¼ und Asmus Hanßen zu $^1/_8$, wobei das fehlende Achtel wohl zum Hof von Hencke Peters zählt; Ties Buh zu je ¼ an Hans Groth, Hans Holling, Hans Kröger und Dethlev Mansfeld.

Neben diesen drei Bauernstellen mit 4 Meenten von Heinrich Rantzau gab es 1584 noch 7 weitere Meentinhaber mit 13 Meenten, wie der Vergleich zwischen Rantzau und der Bauerschaft Krumstedt vom 6. Mai 1584 zeigt. Die Bauernstellen gehörten
Boyen Jacobs Boye (2 Meenten)
Jürgens Claus (3 Meenten)
Stacken Martens (2 Meenten)
Blauwen Peers Paul (1 Meente)
Görries Peters (2 Meenten; kurz nach dem 15. Mai 1584 verstorben)
Voß Siemen (2 Meenten), und schließlich
Hermann Kruse (1 Meente), der die Meente wohl gerade gekauft hatte.

Es werden zuerst auf Blättern 26-30 für 1680 insgesamt elf Pächter, Heuer- oder Hauerleute, namentlich genannt, die Landstücke auf diesen drei Hufen gepachtet haben. Es sind dies
- Asmus, Hans (hat $^1/_8$ Teil von Hencke Eggers Buh gepachtet)
- Groth, Hans (Kätner, ¼ Teil Land von Ties Buh; jetzt Claus Tode)
- Harrings, Hans (hat $^1/_8$ von Hülle Claus Buh; jetzt Marx Warnsholt)
- Holling, Hans und sein Schwiegersohn Hans Kleen haben ¼ Teil von Ties Buh;
(jetzt Claus Tode und Claus Kleen)
- Iben (Iven), Detlef (vorher Ties Buh, hat ½ Hufe gepachtet von Hencke Eggers Buh)
- Jürgens, Claus (hat $^1/_8$ Land von Hülle Claus Buh; jetzt Peter Claussen, Hanß Harmß)
- Kröger, Hans; genannt Hans Claußen, (hat ¼ von Ties Buh gepachtet; jetzt Johann Witt)
- Kröger, Jochim (Kätner, hat den Krug, hat ¼ Teil Land von Hencke Eggers Buh; jetzt Claus Sned)
- Mansfeld, Dethlev (Kätner, hat $^1/_8$ Hufe gepachtet von Hülle Claus Buh und ¼ von Ties Buh; jetzt Hans Klahn, Claus Tode, Claus Kleen)
- Peters, Hencke (war früher Hencke Eggers Land; jetzt $^1/_8$ Asmus Hanßen)
- Warnsholt, Marx (war früher Hülle Claus Buh, hat $^5/_8$ Teil von Hülle Claus Buh).
Wüste Hofstätten: Klünners Hofstätte; Weddel mit Coppelmoor.
Auf den Seiten 31-68 folgt die Detailaufstellung „Richtiger Auszug"; sie benennt in 187 Nummern zuerst den Nachbarn des Grundstückes mit Angabe der Himmelsrichtung, dann den Pächter, und schließlich eine der drei oben genannten Hufen, zu der das Grundstück gehört.

Folgen die anhero gehörige Drey Hoffe Bau, das in Krumstätte sammt denen Vier Meenten Gerechtigkeit.

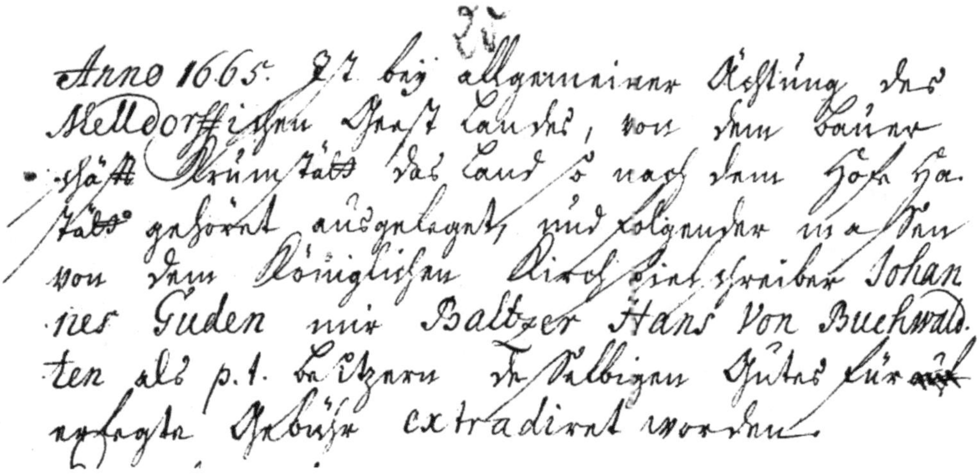

Abb. 5: Blatt 20: Besitzungen in Krumstedt

[Blatt 20]
Anno 1665 ist bey allgemeiner Ächtung[145] des Melldorffischen Geest Landes von dem Bauerschafft Krumstätt das Land, so nach dem Hofe Hastätt gehöret, ausgeleget und folgender massen von dem Königlichen Kirchspielschreiber **Johannes Guden**[146] mir, Baltzer Hans von Buchwaldten, als p[ro] t[empore] Besitzern desselbigen Gutes für erlegte Gebühr extradiret worden.

Da ich denn Anno 1682 nach gespürter Unrichtigkeit der gethanen Auslegung halber sowohl als auch sonst die durch einander confundirte Ländereyen zu richtiger Bau Höfe Ordnung hinwieder einzuführen, und zu welcher Bau [Bauernstelle, Hufe] dieses oder jenes Land gehöret zu unterscheiden mich selbst angelegen seyn lassen, alle und jede Stücke durch die gesammte Hauerleute, derer für jetzo 10 in der Zahl sind, und in nachfolgender Specification ernennet werden, mir für zeigen lassen und

---

[145] Taxierung. Echten, ächten = schätzen, taxieren.
[146] Der Kirchspielvogt ist der Vorsteher eines Kirchspiels, zumeist aus der bäuerlichen Oberschicht; der Kirchspielschreiber führt unter anderem das Protokoll, er war für den gesamten Schriftverkehr des Kirchspiels zuständig und ist ein zumeist nur gering besoldeter Diakon.

durch scharffe Nachfrage und inquisition so viel möglich alles mit Fleiße zu nachfolgender Richtigkeit gebracht, darinnen

[Blatt 21]
ich des Kirchspielschreibers heraus gegebenen Specification auf dem Fusse nachgefolget und alle befundene Irrung und Unterschleif[147] expliciret und angezeichnet habe.

Und ist dabey anzumercken, daß erstlich in **Krumstätte** seyn müssen, ohne die anhero gehörige Kahten etc, drey volle Bau Landes, als die eine des Nahmens **Tieß Buh**,[148] die andern **Hülle Claus Buh**, die dritte **Hencke Eggers Buh**. Welche jetzo bey ½ und ¼ und ⅛ Theil Hufen an nachfolgenden Hauers-Leuten verhaüret seyn und bey jedem Stück gezeichnet ist, zum wenigsten mit zwey grossen Buchstaben, zu welcher Bau es gehöret. Und haben diese drey Höffe Landes 4 Meenten und Meente Gerechtigkeiten, so verhaüret und verleget werden unter die Hauersleüte als es am ersprieslichsten ist.

Bey den Meenten ist zu wissen, daß nachgehends die eine Meente, so vor 70 und mehr Jahren her auch also continuirlich gebrauchet ist, getheilet unter

[Blatt 22]
2 Hauerleüte, die sie beede in Hauer gehabt, also daß sie alleine, was die Weyde betrifft, wegen ihrer Vieh, Pferde, Schaafe etc. mit des Bauerschaffts Willen dieselben also geniessen, daß sie so viel indeßen gehabt, frey und ohne Gras Geld genossen, auch Heyde so viel nötig frey gehabt zu holen, das übrige was an Torfgraben etc. auf den Meenten jährlich zu theilen oder zu hauren, desfalß haben sie nicht mehr zu geniessen als auf eine volle Meente fällt und gehöret, welches zwar wieder den Vergleich mit Herr **Hinrich Rantzauen** anno 1684 den 6ten May scheinet zu seyn. Weil ich es aber also befunden und die possessio ex praescriptione schon über 2fach verstrichen, auch das Bauerschafft wieder solchen Vergleich andere Erinnerungen verhengt maintenieret man solche possession. Da aber das Bauerschafft dem obgedachten Vergleich geleben wil, thut man dieser Seiten es auch dabey

---

[147] Süddeutsch für Unredlichkeit, Unterschlagung, Täuschung, Betrug.
[148] Bu = Bau, das zu einer Bauernstelle gehörige. Hier „Bauernstelle", „Hufe".

lassen, zumahlen den an **Marx Gribbohm** der eine, der ander **Dethleff Iben**, der dritte an **Hanß Grohthe**, und der 4te **Jochem [Jahan] Kröger** bey geleget ist, alß noch derselben hergebrachten Gerechtigkeit und Uhrsprung sowohl auch mehrere Angelegenheiten des Dorffschaftts **Krumstätte**, als wovon man Vierten Theils interessiret, zu des mehrer Uhrkunde

[Blatt 23]
ihres Alters halben, als welches fast kaum verstatten will, dieselbige jetzo aller Orten loßlich zu erkennen.

> Heinrich Rantzau war nach dem Kauf der drei Hofstellen mit 4 Meenten in Krumstedt vollberechtigtes Mitglied der Bauernschafts-versammlung geworden. Daraus resultierte ein Streit mit den übrigen Meentinhabern, der 1585 mit einem Vergleich dergestalt beendet wurde, dass Heinrich Rantzau die Verpflichtung annahm, seine Meentstellen sofort zu bebauen und bewohnen zu lassen. Das erklärt sich aus dem alten Grundsatz, dass Meentberechtigte auch in der Bauerschaft wohnen mussten.[149] Die drei Hofstellen waren die im Erdbuch genannten „Ties Buh", „Hülle Claus Buh" und „Hencke Eggers Buh". Der Text des Vertrages wird nun im Erdbuch angegeben.

Copeylich

Anhero zu übersetzen und diesem Nachricht und ErdBuch mit einzuverleiben man für dienlich erachtet, und rechtsamlich anhero abschreiben wollen Nachfolgenden Einhalts.

Copia

Des seeligen Statthalters **Hinrich Rantzauen** gemachten Vergleichs mit der Bauerschafft Krumstätte. Tho weten, dat twischen den Gestrengen, Edlen und Ehrenvesten Hinrich Rantzauen, der Königlichen Mayestät tho Dannemarcken Herrn Statthalter, wegen seines Gutes tho Krumstätte und den Buhrschops Lüden, alle tho Krumstette, so tho der gemenen Marcke berechtiget sien, alse **Jürgens Clauß**, **Voß Siemen**, **Boyen Jacobs Boye**, **Stacken Martens** Erven, **Görries Peters** und **Blauwen Peers Paul**, wegen

---

[149] Köhler, S. 24.

der gemenen Marckt gehandelt und also verdragen ist, dat de Herr Statthalter up sine Arff-Güder,[150] so he tho Krumstette hefft, Vehr gemene Marckt,[151] de he stracks bebuen und

[Blatt 24]
gebrucken laten mag. **Jürgens Claes** up siene ErvGüter drey gemeine Marck, **Voß Siemen** 2 gemeine Marck, imglicken **Jacobs Boye, Stacken Martens** Erven und **Görries Peter** ein jeder twe gemene Marckt, und **Blauen Peers Paul** eine gemene Marckt erflich und egendöhmlick hebben, doch nicht eher geneten noch gebrucken schölen, bet so lange diejenigen, so noch nicht bie gebuet hebben ein jeder biebuen und solcke Gebuete dorch ere Kinder und Frven bewohnen laten werden. Hierin baven hebben diese baven sämmtliche Burschops Lüde **Hermann Kruse** ock eine Meen Marck tho sienen Gehöfe erflich und eigendömlich verkofft vor 40 Mark, de he stracks erleggen schall, und schölen Sülven tho des Burschaffts Nutten wedder angeleget werden. Hiemit schall also ehre Irrung wegen der Meene Marck gäntzlich abgehaven unde verdragen sien, und hebben der ermeldte Burschops Lüde demnahe hiermit kräfftlich vor sick und ehre Erven Vorsecht und verpflichtet, hernachmahls kenen mehr de Meenemarck tho

[Blatt 25]
verkopen, oder den Gebruck tho vergönnen, ock keine Bÿgebute [Nebengebäude, Nebenabrede] mehr tho gestaden, sondern diesen Vertrach stendig tho folgen. Des in Uhrkund hebben so düsse Zarten [Carten, Karten], welcke der Herr Statthalter mit egner Hand unterschreben, darup verferdigen durch dat Wort Wahrheit von einander scheden und vor dem Gerichte tho **Melldorf** bestätigen laten, worvon de eene by Wollgemelten Herrn Statthalter, und de ander by **Jürgens Claus** in Verwahrung geleget worden.[152] Actum Harstätt den 6. May 1584. Hinrich Rantzauen.

Anno [15]84, den 15. May sind **Voß Siemen, Jürgens Clauß, Boyen Jacobs Boye, Görries Peters, Stacken Marten Hans, Blauen Peers Paul** und

---

[150] Arf = Erbe, also Erbgüter.
[151] Siehe Meenmark, Gemeindeweide.
[152] Der Vertragstext wird wohl deswegen zu Jürgens Claus in Verwahrung gegeben, da dieser mit 3 Meenten die „größte" Bauernstelle hat.

Hermann Kruse persöhnlich gegenwerdig vor dem gehegedem Gerichte tho Melldorp erschienen und hebben düße gegenwärtige Carten gerichtlich lesen und bestätigen lassen. Anno et die ut supra.

Johannes Held verordneter Landvoigt im Südern Dehle Dithmarschen samt den anderen Gerichts Mitverordneten. **Antonius Steinhaus** mppia [manu propia = eigenhändig].[153]

Görries Peters ist ohne Erven weggestorben.

[Derselbe Text des Vergleiches zwischen Heinrich Rantzau und der Bauerschaft Krumstedt wird im Erdbuch auf Seiten 69-71 wiederholt.]

[Blatt 26]
Folgen die Cahten und Häuser, auch jetzo wüst liegende Hauß und Kattsteden,[154] so anhero gehören und sich zu Krumstätte befinden.

Jochem Kröger hat den Krug und das Bierschencken, giebet jährlich zu Haußhauer für seine Kat und zugehörigem Lande 9 Mark 13 Schillinge, ist eine Kattstede und hat Käteners Gerechtigkeit, mir aber meyet [mäht] er zwey Tage Gras, grabet 2 Tage Torff und meyet ein Tag Rocken benebst ein Binder.[155]

Was aber an Ländereyen zu seinem Wohnhause gehöret, wie auch denen andern Hauerleüten zu ihren Haüsern gehörig ist Solches zeiget die speciale

---

[153] Antonius Steinhausenen (Stenhusen), geb. 22.10.1534 in Antwerpen, † 7.4.1601 in Meldorf, beerdigt im Dom, Epitaph von 1602. War 1560 Sekretär von Heinrich Rantzau in Krempe, 1561-1585 Landschreiber und Notarius Publicus in Süderdithmarschen. 1562 Hausbesitz in Brunsbüttel, er war sehr wohlhabend, 1590 größter Landbesitzer in Marne mit 21 Morgen. Im Türkenschatzregister im Meldorfer Rosenviertel 1597 mit 6 Mark verzeichnet. Im Testament vom 3.4.1601 vererbte er 90 Morgen Marschland und 14 Tonnen Geestland. Er heiratete um 1560 in Itzehoe Dorothea Steffens, die 1625 in Meldorf starb. Seine Tochter Margaretha heiratete am 22.5.1585 in Meldorf Johannes Waßmer, der nach anfänglicher Tätigkeit als Sekretär bei Heinrich Rantzau Steinhausens Nachfolger als Landschreiber wurde. Kinder Gödert (um 1565 - nach 1647); Marcus (um 1568 - um 1603); Johannes (1581 - 1617); Magdalena (um 1560 - 1638); Margaretha (um 1565 - 1604); Catharina (geb. um 1575); Gertrud (um 1578 - nach 1608); Gesche; Anna; Christine. Siehe www.nd-gen.de.

[154] Kätnerstelle.

[155] Garben binden.

Erklärung, wie dieselbige ausgeleget und nachmahls erforschet worden ist, eigentlicher an, und ist allda daraus specialiter zu ersehen.

Jochim Kröger hat in Haüer $1/4$ Theil Land, giebet jetzo davor 6 Tonne Rocken, dieses Land gehöret zu Hencke Eggers Buh, anjetzo **Claus Sned**.

[Blatt 27]
Hanß Grohte bewohnet eine Kate, dabey Köteners Gerechtigkeit ist, giebet dafür jährlich nur 8 Mark bis dato, und thut davon die gewöhnliche Hofe-Dienste[156], als 2 Tage Gras meyen, einen Tag Rocken meyen nebst einen Binder und 2 Tage Torf graben. Was an Ländereyen bey seiner Kate gehöret, zeiget nachfolgende Specification eigentlich an, und ist im Nachsuchen daraus zu ersehen. Sonst hat er in Hauer $1/4$ Theil Land von Tieß Buh, darvor gibt er jährlich bis dato nur 5 Tonn Rocken. Anjetzo **Claus Tode**.

Mehr hat **Hanß Groht** in Hauer eine Meente, davor er jährlich giebet 7 Mark, bey dieser Meente gehöret ein Stück Landes nach breiterer Anzeige der nachfolgenden Specification.

Noch lieget jetzo eine wüste Haußstätte bey Nord Osten **Jürgens Peters** und zu Süden **Hanß Kleen**, benamentlich **Klünners Hoffstätte**. Noch derselben alten Graben zu erkennen und bleibet zu Süden ein kleiner Weg frey zwischen **Jürgen Carstens** Hofstätte und dieser.

[Blatt 28]
Hencke Peters Hoffstätte, so gegen **Hanß Grohten** Hause über lieget, zeiget von selbst an ihr habende Grösse, und ist vorhin ein Bau Landes bey gewesen, genannt Hencke Eggers Land.

Die wüsten Hoffstätte zu continuiren lieget ebenmäßig wüste eine Kahtstette bey dem **Weddel**[157] mit zugehöriger **CoppelMohr**[158] und anliegender Wische. Deroselben Begreif in allem aus denen alten Graben zu erkennen ist, und seine alte Gerechtigkeit hat als eine Kahte.

---

[156] Im Erdbuch unterstrichen, offensichtlich ist Hofdienst etwas besonderes.
[157] Weddelbek = Krumstedter Au.
[158] Südlich der Weddelbek gibt es einen Wedelmoorweg, vielleicht früher Coppelmohr.

Item gehöret anhero das **Weddelmohr** als aus welchen sonst niemand berechtiget ist, Torf zu graben, welches mit Pfahlen zu Norden determiniret ist.

Dethlev Iben bewohnet eine Hoffstätte, woselbst Ties Buh vorhin bestanden, giebet jetzo an Haus Hauer 10 Mark und thut gleichmäßig vorbenannter Höffe Dienste, mit meyen und Torf graben, so auch Garben binden, mehr gibt er wegen bey seinem Hause liegenden Hofe 9 Mark.

[Blatt 29]
Dethlev Iben hat in Hauer $1/2$ Hoff Landes für jährlicher Abgifft $8 1/2$ Tonnen Rocken, dieses Land gehöret zu Hencke Eggers Land.

Dethlev Mansfeld hat in Hauer eine Kate sammt deren Zubehör an Hof und Stücken, als welche Stücke Landes aus nachfolgender Specification zu ersehen, behält Kötenrs Gerechtigkeit, und giebet jährlich 10 Mark. Dethlev Mansfeld hat in Hauer $1/8$ Theil Land, und giebet er, Dethlev Mansfeld, für dieses $1/8$ Theil Landes 3 Tonnen Rocken, und gehöret solches zu Hülle Claus Buh. Anjetzo **Aßmus Hanßen**.

Noch hat **Dethlev Mansfeld** in Hauer ¼ Theil Land zu Tieß Buh gehörig, und giebet jährlich davon 4 Tonne Rocken.

Hanß Kröger, sonst genannt **Hanß Claußen**, hat ebenmäßig in Hauer ¼ Theil Land zu Ties Buh gehörig, zu jährlicher Abgifft 4 Tonn Rocken.

Johann Witt.

[Blatt 30]
Hanß Holling und deßen Schwieger-Sohn **Hanß Klehn** haben in Hauer ¼ Theil Land von Tieß Buh, giebet jährlich zur Hauer 4 ½ Tonn Rocken. Anjetzo **Claus Tode** und **Claus Kleen**.

Aßmus Hanß hat von Hencke Eggers Buh $1/8$ Theil Land in Hauer, giebet jährlich 3 Tonne Rocken.

Von Hülle Claus Buh hat in Hauer **Marx Warnsholt** das Wohnhaus und dessen Zubehör, giebet dafür bis dato nach alter Gewohnheit nur 2 Tonne Rocken in alles. Marx Warnsholt hat in Hauer von Hülle Claus Buh die Helffte und $1/8$ Theil, giebet jährlich davor 12 Tonne Rocken.

Harrings Hanß hat in Hauer ⅛ Theil Land von Hülle Claus Buh, giebet jährlich an Rocken 3 Tonnen. Anjetzo **Marx Warnsholt**.

Jürgens Claus vorhin und jetzo **Peter Claussen** hat in Hauer ⅛ Theil Land von Hülle Claus Buh, giebet jährlich dafür 3 Tonnen Rocken. Anjetzo **Hanß Harmß**.

> Es folgt auf Seiten 31 bis 68 eine Aufstellung von 187 Landstücken, die in der Krumstedter Feldmark gelegen, zum Hofe Kleinhastedt gehören. Zur Orientierung werden dabei neben den Pächtern zumeist die Nachbarn genannt. Diese Aufstellung ist eine Kopie des Vergleiches, den Heinrich Rantzau 1584 mit der Bauernschaft Krumstedt gemacht hatte; sie wurde auf Wunsch des Baltzer Hans von Buchwaldt, damals noch königlicher Oberförster, gemacht, sicherlich weil seine Unterlagen bei dem Brand des Hofes 1675 vernichtet worden waren. Geschrieben wurde diese Aufstellung nicht von Baltzer Hans von Buchwaldt persönlich, sondern vom Kirchspielschreiber und Notar, wie der erste Satz vermeldet. Wer dieser Kirchspielschreiber war, habe ich nicht ermittelt, insbesondere da die Texte im Erdbuch zumeist kein Datum tragen. Es könnte sich um den älteren Bruder des Baltzer Hans von Buchwald handeln, um Detlef von Buchwald, der Kirchspielschreiber in Meldorf war (†1668); oder um Johannes Gude, 1665 als Kirchspielschreiber im Erdbuch genannt (Seite 20).

[Blatt 31]

Richtiger Auszuges von denen in der Krumstätter Feldmarckt belegenen zu dem Lütjenharstätter Hofe aber gehörigen Pflugsländereyen gebe ich die anno 1665 bey allgemeiner Melldorffischen Geest-Landes Ächtung von dieser Bauerschafft angegeben und kund gemacht, welche ich auf Begehren des Herrn Ober-Försters Hanß von Buchwaldten extradiret und abgestattet habe als verordneter Königlicher Kirchspielschreibers und Notarius. Auf **Dresch**[159] **Höhde**,[160] Ost und West streckend.

---

[159] Dreesch, Drösch, Driesch = ruhender Acker, Ackerland das als Weide dient, Viehtrift. Auch bei Neócorus 2,253.

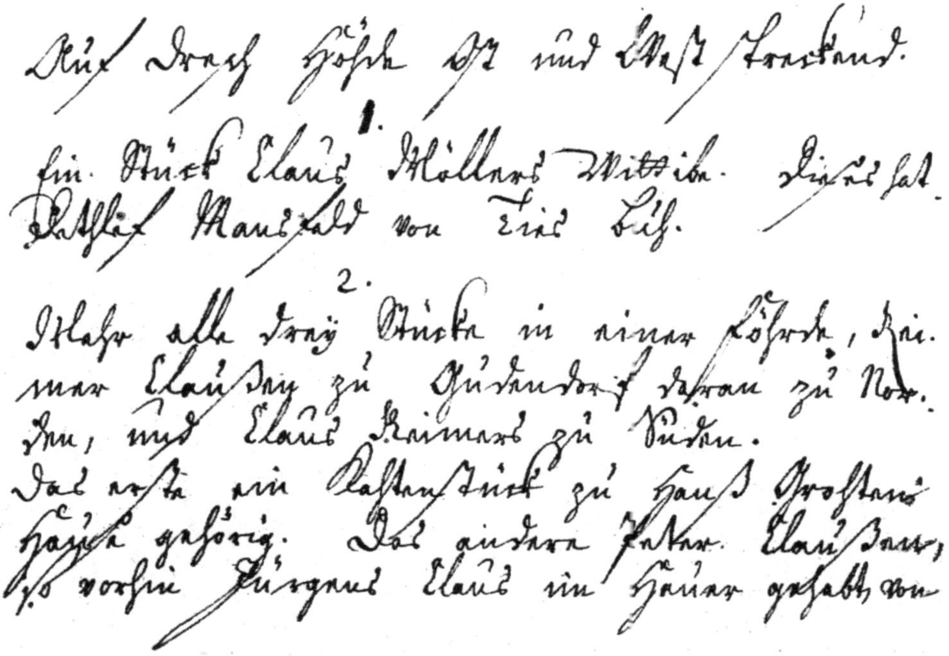

Abb. 6: Blatt 31, Krumstedt

1. Ein Stück **Claus Möllers Wittibe**. Dieses hat **Dethlef Mansfeld**, von Ties Buh.

2. Mehr alle drey Stücke in einer Föhrde, **Reimer Claußen** zu Gudendorf daran zu Norden und **Claus Reimers** zu Süden. Das erste ein Kahtenstück zu **Hanß Grohten**s Hause gehörig. Das andere **Peter Claußen**, so vorhin **Jürgens Claus** im Hauer gehabt, von

[Blatt 32]
Hülle Claus Buh. Das dritte **Marx Warnsholt**, zu Hülle Claus Buh gehörig.

---

[160] högen, höden = hüten, bewachen. –höde tritt in Flurnamen auf, z.B. Melkhöde bei Wrohm. Bedeutung von „Vieh hüten".

3. Mehr allda ein schmall stück **Tohmes Jacob** an beyden Seiten. **Jochim Kröger** in Hauer, von Hencke Eggers Buh.

4. Der Wester Ende von einem Stück, daran **Tohms Jacob** zu Norden, dann auch der Öster Ende zuständig. Hat **Dethlev Mansfeld**, gehörig zu Ties Buh.

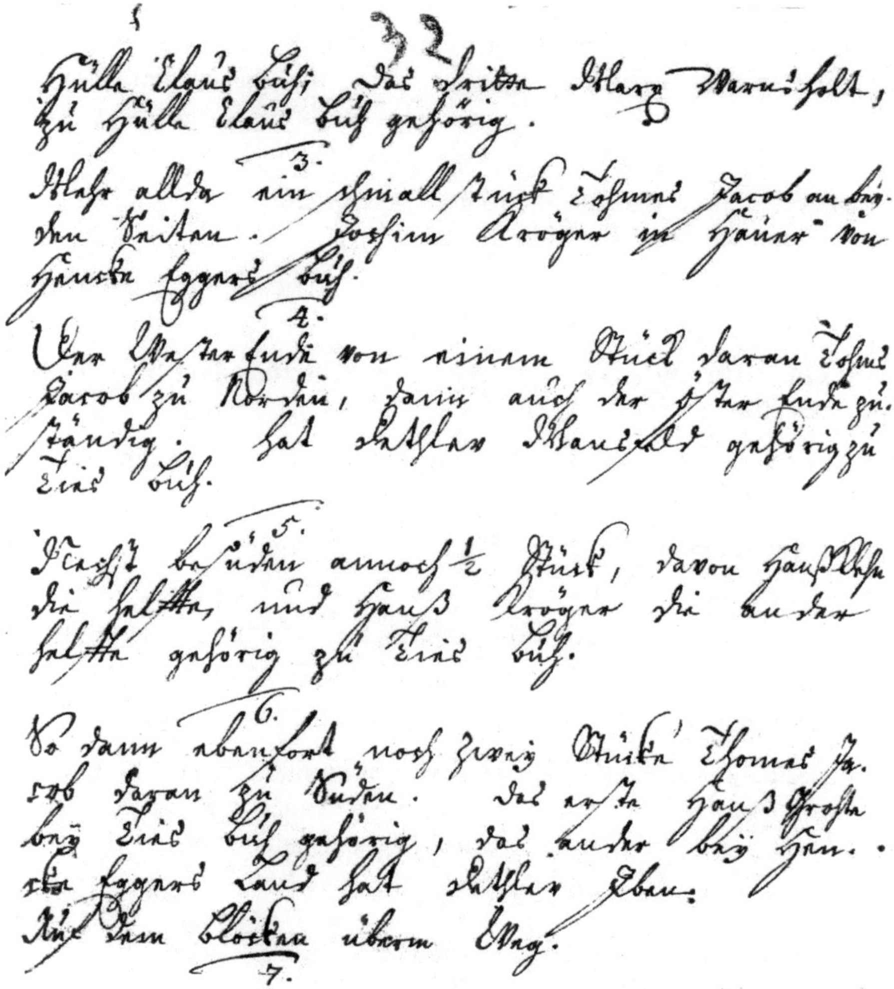

Abb. 7: Blatt 32, Krumstedt

5. Nechst besüden annoch ½ Stück, davon **Hanß Klehn** die helffte und **Hanß Kröger** die ander helffte, gehörig zu Ties Buh.

6. So dann ebenfort noch zwey Stücke **Thomes Jacob** daran zu Süden. Das erste **Hanß Grohte,** bey Ties Buh gehörig, das ander bey Hencke Eggers Land hat **Detlev Iben**. Auf dem Blöcken[161] überm Weg.

[Blatt 33]

7. Drey schmale Stücke, Eines ein Anschuß.[162] Die ersten hiebey 2 schmale Stücke gewesen, hat **Jochim Kröger** zu Hauer, und zusammen in ein Stück gepflüget, gehörigen zu Hencke Eggers Buh. **Detlev Iben** aber den Anschuß auch von H. Ehlers [sic] Buh. Die Blöcke Süd und Nord streckend.

8. Drey Blöcke daran **Thomß Jacob** zu Westen. Diese drey Blöcke gehören bey **Marx Warnsholt** seinem Hause.

9. Mehr allda Ein Stück **Thomß Jacob** zu Osten. Dieses Stück hat **Marx** bey seiner Bau, als von Hülle Claus Buh.

10. Noch eines **Jürgens Claus** zu Osten. Hat **Harings Hanß** in Hauer von Hüllen Claus Buh.

11. Mehr allda noch eines **Hanß Reimers** zu Westen. Auch ebenmäßig dieses Stück von H[encke] E[ggers] Land, voriger.

12. Noch 2 Stück in einer Föhrde, **Hanß Reimers** auch

[Blatt 34]

daran zu Westen. **Peter Claußen** diese 2 Stücke, von Hülle Claus Buh.

13. Mehr allda Ein Stück **Jürgen Carstens** daran mit 2 zu Osten. **Marx Warnsholt** im Hauer, zu Hülle Buh gehörig.

14. Die 12 Stücke bewesten daran, worzu sich niemand finden wollen, haben dennoch ihre Herren bekommen. Von diesem finden sich zwey Blöcke zu Ties Buh gehörig, den einen hat **Mansfeldt**, den andern hat **Hanß Kröger**,

---

[161] Ein kürzerer Queracker vor anderen längeren Äckern. Auch mit Graben oder Zaun umgrenztes Ackerstück. Auch als Flurbezeichnung wie zum Beispiel „up dem olen Blocke" in Wöhrden.

[162] Anschott = Anschuss, das vom Wasser abgesetzte Land, eigentlich ein Ausdruck des Deichwesens. Anschottweg, ein an den Hauptweg anschließender Weg.

nachmaß aber mehr davon ausgeleget, als folgen wird, immaßen dann zum erstenmahl dieses Land allzusammen unterm Behülff der Ächtigen frey damit zu gehen als Königs Land angezeiget worden, nachmahls aber richtiger angegeben worden ist, wie mit mehrem angezeiget wird. Auf **Lindefahrt** Süd und Nordstrecke.

15. Ein schmal Stück daran **Thoms Jacob** zu Westen.

[Blatt 35]
Jochim Kröger dieser Stücke, zu Hencke Eggers Buh gehörig.

16. Mehr allda zwey Stücke **Jürgen Tönning** daran zu beyden Seiten. <u>Das erste gehöret bey der Meente, so **Hanß Grohte** im Hauer hat</u>, das ander **Dethlev Iven** im Hauer, von H[encke] Egg[ers] Buh.

17. Noch eines daran **Claus Reimers** zu Osten. Hat **Jochim Kröger** im Hauer, von Hencke Eggers Land.

18. Von dem nechsten zu Westen hieher die Osterhellffte, ist ein schmal stück von einem andern abgepflüget. Hat **Hanß Klehn** in Hauer, und gehöret zu Ties Buh.

19. Demnechst auch drey Stücke in einer Föhrde, **Hencke Trienche**[163] zu Westen. Das erste ein Katstück zu **Hanß Grohten** Hause gehöret, das andere **Detlev Mansfeld**, zu Hüll Claus Buh gehörig, das dritte **Hanß Holling**, zu Ties Buh gehörig. Auf **Hamers** Acker ist und Weststrecken.

[Blatt 36]
20. Drey schmale Stücke in einer Föhre **Thoms Jacob** zu Süden. Diese drey Stücke sind damahls in Heyde gelegen und, wie man spüret, von andern jetzo in Besitz genommen, welches auszusuchen seyn wird mit der Zeit, maßen man jetzo so bald nicht dazu gelangen kan.[164]

21. Mehr allda ein stück **Jürgens Clauß** zu Norden. **Hanß Kröger**, zu Ties Buh gehörig, in Hauer.

---

[163] Auf Seite 62 unter Nummer 160 wird er „Hencke Peters Trien" genannt.
[164] Dies könnte eines der Streitobjekte sein, mit denen sich Baltzer Hans von Buchwaldt beschäftigen musste.

22. Noch zwey Stücke in einer Föhrde **Carsten Bohld** zu Norden. Das erste **Aßmus Hanßen,** von Ties Buh. Das andere **Hanß Klehn,** von Ties Buh.

23. Weiter hin zwey durchgehende Stücke in einer Föhrde, **Hanß Reimers** zu Süden.

Hanß Grohte das erste. Von Ties Buh. **Holling** das andere. Von Ties Buh.

24. Mehr allda Ein Stück zu Norden. **Aßmus** in Hauer, von Ties Buh.

[Blatt 37]

25. Noch zwey Stücke in einer Föhrde, **Hanß Reimers** zu Norden. **Detlev Iven** das erste, zu Hencke Eggers Buh. **Marx** das andere zu Ties Buh.

26. Nechst demselben mehr 2 Stücke, daran **Hanß Harring** zu Norden. **Detlev Iven** hievon das erste, zu H[encke] Egg[ers] Buh. **Detlev Mansfeld** das andere, zu T[ies] Buh.

27. Noch ein schmal Stück daran, **Thomß Jacob** zu Süden. **Harrings Hanß** dieses im Hauer.

28. Wieder daselbst ein durchgehend Stück, **Claus Reimers** zu Norden. **Dethlef Mansfeld** in Hauer.

29. Mehr noch ein schmall durchgehendes Stück, Frau **Anna von Buchwaldten** zu Norden. **Jochim Kröger** in Hauer, von Hencke Eggers Buh.

30. Mehr allda ein solche schmall Stück, daran vorige **Frau von Buchwaldten** zu Süden. **Peter Claußen** im Hauer, zu H[ülle] Claus Buh.

[Blatt 38]

31. Mehr ein breit Stück, daran **Jürgen Carstens** zu Norden. **Jochim Kröger,** zu Hencke Eggers Bau.

32. Noch von einem Stücke zum Hofe $\frac{3}{4}$ gehörig, das ander ¼ aber **Hanß Harring** als der Öster Ende gehörig. Diese $\frac{3}{4}$ hat **Detlev Iven** im Hauer zu H[encke] Eggers Buh von Oster Ende.

33. Der Süden Karst Marx zu, der Norder Karst **Jürgens Claus** gehörig. Den Süderkarst **Marx Warnsholt** in Hauer, von Hüllen Claus Buh.

34. Folgem negst zu Norden an ein schmall und ein breit Stück, **Carstens Harder** daran zu Norden. Das schmale hat **Harrings Hanß** in Hauer, von Hülle Claus [Buh]. Das breite gehört zu **Mansfeld** seiner Kahte.

35. Mehr daselbst wieder ein schmall Stück daran, **Claus Jürgens** zu Norden. Hat **Hanß Holling**

[Blatt 39]
oder **Hanß Kleen** in Hauer, von Ties Buh.

36. Mehr noch ein stück **Siemen Peters Hanß** Land, zu Süden. Dieses hat **Hanß Kleen** auch im Hauer, von Ties Buh.

37. Von eines Stück Wester Ende die Norder Helffte, **Jürgen Tönning** ihm die Süder Helffte zuschreiben lassen. Diese Helffte hat **Marx Warnsholt** von Hüll Clauß Buh.

38. Benorden bey auch ein stück daher gehörig, **Hanß Reimers** daran zu Norden. Hat **Detlev Ivens** in Hauer, von Hencke Eggers Buh.

39. Benorden bey **Hanß Reimers** noch ein durchgehend Stück ist das letzte allda. Dieses Stück hat **Jochim Kröger** in Hauer, von Hencke Eggers Buh.

40. Erst wieder der Anschuß wieder vor den **Colpers Blöcken** daher gehören. **Detlev Iven** in Hauer, Cöllpers. Dann die Blöcke Süd und Nordsten.

[Blatt 40]
Und hat **Detlev Iven** in Hauer, von Hencke Eggers Buh.

41. Ein Block daran **Hanß Harring** zu Westen. Hat **Peters Claus** in Hauer, von Hülle Clauß Buh.

42. Mehr allda ein Block **Thoms Jacob** zu Osten. **Hanß Kröger oder Hanß Claußen** im Hauer, von Tieß Buh.

43. Noch auch ein breiter Block **Thoms Jacob** zu Westen. **Hanß Groht** in Hauer, von Ties Buh.

44. Noch eines, ein breiter Anschuß **Hanß Harring** zu Westen. **Marx Warnsholt** in Hauer, von Hencke Eggers Buh. Auf **Korten Strengen**[165] Ost und West streckend.

45. Zwey Stück in einer Föhrde, daran **Hanß Reimers** zu Süden und **Hanß Harrings** zu Norden. Hievon **Marx** das erste, von Hull Clauß Buh; **Detlev Iven** das ander, von Henning [sic] Eggers Buh.

[Blatt 41]
46. Mehr allda ein stück **Hanß Reimers** zu Norden. **Dethlev Iven**, von Hencke Eggers Buh.

47. Mehr noch eins **Hanß Reimers** zu beyden Seiten. **Aßmus Hanß** im Hauer, von Ties Buh.

48. Noch eins negst an **Hanß Reimers Jürgens Claus** zu Norden. **Hanß Claußen oder Hanß Kröger** in Hauer, von Ties Buh.

49. Mehr ein Stück **Siemen Peter Hanß** Land zu beeden Seiten. **Marx Warnsholt** in Hauer, von Hülle Claus Buh.

50. Noch daselbst 2 stück **Thoms Jacob** zu Süden. Das erste **Marx** in Hauer, von Hülle Claus Buh, das ander **Jochim Kröger**, von Hencke Eggers Buh.

51. Noch daselbst ein durchgehend stück, **Jungen Eggerts Hanß** Land zu Süden. **Peter Claußen** im Hauer, von Hülle Claus Buh. Be osten vorigen das Land

[Blatt 42]
bey **Salls Berge**,[166] Süd und Nord streckend.

52. Das erste Stück von den korten Stregen ein Anschuß **Dethlev Mansfeld**, zu Ties Buh gehörig.

53. Auch der negste Block zu Osten an daher gehörig, **Reimers Peters Hanß** Land zu Osten. **Dethlev Iven** in Hauer, von Hencke Eggers Buh.

---

[165] In der Krumstedter Feldmark gibt es einen Flurnamen „Langenstrengen" und Kurtzenstrengen"; siehe Wegemann S. 58 und 59.
[166] Salzberg oder ähnlich finde ich nicht als Flurnamen.

54. Mehr allda Ein Stück **Thomß Jacob** be westen. **Aßmus Hanß** in Hauer, zu Tieß Buh gehörig.

55. Besüden dem Berge 2 kurtze Blöcke vorgenannter auch zu Westen. **Marx Warnsholt** im Hauer, von Hüllen Clauß Buh.

56. Mehr allda Ein Stück **Clauß Möller** zu Osten. **Dethlev Mansfeld** in Hauer, von Tieß Buh. Allda zu Osten dem Berge ein Stück, so **Marx** bey seinem Lande, von Hülle Claus Buh, hat und in der Specification nicht gezeichnet.

[Blatt 43]

57. Von den 12 Blöcken obgedacht dem Lütjen Harstätter Hof zugeschrieben worden, 5 Blöcke davon **Reimer Claußen** zu **Gudendorf** zu Westen und **Jürgens Clauß** zu Osten, wie vorhero angezeiget worden bey N. 14. seinden [seitdem?] ist von diesem Blocken als Königs Land anfänglich nicht geächtet, nachmahls aber solche 5 Blöcke ausgeleget, so sich finden müssen, es seynd aber wie obgedacht bis dato nur 2 im Besitz. Das Land achter dem Hofe Ost und West streckend.

58. Das süderste Stück benorden Wege zu Westen ein Anschuß, hat **Marx Warnsholt** in Hauer, von Hülle Clauß Buh.

59. Das negste Stück benorden an auf den Anschuß sich strecket. **Dethlev Mansfeld**, von Ties Buh.

60. Mehr allda ein schmall Stück **Bohlt Karstens** zu Norden. **Marx Warnsholt**, von H[encke] E[ggers] B[uh].

[Blatt 44]

61. Mehr noch drey stück in einer Föhrde **Hanß Harring** zu Norden. Das erste **Dethlev Iven**, von Hencke Eggers Buh, die beyde nechsten **Peter Clauß**, von H[encke] E[ggers] B[uh]. Das Land auf der **Schaltfahrt** Süd und Nord streckend.

62. Nechst ein Stück daran **Hanß Reimers** zu Westen. **Marx Warnsholt**, von H.E.B.

63. Negst diesem noch 2 Stücke **Junge Eggers Hanß** zu Westen. Das erste **Hanß Groht**, von Tieß Buh, das andere **Marx**, von H. Eggers Buh.

64. Mehr allda ein stück **Jürgens Claus** zu Osten. **Dethlev Iven**, von H. Egg. Buh.

65. Mehr allda noch 2 stück **Jürgens Clauß** zu Westen. **Hanß Claußen** oder **Hanß Kröger** das erste, von Ties Buh. **Peter Claußen** das ander von H.E.B.

66. Noch daselbst Ein Stück **Jungen Eggert Hanß**

[Blatt 45]
zu Westen. **Johann Kröger**, von H. Eggerts Buh.

67. Noch allda Ein Stück **Thoms Jacob** zu Osten. **Dethlev Iven**, von Hencke Eggers Buh. Das Land auf **Ähl Acker**[167] Ost und West streckend.

68. Das erste das Norderste ein Anschuß. **Dethlev Iven**, von Hencke Eggers Buh.

69. Mehr allda 2 Stücke **Thomß Jacob** zu Süden daran. Das erste **Marx Warnsholt**, von Hülle E. Buh, das andere **Dethlev Mansfeld** von E.B.

70. Mehr daselbst noch ein Stück voriger daran zu Norden. Dieses Stück gehöret bey **Dethlev Mansfeld** Kate.

71. Etwas weiter hin Sieben Stücke in einer Föhrde, **Hanß Eggers** daran zu Norden. Von diesem 7 Stücken hat das erste in Hauer **Aßmus**, von T.B., das ander **Jochim Kröger**, von H.Eggers B., das fünffte **Hanß Kröger**, von Hüll

[Blatt 46]
Claus Buh, das Sechste **Mansfeld**, zu Hüll E.Buh, das 7te **Marx Warnsholt**, von H.E.B.

72. Mehr weiter hin noch ein Stück **Thomß Jacob** zu Süden. Dieses Stück hat **Jochem Kröger**, und gehöret bey seiner Kate.

73. Noch allda drey Stücke in einer Föhrde **Hanß Reimers** zu Norden. Das erste hat **Aßmus**, von Tieß Buh. Das andere **Dethlev Iven**, von Hencke Eggers Buh. Das dritte **Hanß Groht**, von Tieß Buh.

---

[167] Es gibt einen Flurnamen Aehlecker, Ehlacker. Siehe Wegemann S. 58.

74. Mehr ein Stück **Bohlts Carsten** zu Süden. Dieses Stück hat **Marx Warnsholt**, von Hülle Claus Buh. Aufm **Thun Acker**[168] auch Ost und West streckend.

75. Zwey schmale Stück und 2 gantze Stücke **Jürgens Clauß** daran zu Norden. **Hencke Klehn** davon das erste, von Claus Buh. Die andern

[Blatt 47]
drey **Hanß Grohte**, auch von Tieß Buh.

76. Mehr zwey schmale Stücke **Thomß Jacob** zu beyden seiten. **Jochim Kröger** davon das erste, aus H. Eggers Buh, und **Harrings Hanß** das andere, aus Hüll C. B.

77. Noch ein schmall Stück **Carstens Harder** zu beeden seiten. **Dethlev Iven**, von Hencke Eggers Lande.

78. Mehr allda ein Stück **Thomß Junge Jacob** zu Norden. **Jochem Kröger**, von Hencke Eggerts Lande.

79. Ein halb Stück, davon **Hencke Peters Hanß** Tochter die andere Helffte zuständig. **Dethlev Iven,** von Hencke Eggers Lande.

80. Benorden **Dittmers Blöcken** ein Block **Junge Eggerts Hanß** zu Süden. **Dethlev Mansfeld**, von Hüll Clauß Buh. Das Land auf **Strengen** Ost und West strecken.

[Blatt 48]
81. Drey breite und ein schmall Stück **Thoms Jacob** zu Süden und **Hanß Reimers** zu Norden. Das erste **Hanß Claußen oder Hanß Kröger**, von Ties Buh, das andere **Harrings Hanß**, von H.E.B., das dritte **Mansfeldt**, von Ties Buh.

82. Mehr ein Stück allda **Carstens Harder** zu Norden. **Dethlev Iven**, zu Hencke Eggers Buh gehörig.

83. Noch ein Stück voriger daran zu Süden. **Hanß Groht** in Hauer, zu Ties Buh gehörig.

---

[168] Siehe Wegemann S. 59, zu Krumstedt, Flurbuch 1872.

84. Mehr 2 Stücke **Hanß Harrings** daran zu Süden. Das erste **Dethlev Iven**, von Hencke Eggers Buh, das andere **Hanß Kröger**, von Tieß Buh.

85. Noch ein Stück daran **Thomß Jacob** zu Norden. **Harrings Hanß**, von Hüll Claus Buh.

86. Mehr 2 Stücke, eine **Gern**,[169] und dann noch ein

[Blatt 49]
Stück **Thomß Jacob** daran zu Süden und **Hanß Harring** zu Norden. **Mansfeld** das erste und auch den **Gern**, von Ties Buh. **Marx** das ander, von Hüll Claus Buh, das letzte auch **Dethlev Mansfeld**, von H.E.Buh.

87. Noch allda Ein Stück **Bohlts Carsten** zu Norden. **Jochem Kröger**, zu Hencke Eggers Buh gehörig.

88. Vom Stück benorden **Bohlts Carstens** daher gehörig der Öster Ende, und **Junge Eggerts Hanß** der Wester Ende. **Hanß Kröger** oder Claußen.

89. Negst zu Norden vorigen Ein Stück **Jürgens Clauß** zu Norden. **Dethlev Iven**, von Hencke Eggers Buh.

90. Mehr allda Ein Stück **Thomß Jacob** zu Süden. **Dethlev Mansfeld** Kate zu gehörig.

91. Noch förter eines Stückes Öster Ende, der Wester Ende **Hanß Harring** zustehend. **Marx Warnsholt**, zu H.E.B. gehörig.

[Blatt 50]
92. Mehr daselbst ein Stück des Herrn Kirchspielvoigts **Nicolai Viets**[170] Frau daran zu Norden. **Hanß Grohte**, zu Ties Buh gehörig.

93. Noch allda ein schmall stück vorige auch daran zu Norden. **Hanß Kleen**, zu Ties Buh.

94. Mehr daselbst ein breit Stück **Jürgens Carstens** zu Norden. **Marx Warnsholt**, zu Hülle Claus Buh.

---

[169] Gehrn ist eine Flurbezeichnung in der Krumstedter Feldmark. Siehe Wegemann S. 58.
[170] Wilhelm Thiessen, *Die Kirchspielvögte*, kennt keinen Nicolaus Vieth. In der „Brunsbütteler Rundschau" 1999 wird zu 1661 ein „Nicolaus Vieth als letzter Vogt von Alt-Brunsbüttel" genannt.

95. Nechst zu Norden an diesem noch 3 Stücken auch Herr Kirchspielvoigts **Viets** Liebste daran zu Norden. Das erste **Aßmus**, zu Claus Buh, das andere **Peter Claußen**, zu Hülle Claus Buh, das dritte **Jochem Kröger**, zu H. Eggers Buh.

96. An vorigen noch eins **Jürgens Carstens** zu Norden. **Marx Warnsholt**, zu Hüll Claus Buh, das Land auf **Zittfahrd**[171] Ost und West schiessend.

97. Das Süderste daran **Jürgens Carstens** zu Norden.

[Blatt 51]
Marx Warnsholt, auch von Hülle Claus Buh.

98. Mehr allda 2 stück **Hanß Reimers** zu Norden. Das erste **Jochem Kröger**, von Hencke Eggers Buh, das andere **Dethlev Iven**, von Hencke Eggers Buh. Dann folgt ein schmall Stück vorne an **Hanß Reimers** zu beyden Seiten benachbahret, welches **Marx Warnsholt** hat von Hülle Claus gehöret, so in dieser Specification von H.K. nicht lang gezeichnet. Das Land auf der **Lacken**[172] Ost und West streckend.

99. Eines Stückes Wester Ende, davon der Oster Ende **Reimers Peters Hanß** zuständig. **Marx Warnsholt** in Hauer und gehöret zu H.E.B.

100. Mehr allda ein Stück, **Jürgens Carstens** zu Norden. **Dethlev Iven** in Hauer, und höret zu H.Eggerts Buh.

101. Fürter auf **Lacken** genannt ein breit Stück **Thomß**

[Blatt 52]
Jacob daran zu Norden. **Aßmus Hanß** in Hauer, von Tieß Buh.

102. Mehr allda ein schmall stück **Thoms Jacob** daran zu Süden. **Marx Bornholt** in Hauer, von Hüll Claus Land.

103. Mehr ein Stück **Siemens Peters Hanß** Land zu Süden. **Marx** auch in Hauer, von Hülle Claus Land. Zunegst noch drey Stücke zu finden, so nicht in des Herrn Kirchspielschreibers Verzeichniß zu finden, davon das eine

---

[171] Es gibt in der Krumstedter Feldmark eine „Stirthjahrt". Siehe Wegemann, S. 59.
[172] Es gibt in der Krumstedter Feldmark ein „Auf Lacken". Siehe Wegemann, S. 58.

Hanß Kröger, von Ties Buh, das andere **Dethlev Mansfeld**, von Hülle Claus Buh.

104. Noch ein Stück **Carstens Harder** zu Süden. Das dritte **Marx Warnsholt**, von Hülle Claus Buh.

105. Von dem Stück besüden **Carsten Harder** seinem daher gehörig der Wester Ende, und **Hans Harrings** der Öster-Ende. **Dethlev Iven**, von Hencke Eggers Buh.

[Blatt 53]
106. Mehr ein Stück **Carstens Harder** zu Süden. **Marx** wiederum in Hauer, von Hülle Claus Buh.

107. Noch allda 3 Stücke **Jürgens Clauß** zu Süden. Das erste **Peter Claußen**, von Hülle Claus Buh, das andere **Marx**, von Hülle Claus Buh, da dritte **Hanß Kleen**, von Tieß Buh.

108. Mehr allda eines Stückes Öster Endes, der Western **Carstens Harring** zuständig. **Marx** in Hauer, von H.E.Lande.

109. Noch allda ein Stück negst zu Süden vorigen. Ebenmäßig **Marx Warnsholt**, von H.C. Lande.

110. Wieder vom negsten an vorigen daher der Oster **Hanß Harring**, der Wester Ende beykommend.

111. Mehr daselbst 2 Stücke, daran **Hanß Eggers** zu Norden und **Thomßen** zu Süden. Das erste[173] das erste **Dethlev Iven** von H. Eggers Lande.

[Blatt 54]
112. Mehr ein Stück **Siemen Peters Hanß** Land zu beyden Seiten. **Harrings Hanß** in Hauer, von H.C.Buh.

113. Noch allda Ein Stück Herrn **Kirchspielvoigts Nicolai Viedten** Liebsten Land zu Süden. Hat **Jochem Kröger**, von Hencke Eggers Land, im Hauer.

114. Mehr ein Stück daselbst nahe benorden Weges **Harrings Hans** in Hauer, von H.C. Land. Die **Pöttjen Blöcke**,[174] Süd und Nord streckend.

---

[173] Hier fehlt offensichtlich der Name, dann müsste es mit „der andere" weitergehen.

115. Die zwey Ostersten daher, einer ein Anschuß, **Thomes Jacob** zu Westen, mit gehörig zu der Meente. **Hanß Groht** im Hauer.

116. Mehr allda noch 2 Blöcke, daran **Thoms Jacob** zu Osten. Das erste **Jochem Kröger**, von Hencke Eggers Buh, das andere **Iven**, von Hencke Eggers Buh.

[Blatt 55]

117. Mehr noch ein Block Frau **Anna von Buchwaldten**[175] zu Westen. Noch 2 Blöcke gefunden, so **Dethlef Mansfeldt** in Hauer hat, welche auch nicht in des Kirchspielschreibers Specification zu finden, zu Ties Buh.

118. Noch allda ein Block **Carstens Harder** zu Osten. **Marx** in Hauer, zu Hülle Claus Buh gehörig. **Auf der Lohe**[176] bey Osten dem Wege, Ost und West streckend.

119. Ein Stück **Bohlts Carsten** daran zu Norden. **Marx Warnsholt** in Hauer, zu Hülle C.B. gehörig.

120. Mehr ein Stück **Bohlts Carstens** auch zu Norden. Item **Marx** im Hauer, von H.C.B.

121. 122. Noch allda ein schmall Stück, **Johann Boye** daran zu Süden. **Dethlev Iven** im Hauer, von Hencke Eggers Buh.

123. Mehr daselbst noch 2 schmale Stücke **Jürgens Tönnings**

[Blatt 56]

Land zu Norden. Das erste **Dethlev Iven**, von Hencke Eggers Land, das andere **Marx**, von Hülle Claus Land.

124. Mehr allda 3 Stücke **Jürgens Tönnings** Land daran zu Süden, und **Siemens Peters Hanß** Norden. Das erste **Marx** von H.C. Land, das ander **Aßmus**, von C. Land, das dritte **Peter Claußen** von Hülle Claus Lande.

---

[174] Spötjeblöcke. Siehe Wegemann, S. 59.
[175] Wahrscheinlich handelt es sich bei Anna von Buchwaldt um die Mutter des Baltzer Hans von Buchwaldt, die 1695 stirbt. Seine Tochte Anna Margaretha heiratet erst 1689 in Süderhastedt.
[176] Flurname „Auf der Lohe". Siehe Wegemann, S. 58.

125. Mehr ein schmal Stücke **Siemen Peters Hanß** Land zu beyden Seiten. **Dethlev Mansfeldt**, zu Hülle Claus Buh.

126. Mehr daselbst noch 2 Stücke **Hanß Reimers** daran zu beyden Seiten. **Marx Warnsholt** beyde, von Hülle Claus Buh.

127. Noch ein breit Stück auch voriger an beeden Seiten benachbahret. **Dethlev Iven**, von Hencke Eggers Buh. Das Land auf der **Poten**,[177] auch Ost und West streckend.

[Blatt 57]

128. Die 2 süderste Stücke daher daran **Herr Nicolai Viets Liebsten** zu Norden. Davon das erste **Hanß Groht**, zu Claus Buh, das andere **Marx**, von Hülle Claus Buh.

129. Mehr allda Ein stück **Jürgens Clauß** zu Norden. Hat **Jochim Kröger**, und gehöret zu Hencke Eggers Buh.

130. Dann 2 breite und 2 schmale Stück **Jürgens Clauß** daran zu beeden Seiten. Diese 4 Stücke sind bey der ersten Aussatzung falsch angegeben und gehören nicht anhero.

131. Mehr allda noch 3 Stücke ebenfort **Siemen Peters Hanß** Land zu Norden. Das erste hievon hat **Dethlev Iven**, von Hencke Eggers Buh, das ander **Marx Warnsholt**, von Hülle Claus Buh, das dritte **Jürgens Claußen**, und gehöret jetzo **Peter Claußen**,[178] von Hülle Clauß Buh.

132. Mehr daselbst ein schmall Stück **Jürgens Carstens** mit seiner Geer daran zu Norden. Hat auch vorhin

[Blatt 58]

Jürgens Clauß gehabt, jetzo aber **Peter Claußen** in Hauer, zu Hülle Clauß Buh gehörig.

133. Mehr allda noch ein schmall Stück daran **Jacob Thomßen** Norden. **Marx Warnsholt**, von Hülle Claus Buh.

---

[177] Flurbezeichnung „Auf Poten". Siehe Wegemann, S. 59.
[178] Wahrscheinlich ist Peter Claußen ein Sohn von Jürgens Claußen.

134. Mehr noch ein breit stück **Hanß Reimers** daran zu Norden. **Harrings Hanß**, von Hülle Clauß Buh, auf dem **Geern** allgemähl, Süd und Nord streckend.

135. Ein Stück daran **Hanß Harrings** zu Südwesten. **Hanß Grohte**, von Tieß Buh.

136. Mehr noch ein Stück daran **Thomß Jacob** zu Südwesten. **Hanß Kröger oder Hanß Claußen**, von Ties Buh.

137. Weiter hin ein schmall Stück Clauß Möller daran zu Nordwesten. Marx, von H.C.Buh.

138. Mehr ein solch Stück der vorige daran zu Westen. **Jochim Kröger**, von Hencke Eggers Buh.

[Blatt 59]

139. Mehr eines Stückes Norder **Karf** daran **Hanß Reimers** zu Westen. Item **Jochem Kröger**, von Hencke Eggers Buh, auf **Langen Hargen Acker**, auch Süd und Nord streckend.

140. Ein Stück daran **Jürgen Tönning** zu Osten. **Hanß Kröger**, von Tieß Buh.

141. Mehr ein breit Stück **Thomß Jacob** daran zu Osten. **Jochem Kröger**, von Hencke Eggers Buh.

142. Noch allda Ein breit Stück **Carstens Harder** zu Osten. **Aßmus Hanß**, von Tieß Buh.

143. Mehr noch ein solch Stück voriger daran zu Westen. **Hanß Kröger**, von Tieß Buh.

144. Noch allda ein breit Stück **Thomß Harl** daran zu Osten. **Dethlev Iven**, von Hencke Eggers Buh.

145. Noch so eins **Hanß Harrings** zu Osten. **Hanß Klehn**, von Tieß Buh.

[Blatt 60]

146. Mehr auch ein so schmall Stück **Clauß Reimers** zu Westen. **Jochem Kröger**, von Hencke Eggers Buh.

147. Mehr noch eins derselben zu Osten. **Dethlev Iven**, von Hencke Eggers Buh.

148. Zwey schmale Norder **Karfstück**,[179] davon **Junge Eggers Hanß** der breite Süder Ende bekommen. **Dethlev Mannsfeld**,

von Henning Claus Buh und **Jochem Kröger** eins davon, zu Hencke Eggers Buh.

149. Mehr von einem Norder **Karf** davon vorigen auch der Süder Ende zustehet, $1/3$ Theil anher wie **Thomß Jacob** und **Jürgens Carstens** auch einem jeden $1/3$ Theil davon zustehn. **Peter Claußen** im Hauer, zu Hüll Claus Land gehörig.

150. Die andern zu Osten nechst folgenden **Karfstücke** aber zusammt den beyden Süder Ende daher gantz gehörig. Das eine **Dethlev Iven**, zu Hencke Eggers Buh gehörig, das ander **Peter Claußen**, zu H.C. Buh gehörig, der Anschuß als ein breiter Ende hat

[Blatt 61]
Dethlev Mannsfeld im Hauer, gehöret zu Claus Buh. Auf **Korten Argen Acker**,[180] auch Süd und Nord streckend.

151. und 152. Das Westerste **Hanß Eggers** daran zu Osten. Hat **Marx Warnsholt** in Händen oder in Hauer, von H. Claus Lande.

153. Mehr allda ein stück schmaler voriger daran zu Westen. **Hanß Holling**, und jetzo **Hanß Kleen** von Tieß Buh.

154. Noch so eins **Herr Baltzer Hanß** selber daran zu Westen, ist falsch angegeben, sowohl wegen des Eigenthümers als auch wegen des Nachbahren, welches dero Zeit kein Land auf dem Krumstätter Feldmarckt hatte.

155. Mehr noch allda ein breit Stück Herrn Kirchspielvoigts **Nicolai Viedts** Liebste zu Osten. **Marx** im Hauer, von H.C. Land.

---

[179] Karf, Kalf = Kalb. Auch Karf, Karve = Kerbe.
[180] Flurbezeichnung Argenacker, Langer Argenacker. Siehe Wegemann, S. 58.

156. Mehr ein Stück daran **Clauß Reimers** zu Westen. **Dethlev Mansfeldt**, von Tieß Buh.

[Blatt 62]

157. Noch ein breit und schmal Stück, daran **Hanß Eggers** zu Osten. **Aßmus Hanßen** das breite, von Tieß Buh, **Marx** das schmale, von H.C. Buh.

158. Noch daselbst 2 Stücke **Herr Baltzer Hanß** jetzt Verförster selbst daran zu Osten. Das erste **Hanß Grohte**, von T.B., das ander **Marx**, von H.C.B. Auf den **Küll Blöcken**, Süd und Nord streckend.

159. Drey Stücke **Siemen Peter Hanß** Land daran zu Westen, und **Jürgen Tönning** zu Osten. Das erste **Dethlev Iven**, von Hencke Eggers Buh, das andere **Hanß Grohte**, von T.B., das dritte **Marx**, von Hülle Claus Buh. Auf **Timm Vahrs Acker**,[181] auch noch Süd und Nord streckend.

160. Zwey Stücke die Westersten **Hencke Peters Trien**[182] daran zu Osten. Das erste Anschoß hat **Marx Warnsholt**, von Hüll Claus Buh. Das andere **Aßmus**, von Tieß Buh.

161. Mehr weiter hin ein breit und ein schmall Stücke, **Carstens Harder** zu Westen und **Siemen Hanß**

[Blatt 63]

Land zu Osten. **Marx** das breite, von H.C.B. und **Dethlev Iven** das schmale, von H. Eggers Buh.

162. Noch allda ein Stück **Jürgens Clauß** zu Osten. **Dethlev Mannsfeldt**, von Tieß Buh.

163. Mehr auch eins schmaler **Hanß Reimers** zu Osten, negst zu Osten an Hanß R. 2 Stück dar **Jürgen Karstens** zu Osten. **Peter Claußen**, H.C. Lande.

164. Mehr allda noch zwey Stücke, daran **Thomß Jacob** zu Westen und **Hanß Peters Tochter Gretje** zu Osten. Das erste **Mansveldt**, von C. Buh,

---

[181] Flurbezeichnung „Timmerfahrtsacker". Siehe Wegemann, S. 59.
[182] Trien wird die unter Nummer 79 erwähnte Tochter von Hencke Peters sein.

das andere **Jochem Kröger**, von Hencke Eggers Lande. Auf **Wollmers Acker**,[183] Ost und West streckend.

165. Ein Norder Karf, wovon **Jürgens Carstens** der Süder gehörig. **Hanß Kröger** im Hauer, von Hülle Claus Lande.

166. Mehr allda 2 Stücke **Siemen Peters Hanß** 2 Geeren daran zu Süden. **Harrings Hanß** das erste, von H.C. Lande, **Marx** das andere, von H.C. Lande.

[Blatt 64]
167. Mehr noch 2 Stücke **Hanß Harring** zu [Süden ?] und **Jürgens Clauß** zu Norden. **Dethlev Iven** das erste, von H.Eggers Land. **Hanß Kleen** das andere, von T.B.

168. Auch allda mehr allda ein breit und ein schmall stück, daran Herrn Kirchspielvoigts **Nicolai Viedts Liebste** zu Norden und **Thomß Jacob** zu Süden. Das schmale **Hanß Groht**, von Tieß Buh, das breite **Dethlev Mansfeldt**, von H.C.Buh.

169. Mehr noch 2 Stücke **Jürgens Clauß** zu Norden und **Hanß Hargens** zu Süden. **Dethlev Mansfeldt** das erste, zu Ties Buh gehörig. **Dethlev Iven** das andere, von H. Eggers Buh.

170. Weiter hin noch drey Stücke in einer Föhrde wie die vorigen auch, und alle die zusammen gesetzt stehen, daran **Thomß Jacob** zu Süden und **Jürgens Carstens** zu Norden. Das erste **Marx Warnsholt**, von H.C.B., das andere **Jochem Kröger**, von H. Eggers Buh, das dritte **Marx**, von H.C. Buh.

[Blatt 65]
171. Mehr allda noch ein Stück, so dann noch 2 mehr, ein schmales **Thomß Jacob** daran zu beeden seiten. Das erste **Jochem Kröger**, von H.Egg. Buh, das ander **Hanß Kleen**, von Ties Buh, das dritte **Hanß Groht**, von T. Buh.

172. Noch daselbst ein schmall Stück **Clauß Reimers** zu Süden. **Hanß Kröger** im Hauer, gehöret zu H.C. Buh.

173. Mehr ein solch Stück **Jürgens Clauß** zu beyden seiten. **Marx Warnsholt** in Hauer, zu H.C.B.

---

[183] Flurbezeichnung „Wollmersacker". Siehe Wegemann, S. 59.

174. Negst daran noch ein Stück davon **Thomß Jacob** zu Süden. **Dethlev Mannsveldt** im Hauer, von H. Claus Buh.

175. Mehr besüden diesem noch drey stück daran **Hanß Harring** besüden. Das erste **Jochem Kröger**, von Hencke Eggers Buh, das andere **Dethlev Iven**, von H. Eggers Buh, das dritte eine Kate Stück zu **Jochem Krögers** Hause gehörig.

[Blatt 66]
176. Noch ein Stück allda **Jürgens Karstens** zu Süden. **Dethlev Mansveldt** in Hauer, von Tieß Buh.

177. Negst zu Süden daran ein schmall und ein gantz Stück **Siemen Peters Hanß** Land daran zu Süden. Das breite hat **Hanß Groht** im Hauer, von Tieß Buh, das schmale **Dethlev Iven** von Hencke Eggers Buh.

178. Mehr noch 1 Stück **Thoms Jacob** besüden. Hat **Hanß Groht** in Hauer, zu Tieß Buh, benorden **Dorf**[184] genannt.

179. Ein schmall Stück **Hanß Reimers** daran zu Süden. **Aßmus** in Hauer, zu Tieß Buh gehörig.

180. Eines Stückes **Süder Karf** davon der Norder **Claus Reimers** zuständig. **Hanß Kleen** im Hauer, zu Tieß Buh gehörig.

181. Mehr stracks bey Süden daran ein breit und ein

[Blatt 67]
schmall stück **Carsten Bohld** und **Claus Reimers** daran zu Süden. Das breite hat **Dethlev Mansveldt**, von H.C.Buh, das schmale **Hanß Kleen**, von Tieß Buh.

182. Weiter hin ein Stück **Jürgens Carstens** zu Norden. **Harrings Hanß** in Hauer, von H. Clauß Lande.

---

[184] Flurbezeichnung „Dorf", „Zur Norden Dorf". Siehe Wegemann, S. 58.

183. Mehr allda 2 schmall und ein gantz Stücke. Das eine **Jochem Kröger**, zu H. Eggers Lande, das andere **Jürgens Clauß, jetzo Peter Claußen**,[185] von Hüll Claus Lande. Das breite aber ist eine Kate stücke, und gehöret zu **Hanß Grohten** Hause.

184. Mehr also in einer Föhrde noch 2 schmall und eines gantzes Stückes Öster Ende, der Wester Ende **Siemens Peters Hanß** zugestanden, der auch zu Norden an allen den Stücken benachbahret gewesen. Das eine **Marx**, zu Hülle Claus

[Blatt 68]

Lande gehörig, das andere **Hanß Kleen**, zu Tieß Buh gehörig.

185. Mehr allda noch ein schmall Stück **Hanß Reimer** daran zu Norden. **Dethlev Iven** im Hauer, zu Hencke Eggers Lande.

186. Dann von einem andern Stücke der Wester Ende gehörig, der Öster Ende **Jacob Thomßen. Marx Warnsholt**, von Hülle Claus Land.

187. Und besüden negst an vorigem die zwey Stücke am Wege. **Jochem Kröger** hievon das erste, von Hencke Eggers Lande, und **Hanß Kröger** das andere, von Tieß Buh.

[Es folgt derselbe Text des Vergleiches zwischen Heinrich Rantzau und der Bauernschaft Krumstedt, wie er im Erdbuch bereits auf Seiten 23-25 geschrieben ist.]

Copia des seel. Statthalters Hinrich Rantzauen gemachten Vergleichs mit dem Bauerschafft Krumstetten.

[Blatt 69]

To weten dat tzwischen dem Gestrengen Edlen und Ehrenvesten Hinrich

---

[185] Wahrscheinlich ist Peter Claußen der Sohn von Jürgens Clauß; hier sind wohl Reste der patronymischen Namensform erhalten: Der Vater heißt Claus Jürgens, der Sohn Peter Claußen (Claus-sohn). Auch der Vorname Hencke weist auf patronymische Reste hin, wobei –cke als niederdeutsche Verkleinerungsform Sohn des Henning, Henningchen bedeutet.

Rantzauen, der Königlichen Mayestät tho Dennemarcken Herrn Stadthalter, wegen seines Gudes tho Krumstedte und den andern Burschops Lüden alle tho Krumstette, so tho der Meenmarcke berechtiget sein, alse **Jürgens Clauß**, **Voß Siemen**, **Boyen Jacobs Boye**, **Stacken Martens** Erven, **Görries Peter** und **Blauen Peters Paul**, wegen der Meenemarck gehandelt und also verdragen ist, dat der Herr Statthalter up sine Arff-Güder [Erbgüter], so he tho Krumstetten hefft, Vehr gemeene Marck, de he stracks bebuen und gebrucken laten mag, **Jürgens Clauß** up sine Arff-Güder drey gemene Marck, **Voß Siemen** twe gemene Marck, im glicken **Jacobs Boye**, **Stacken Martens** Erven und **Görries Peter** ein jeder twe gemene Marck, und **Blauen Peers Paul** eine gemene Marck

[Blatt 70]
erfflich und egendömlich hebben, doch nicht eher geneten noch gebrucken schölen, beth so lange dejenigen, so noch nicht by gebuet hebben, ein jeder by buen, und solcher Gebüde dör eere Kinder und Erven bewohnen laten werden. Hierinn baven hebben dese baven gemeldte sämmtliche Burschops Lüde, **Hermann Kruse** ock ene Menemarck tho seinem Gehoffe erflich und egendömlick verkofft vor 40 Mark, de he stracks erleggen schall und schölen desülven tho des Burschops Nutte wedder angeleget werden. Hiermit schall also alle ehre Irrung der Menemarck gäntzlich upgehoven und verdragen sein, und hebben de vermelte Buerschops Lüde demna hiemit kräfftiglich vor sich und ehren Erven versecht und verpflichtet, hernachmahls kenen mehren de Meenemarck tho verkopen, weder dem Gebruck tho vergönnen, ock ken Bigebuete [Nebengebäude] mehr tho gestanden, sondern dißen Verdrach stendig tho holen. Des in Uhrkund hebben

[Blatt 71]
se diße Zarten [Carten, Karten], welche der Herr Stadthalter mit egener Hand undergeschreven, darup verferdigen, dorch dat Wort Wahrheit von einander scheiden und vor dem Gerichte tho Meldorf bestedigen laten. Wovon de ene by wohl gemelten Herrn Statthalter, und de andere by **Jürgens Clauß** in

Verwahrung gelegt worden. Actum Harstette den 6. May Anno 1584. Hinrich Rantzauen.

Anno [15]84 den 15. May sind **Voß Siemen, Jürgens Clauß, Boyen Jacobs Boye, Görries Peter, Stacken Martens Hanß, Blauen Peers Paul** und **Hermann Kruse** persöhnlich gegenwerdig vor dem gehegten Gerichte tho Melldorff erschienen, und hebben düsse gegenwärtige Carten gerichtlich lesen und bestättigen lassen. Anno et die ut supra. **Johannes Helt**[186] verordneter Landvaget im Südern Dehle Dittmarschen sammt den andern Gerichts Mitverordneten. **Antonius Steinhaus** mppia.

Görries Peters ist ohne Erven weggestorben.

[Blatt 72]
Die Wiesen zu diesem Huven befinden sich meinem eingegebenen extract nach aus der in anno 1680 den 17 May etc ergangenen Ächtungen über die Wiesen in Krumstetter Feld Marck.

Eine Hufe Landes zu **Burg**, so hiebevor **Johann Boyen Erven** von seeligen Ammtmann **Detlev Rantzauen**, als der über diesem Hof wegen Ihro Königlichen Mayestät zu disponieren gehabt, zugeleget jährlich vor 37 Mark 12 Schillinge Abgifft anhero ins Register.

Das Hauß ist **Boyen** Erben eigen, und von ihme erbauet und erkaufft, weil die Hoffstette abgebrandt und wüste gewesen. Hoffstätte aber und Meente sammt dem Zubehör, wie auch Land und Wiesen, gehören diesem Hof Hastätte zu, sammt allem was sonst an Teich, Fischereyen und andere Gerechtigkeiten dazu gehörig und jederzeit gebrauchet ist.

---

[186] Amtszeit 1584-1608, er war Sohn des Meldorfer Kirchspielvogts Detlev Heldt (1559-1575).

Die Besitzungen in Bargenstedt

[Blatt 73] Baringstätt [Bargenstedt]

In diesem Dorffe ist eine wüste Hoffstätte, dabey eine Meente, Acker Land und Wiesen, welches alles nach geschehener Maasse und Ächtung auszufinden stehet, was Junckern Land ist und desfalß ausgesetzet worden. Diese Hufe giebet für Ackerland und Wiesen jährlich 25 Tonne Rocken, ohne die Meente und der Hoffstätt, welche a part verhaüret seyn.

> Der folgende Bericht zu den Kirchenstühlen bezieht sich auf die Kirche in Süderhastedt, nicht auf Bargenstedt!

Was denen Kirchstülen angehet, sind die beyde negsten Stühle zur Lincken für dem Altar die uhralten Stände, der eine dem Herrn und der andere der Frauen des Hofes.

Für das Gesinde ist der erste Mannes Stuhl lanck aus in der Kirchen, recht für dem Predigt-Stuhl von oben an für die Knechte und die zu Kleinen Rade, biß an den Egstätter Stuhl, und neben über von oben an die nechste der fordersten Bencke, und also die zweyte in der Zahl für Mägde. NB.[187] in diesem Stul hat vorhin

[Blatt 74]
ex concessione des Fürwesers auf Hastätt eine alte Frau ihres schwaches Gehörs halber Erlaubniß erhalten, darein zu gehen und solches einige Jahre betreten.

Nach deroselben [Tode] haben deren Erben diesen Stand continuiret, sie haben aber kein Recht, und ist von meinem seeligen Vater so wit als auch von mir selbst ihnen selbst angemeldet, daraus zu bleiben, man hat aber in solcher Sache keinen Streit suchen wollen.

Der nach diesem Hofe gehörige Kirchhof ist weder von meinem seeligen Vater noch von mir nicht gebrauchet worden, weiln unsere Dienste in so gar entzeler Zahl bey uns gestorben, nahe bey in andern Kirchspiele gehöret zu

---

[187] Nota bene = beachte.

Hause, und so dann tödtlich kranck in der Weilen nach demjenigen zugeführet oder hingeholet worden.

Nach Verstrich vieler Jahren aber also hat

[Blatt 75]
das Bauerschafft Hastätt darin mit logiret und endlich gar zu sich geeignet, wie denn der Augenschein des Raums, als nach welchen der Kirchhof eingetheilet ist, solches klar genug zu Tage leget.

> Bis hierhin, bis zu Blatt 75 ist die Handschrift sehr sorgfältig und recht gut zu lesen. Ab Seite 76 ist die Schrift etwas schlechter zu lesen, insbesondere sind einige Buchstaben anders geschrieben, wie etwa das „d" und teilweise das „u", so dass man annehmen muss, dass der Text nun von anderer Hand geschrieben ist. Das Datum der Eintragung auf Blatt 78 ist dann auch erst das Jahr 1693, also dreizehn Jahre nach Beginn des Erdbuches. Einen weiteren Hinweis auf einen anderen Schreiber ab Blatt 76 gibt die Seitennummerierung, die bis Blatt 75 von gleicher Hand und mit gleicher Tinte wie der Text am unteren Seitenrand steht; ab Blatt 76 fehlt diese Original-Seitennummerierung, dafür ist später von anderer Hand und mit blauem Kopierstift am oberen Seitenrand eine Nummerierung vorgenommen, von Seite 76 bis 170. Für den Rest fehlen Blattnummern vollständig.

Das Erdbuch

2. Teil (Von einem anderen Schreiber 1693)

Zwei Vergleiche 1660 und 1662

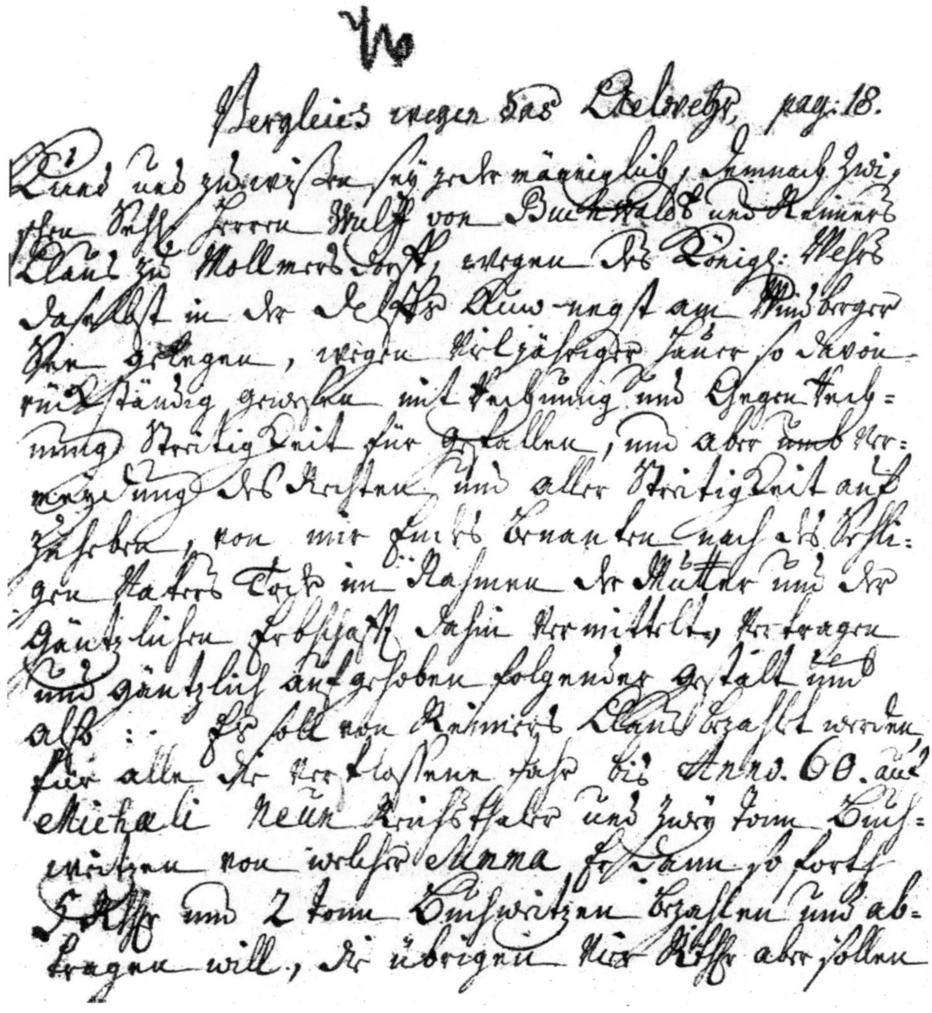

Abb. 8: Blatt 76. Neuer Schreiber.

Von hier ab hat nicht mehr Baltzer Hans von Buchwaldt das Erdbuch geschrieben, sondern seine Schreiber, wie Buchwaldt auch selbst angibt.

Dies ersieht man aus den deutlich unterschiedlichen Handschriften, trotz der prinzipiell gleichen Kurrentschrift. So ist etwa der Buchstabe „d", zum Beispiel bei „und", deutlich anders geschrieben als bei Buchwaldt, fernerhin das „ß" und das „k" und weitere Unterschiede. Der erste Schreiber könnte ein „Reimers Claus" gewesen sein, siehe Blatt 77.

[Blatt 76]
Vergleich wegen des Aelwehr, pag 18.[188]

Kund und zu wißen sey jeder männiglich, demnach zwischen seeligen Herrn **Wulff von Buchwaldt** und **Reimers Claus** zu Wollmersdorff wegen des Königlichen Wehrs daselbst in der Delffs Auw negst am Windberger See gelegen wegen vieljähriger Hauer, so davon rückständig gewesen, mit Rechnung und Gegen-Rechnung Streitigkeit für gefallen. Und aber umb vermeydung des Rechten und aller Streitigkeit aufzuheben, von mir Endes Benanten nach des sehligen Vaters Tode im Nahmen der Mutter und der gäntzlichen Erbschafft dahin vermittelt, vertragen und gäntzlich aufgehoben folgender gestalt und also: Es soll von Reimers Claus bezahlet werden für alle die verflossene Jahr bis Anno [16]60 auf Michaeli neun Reichsthaler und zwey Tonn Buchweitzen. Von welcher Summa Er dann soforth 5 Reichsthaler und 2 tonn Buchweitzen bezahlen und abtragen will, die übrigen vier Reichsthaler aber sollen

[Blatt 77]
auf Michaelis abgetragen und bezahlet werden, und soll mehr gemelter Reimers Claus das obgedachte Wehr ins Künfftige vor die alte Hauer als 2 Mark nach wie vor behalten. Und ist hiemit aller Handel aufgehoben, alles sonder list und von beyden Parthen untergeschrieben und jede ein Theil davon gegeben. Actum Melldorff den 7. May Anno [16]60. Baltzer Hans von Buchwaldt. Reimers Claus. Ppria.

Extract. Aus dem Aestimationsprotocoll **Baltzer Boyen** oder Königs-Ländereyen und Wischen betreff, und wie hoch sie Anno 1662 geächtet

---

[188] Es handelt sich um das Aal-Wehr, welches am Windberger See liegt, in der Wollmersdorfer Aue. Auf Seite 18 hieß es: „Item gehöret anhero das Ael-Wehr, so zu allernegst dem Windberger See lieget, in der Wollmersdorfer Aue, so aus dem See fließet." In der heutigen Süderau liegt immer noch, südlich von Wolmersdorf eine Stauschleuse.

worden, Vermoge des Königlichen Landv[ogts] **Jacob Bruhnen**[189] abgege-
gebenen Bescheids.

[Die Flurnamen finden sich alle in Burg.]

Pfugländereyen:

5 stück auf Berge Lohe [Berglohe]	24 Mark
2 stück auf Brühnen Lande [Brunland]	14 "
3 stück vorm Böetjen [Bötje]	16 "
1 stück beym Beck	3 "
7 blöck aufn Rätjen[190]	24 "
3 stück aufn Kamp	14 "
2 stück bewesten Eesche	20 "
5 stück besüden Buchholtzer Kirchwege[191]	33 "

[Blatt 78]

8 blöcke zwischen Buchholtzer und Brickeler Kirchweg[192]	40 Mark
1 stück vorm Rätje	3 "
3 blöcke auf Brehmerlieth[193] [Bremerslied] in einer Fähre	7 "
2 blöcke auf Würden[194]	19 " 8 [Sch.]
5 blöcke benorden Brickeler Kirchweg	50 "
1 Gehrn vorm Holtze	3 " 8 [Sch.]
3 blöcke auf langen Lössel[195]	10 "
Die Koppel zu Osten Claus Strufen Hause	50 "
2 blöcke aufn ersten Redder[196]	7 "
1 stück beosten der Koppel	12 "
4 stück aufn D[icks ??]hollm	35 "

---

[189] Jacob folgte 1649 seinem Vetter Nicolaus Bruhn im Amt des Landvogtes. Gestorben 6. Januar 1670.
[190] In der Burger Feldmark gibt es einen Flurnamen „Rätjen". Siehe Wegemann, S. 22.
[191] Dies wird die „Hauptstraße" von Buchholz nach Burg sein, die heutige L 139.
[192] Der Brickelner Kirchweg wird die „Hauptstraße" – „Papenknüll" – „Waldstraße" von Brickeln nach Burg sein.
[193] In der Burger Feldmark gibt es einen Flurnamen „Bremerslied". Siehe Wegemann, S. 22.
[194] In der Burger Feldmark gibt es einen Flurnamen „Würden-Koppel". Siehe Wegemann, S. 22.
[195] In der Burger Feldmark gibt es einen Flurnamen „Lösselkoppel". Siehe Wegemann, S. 22.
[196] In der Burger Feldmark gibt es einen Flurnamen „Redder", „vorderer Redder". Siehe Wegemann, S. 22.

1 block und 1 heidstück aufn langen Hollm,[197]		
das erste zu 14 Mk	⎫	
das zweite zu 6 Mk	⎬ 20 [Mk]	
1 heidstück aufn mittelsten Redder	1	"
7 blöcke beim Fischteich,[198] so auf die Lehmkuhle[199] schießen	30	"
1 Mohrstück unterm Kleve[200]	4	"
3 blöcke beym Redder	7	"

Die Wischen

1. Die Wische in Wasserhemm belegen,
   worin Baltzer Boie ein Theil hat,   der Scheffel zu 5 Mark
2. Der Helffte in Kleinen Krögken [Krucken] benorden als
Hellmschen Beck,[201]   a Scheffel 4 Mark
3. Ein vierten theil in Hellmschen Orte belegen,   a Scheffel 6 Mark
4. Ein Theil in der neuen Wische,   a Scheffel 6 Mark
5. Ein Theil in Krumbögel,   a Scheffel 10 Mark
6. Drey Meenttheil Wischen,   a Scheffel 2 Mark 8 Schillinge
7. Die große Rader Wische,   a Scheffel 4 Mark 8 Schillinge
8. Ein theil in Rethhemm,   a Scheffel 6 Mark
9. Ein klein theil in Sprant,[202]   a Scheffel 7 Mark 8 Schillinge
10. Ein theil in Strepel,[203]   a Scheffel 5 Mark.

Actum Burg den **3. August Anno 1693**.
Ex officis in fidei. **Henning Meyer**.

---

[197] In der Burger Feldmark gibt es einen Flurnamen „Langenhollm". Siehe Wegemann, S. 22.
[198] Fischteiche gibt es zum Beispiel an der Kreuzung „Unterm Cleve" und „Paradiestal".
[199] In der Burger Feldmark gibt es einen Flurnamen „Lehmkuhle". Siehe Wegemann, S. 22.
[200] In der Burger Feldmark gibt es einen Flurnamen „Am Klev", „Kleverbleek". Siehe Wegemann, S. 22. Die Verlängerung der Burgstraße heißt „Unterm Cleve".
[201] Beeke = Bach = Au. In der Burger Feldmark gibt es einen Flurnamen „Helmschen", „Helmschen Brücke", „Helmschen Wisch" und „Helmschenmoor". Siehe Wegemann, S. 22. Das Helmsche Moor liegt zwischen Burg und Hochdonner Moor, der Helmschenbach fließt nördlich Burg und Brickeln, östlich Burg; er hat Verbindung zur Burger Au.
[202] In der Burger Feldmark gibt es einen Flurnamen „Sprant", „Spranten". Siehe Wegemann, S. 22.
[203] In der Burger Feldmark gibt es einen Flurnamen „Strepel". Siehe Wegemann, S. 22.

„Inventarium" Lütjenhastedt

Auf Blättern 79-122 listet ein Schreiber jetzt erneut im Detail Gebäude und Ländereien auf, den Aufbau des Wohnhauses, das allerdings nicht mehr das von Heinrich Rantzau war, wohl aber das von Baltzer Hans von Buchwaldt nach dem Brand 1675 auf den gleichen Fundamenten wieder aufgebaute. Die Kleinhastedter Pflugländereien und das Weideland werden mit ihrer Größe angegeben, fernerhin Wälder und Fischrechte. Es folgt dann erneut eine Detailaufstellung der einzelnen Pächter: **Jochim Kröger, Tewes Kröger (Wulff Wittmack), Hinrich Vehrs, Dethleff Hanßen, Claus Teedens, Johann Kleen, Detlef Strufe** (Witwe), **Peter Strufe, Claus Kühl**. Diese Aufstellung ist von 10 Pächtern unterschrieben, wobei die Unterschriften von **Tewes Kröger** und **Detlef Strufes Witwe** fehlen, dafür **Wulff Wittmack, Claus Kröger, Beecke Strufe**. Unterschrieben am 3. März 1734, also bereits lange nach dem Verkauf des Hofes Hastedt an die Landschaft Süderdithmarschen und der anschließenden Verpachtung im Januar 1696.

Abb. 9: Foto um 1900, links hinter der Kanzel der „Hofstuhl" für die Besitzer des Gutes Kleinhastedt.

Auch über die Kirchenstühle in der St.-Laurentius-Kirche Süderhastedt berichtet das Erdbuch. Diese stammten wahrscheinlich schon aus der Zeit von Heinrich Rantzau. Auf einem zwischen 1872 und 1908 aufge nommenem Foto[204] sieht man die „Hofstühle" links (Nordwand) gleich hinter der Kanzel an den Chorwänden angebracht; sie waren die Sitzplätze für die Besitzer des Hofes Lütjenhastedt. Der „Pastorenstuhl" ist rechts (Südwand) erkennbar.

Bis 1908 waren diese geschlossenen Stühle (mit Scheiben versehene Logen) in der Kirche, dann wurden sie 1908 bis zur Hälfte abgesägt, wie man auf dem zweiten Foto (vor 1955 aufgenommen) erkennt. 1966 wurde bei der Renovierung des Altarraumes das alte Kirchengestühl abgebrochen, die beiden Hof- und Pastorenstühle sind nicht mehr vorhanden. Zu den Kirchenstühlen sagt das Erdbuch auf Seite 79 beim „Inventarium", dass zum Hof diese „zwey Kirchenstühle in der Süderhastedter Kirche zu Osten der Kantzel zunegst dem Altar gehören, als einen vor dem Pensionair[205] des Hofes, und den andern vor deßen Frau." Auch auf Blatt 73 heißt es schon, dass die beiden links dem Altar am nächsten die uralten Stühle seien, der eine für den Herrn, der andere für die Frau des Hofes. Die Loge enthielt also 2 Stühle.

Abb.10: Foto um 1950, die geschlossenen Logen sind bis zur Hälfte abgesägt.

---

[204] In Helmut Kühl, S. 75/76.
[205] Hier wird also nicht mehr der Besitzer, der Herr des Hofes angesprochen, sondern der Pächter.

Weiter heißt es dann, dass für das Gesinde der erste Mannesstuhl für die Knechte und für die aus Kleinen Rade zum Hof gehöre, also die erste Bankreihe auf der linken Seite. Auf der rechten Seite gehörte dem Hof Hastedt die zweite Bankreihe für die Mägde. In dieser Bankreihe hatte eine alte Frau, wegen ihrer Hörschwäche, die Erlaubnis von Wulff von Buchwald erhalten, zu sitzen. Nach deren Tod missbrauchten deren Erben die Erlaubnis und glaubten, ein Recht auf die Benutzung zu haben. Man habe diese zwar darauf hingewiesen, wollte aber deswegen keinen Streit machen.

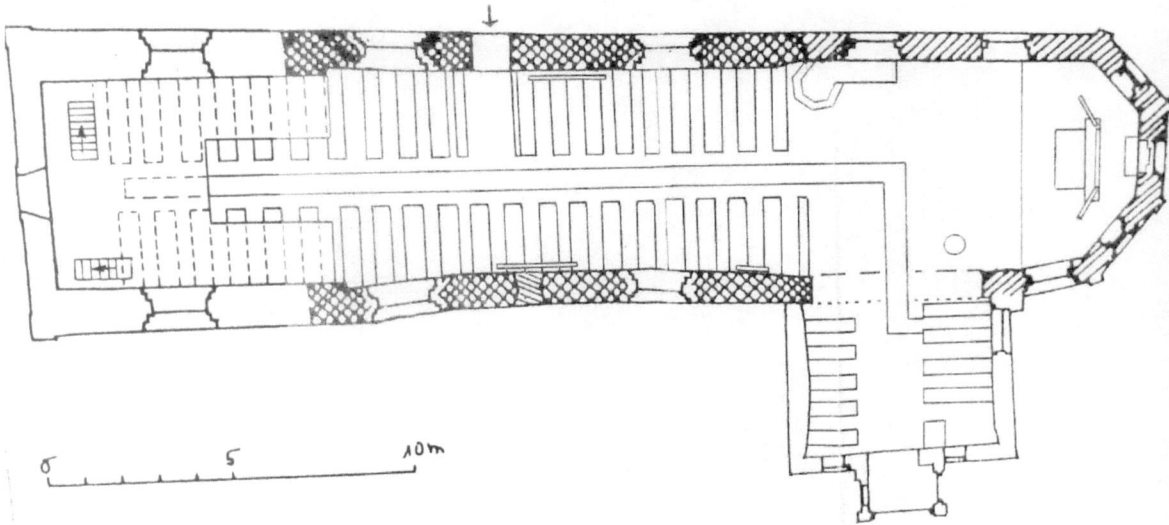

Abb. 11: Grundriss der Kirche in Süderhastedt, aus H. Kühl.

Der Grundriss dieser nach Meldorf ältesten Kirche Dithmarschens (um 1140) ist trotz mehrerer Um- und Erweiterungsbauten gut erkennbar. Der Anbau an der Südseite (unten), er heißt Kreuzkirche, ist zum ersten Mal 1655 erwähnt. An der leeren Stelle rechts der Kanzel stand der „Hofstuhl".

Der Süderhastedter Pastor betrieb noch selbst Landwirtschaft, er behielt den größten Teil des zum Pastorat gehörenden Landes in eigener Bewirtschaftung. Dies erkennt man auch aus den Flurnamen Pastoren-Wiese, Pastoren-Hemm, Pastoren-Elm, die im Erdbuch erwähnt werden. Er hatte Kühe und ein Schwein.[206] In der Zeit von Wulf und Baltzer Hans von Buchwald war Pastor in Süderhastedt ein Johannes Sommer (1657-1704) und Johannes Matthias Sommer (1704-1705).[207]

Abb. 12: Heutige Ansicht der St. Laurentius-Kirche in Süderhastedt von Süden. Rechts der Altarraum, in der Mitte der südliche Anbau.

---

[206] 850 Jahre St. Laurentius-Kirche in Süderhastedt 1140-1990, Kirchenvorstand Süderhastedt 1990. Seite 27.
[207] Otto Ahrends, Bd. III, S. 133.

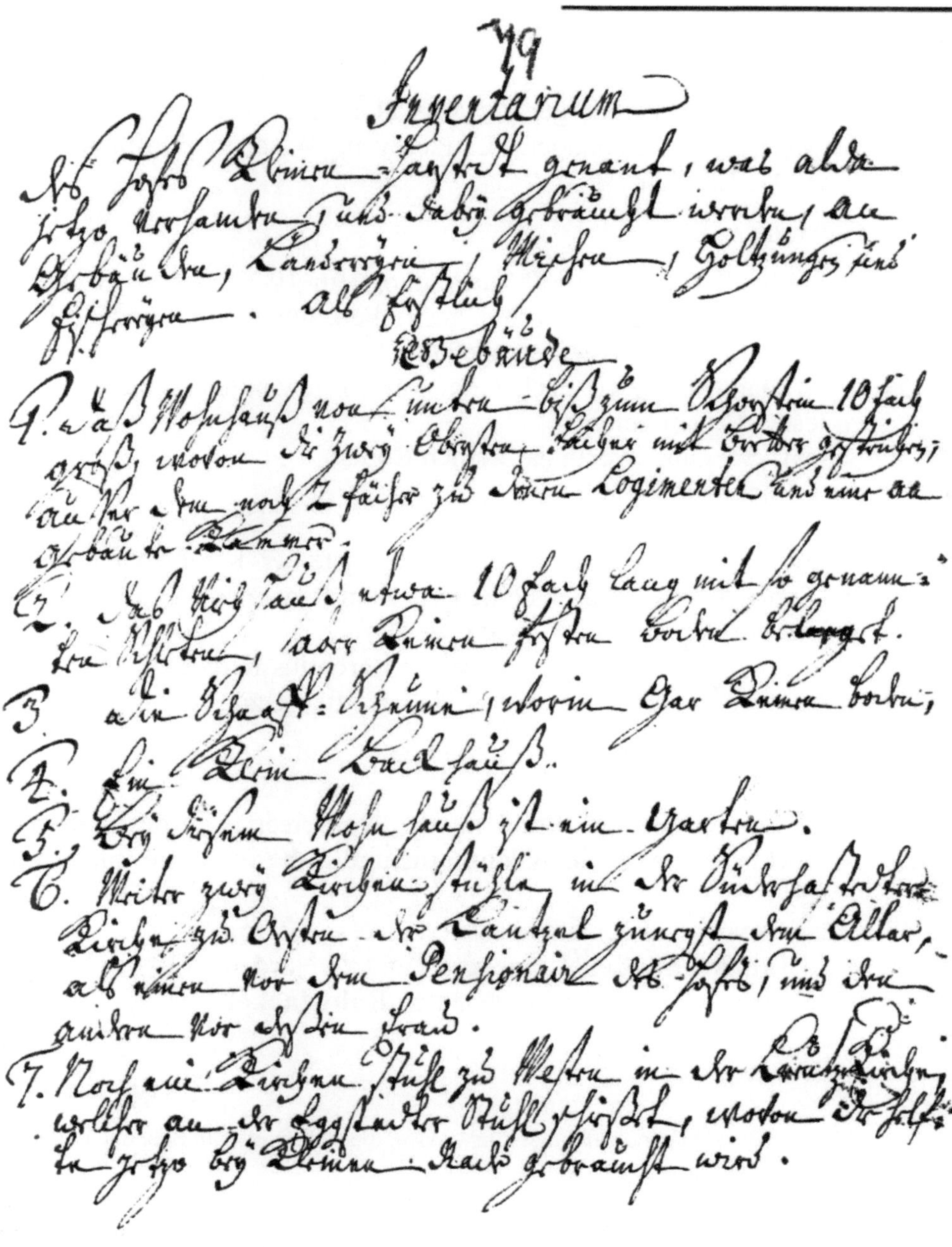

79

Inventarium

des Hofes Rüiwen-Jagstedt genant, was alda jetzo vorhanden und dabey gebraucht werden, an Gebäuden, Ländereyen, Wiesen, Holtzungen und Fischereyen. alß fortlich.

Gebäude

1. Daß Wohnhauß von unten biß zum First 10 fach groß, wovon die zwey Obersten Fächer mit Brettern geschlagen, darin die nochmahl fäsßer zu einem Logimenten und eine gebaute Kammer.

2. Daß Viehauß etwa 10 fach lang mit so genannten Kütteln, worin Rüiwen stehen vorbei ergangt.

3. ein Schaaff-Kammer, worin Ehar Rüiwen vorbei.

4. Ein Klein Backhauß.

5. Bey solchem Wohnhauß ist ein Garten.

6. Weiter zwey Kirchen Stühle in der Rüidtshaftdoser Kirchen zu Osten der Cantzel zunechst dem Altar, als einen vor dem Pensionair des Hofes, und der andern vor den Knecht.

7. Noch eine Kirchen Stuhl zu Westen in der Landtskirchen welcher an der Egstandter Stuhl gesetzt, wovon die Helfte zu Hofe bey Rüiwen Kath gebraucht wird.

Abb. 13: Blatt 79. Das Inventarium des Hofes Lütjenhastedt.

[Blatt 79]
Inventarium.

Des Hofes Kleinen Harstedt genant, was alda jetzo verhanden und dabey gebraucht werden, an Gebäuden, Ländereyen, Wischen, Holtzungen und Fischereyen. Als Erstlich

    Gebäude.

1. Daß Wohnhauß von unten biß zum Schorstein 10 Fach groß, wovon die zwey Obersten Fächer mit Bretter gestrichen; ausser dem noch 2 Fächer zu denen Logimenten und eine angebaute Kammer.
2. Das Vieh Hauß, etwa 10 Fach lang, mit so genannten Schleten,[208] aber keinen festen Boden beleget.
3. Die Schaaff-Scheune, worin gar keinen Boden.
4. Ein klein Backhauß.
5. Bey diesem Wohnhauß ist ein Garten.
6. Weiter zwey Kirchenstühle in der Süderhastedter Kirche zu Osten der Kantzel zunegst dem Altar, als einen vor dem Pensionair[209] des Hofes, und den andern vor deßen Frau.
7. Noch ein Kirchenstuhl zu Westen in der Lorentius Kirche, welcher an der Eggstedter Stuhl schießet, wovon der Helfte jetzo bey Kleinen Rade gebraucht wird.

[Blatt 80]

8. Mehr ein Frauen Kirchen Stuhl an der Norderseite als der zweite von Osten, worinnen aber **Hein Krogmann** und **Johann Gude** mit gehören.

  Pfugländereyen, welche jetzo besäet
5 stück aufn **Junckernfelde**,[210] Junckern Land zu Norden
27 stück klein und groß auf den so genanten **Rohwinckel**[211]
8 Blöcke aufm **Lehmsieck**[212]

---

[208] Slet = Verschleiß. Schleten sind lange dünne Äste, die statt Bretter in Scheunen oder Ställen verlegt werden.
[209] Hier wird also nicht mehr der Besitzer, der Herr des Hofes angesprochen, sondern der Pächter.
[210] Junkersfeld und Junkerswisch sind Flurnamen in der Kleinhastedter Feldmark. Siehe Wegemann S. 52.
[211] Rawinkel. Flurname in Kleinhastedt. Siehe Wegemann S. 52.

26 Stücke aufm **Gehthöcken**[213] genandt
18 Stück aufm **Schwartzen Berg**[214] so aber mit in einige kleine Blöcke bestehen
10 Blöcke auf den so genanten **Mühlen Camp**[215] zu Süden der Mühle
10 Stücke zu Osten dem Hofe liegend, woran **Hartig Veerß** in Süderhastedte zu Norden benachbahret.

      Pflug-Ländereyen, so jetzo nicht besäet.
2 Stück auf **Junckers Feld**, **Micheel Bahr** in Süderhastedt zu Norden benachbahret
2 Stück daselbst, **Hans Kroogmann** zu Norden
1 Stück allda, **Jürgen Nordmann** an beeden seiten benachbahret
2 Stück noch allda, **Marten Vos** zu Norden benabert
[Blatt 81]
2 Stück mehr da Pastorats Land zu Norden
2 Stück weiter allda **Thoms Busch** zu Norden
11 stück zu Westen aufm so genanten **LehmSieck**
4 kleine Blöcke auf dem so genanten **Elm**,[216] Kirchen Land zu Norden
19 stücke auf **Geht Höcken** [Geesthäcken] genandt
12 stücke aufm schwartzen Berg genandt
18 kleine Blöcke so der **Kiel**[217] genandt wird
13 Stück zu Norden der Mühlen
10 Stück auf dem so genandten **Galgen-Camp**,[218] der Süderhastedter Gemeine Weide benorden Benachbahret.

---

[212] Flurname in Kleinhastedt. Siehe Wegemann S. 52.
[213] Geesthäcken. Flurname in Kleinhastedt. Siehe Wegemann S. 52.
[214] Schwartenbarg. Flurname in Kleinhastedt. Siehe Wegemann S. 52.
[215] Mühlenkoppel. Flurname in Kleinhastedt. Siehe Wegemann S. 52.
[216] Der Elm gehört zu Süderhastedt, nicht zu Kleinhastedt. Elm = Ölm = elf.
[217] Kiel ist ein Flurname in Kleinhastedt. Siehe Wegemann S. 52.
[218] Galgenkamp ist ein Flurname in Kleinhastedt. Siehe Wegemann S. 52.

Nun folgen einige genaue Angaben zu Wischland.

Dabei zählt in Süderdithmarschen

1 Morgen = 15 Scheffel = 600 (Quadrat-)Ruten ≈ 1,35 ha

          1 Scheffel = 40 (Quadrat-)Ruten ≈ 0,09 ha = 9 Ar

1 Rute ≈ 22,46 m^2 = 16 Quadratfuß

1 Fuß ≈ 1,4 m^2

1 Tagwerk ≈ 0,53 Morgen = 0,72 ha

Es lässt sich aus den auf Seiten 81-83 ermittelten Größenangaben die Größe eines Tagwerks ermitteln zu durchschnittlich 0,53 Morgen ≈ 0,72 ha. Die zehn Angaben für 1 Tagwerk schwanken dabei von 0,41 Morgen bis 0,62 Morgen; acht Angaben liegen aber ziemlich einheitlich zwischen 0,53 und 0,62 Morgen, lediglich zwei Angaben fallen mit 0,44 bzw. 0,41 Morgen heraus.

An Wischland alß

- Erstlich 6 Tagwerck in der so genandten **Döse**,[219] woran **Claus Staeck** aus Fredstedt zu Süden benachbahret, ist ohne graben groß 2 Morgen, 9 Scheffel, 23 Ruten, 15 Fus[220]

- 8 Tagwerck in den so genandten **Bollen Krüge**.[221] **Casper Kühl** aus Fredstedt zu Westen der **Harstedter Hoff Damm**[222] zu Norden, so mit bey dessen Krug gemeßen gros ohne graben 4 Morgen, 7 Scheffel, 5 Ruten, 2 Fus.[223]

- 4 Tagwerck ohngefehr, der **Stückkrug**[224] genandt, welche aber von dem **Pferde-**

---

[219] Döse ist ein Flurname in Kleinhastedt, siehe Wegemann S. 52.
[220] In Süderdithmarschen sind diese 6 Tagwerke = 2,64 ≈ 3.56 ha.
[221] Krog ist ein Flurname in Kleinhastedt, siehe Wegemann S. 52.
[222] Hofdamm ist ein Flurname in Kleinhastedt, siehe Wegemann S. 52.
[223] Diese 8 Tagwerke sind also = 4,48 Morgen ≈ 6,05 ha..
[224] Stückenkroog ist ein Flurname in Kleinhastedt, siehe Wegemann S. 52.

[Blatt 82]
Mohr[225] vor einigen Jahren abgekleyet und anitzo zu mehen gebraucht, wird gros ohne graben 4 Morgen, 1 Scheffel, 29 Ruthen, 3 Fus.[226]

- 12 Tagwerck in der so genandten **Duwenwisch**, **Claus Strufe** in Süderhastedt zu Nordwesten benachbahret, und vorige wische zu westen, gros ohne graben 7 Morgen, 6 Scheffel, 33 Ruthen, 4 Fus.[227]

- 21 Tagwerck in der so genannte **große wische Hastädter wischen** zu Norden;[228] als 8 Tage zu westen darin, woran die **Döse** zu Süden und die Pastorats und **Micheel Bahren-wische** zu Norden, wie auch letzter zu Osten ist, so weit sie sich ohne graben erstrecket, gros 4 Morgen, 5 Scheffel, 14 Ruthen, 14 Fus.[229] Dann 1 wehr ohngefehr 9 Tagwerck, **Peter Strufe** zu Süden und **Micheel Bahr** zu Westen, gros 4 Morgen, 9 Scheffel, 25 Ruthen, 6 fus.[230] Ferner 8 tagwerck, wovon nur die Helffte nach dem Hofe gehören, und **Peter Strufe** und **Dirck Fölster** die ander Helffte, und von jahren zu Jahren der Öster- und Wester-ende miteinander umbgehend und Verwechselt wird, das **Pferde Mohr** zu Osten und der **Räthen Beck** zu Norden, gros ohne graben in alles 4 Morgen, 3 Scheffel, 29 Ruthen, 1 fus. Davon ist die Helffte 2 Morgen, 1 Scheffel, 34 Ruthen, 8 fus.[231]

[Blatt 83]
- Mehr 8 tagwerck, vorige zu Norden und der **Hoffdamm** zu Süden, und **Peter Strufe** zu Westen, ist ohne graben gros 4 Morgen, 3 Scheffel, 36 Ruthen, 15 fus.[232]

- 4 Tagwerck in die **Bornholtzwische** genandt, **Fredstädter Kirchweg** zu Süden, ist so weit sie sich ohne graben erstrecket gros befunden 2 Morgen, 6 Scheffel, 14 Ruthen, 8 fus.[233]

---

[225] Das Pferdemoor ist ein Flurname in Kleinhastedt.
[226] Diese 4 Tagwerke sind also = 2,12 Morgen ≈ 2,86 ha. Die Angabe 4 Morgen ist auf 2 Morgen korrigiert.
[227] Diese 12 Tagwerke sind also 7,48 Morgen ≈ 10,1 ha.
[228] Diese 21 Tagwerke setzen sich zusammen aus 8 + 9 + 4 Tagwerken.
[229] Diese 8 Tagwerke sind also 4,36 Morgen ≈ 5,88 ha.
[230] Diese 9 Tagwerke sind also 4,99 Morgen ≈ 6,73 ha.
[231] Diese 4 Tagwerke sind also 2,12 Morgen ≈ 2,87 ha.
[232] Diese 8 Tagwerke sind also 4,27 Morgen ≈ 5,76 ha.
[233] Diese 4 Tagwerke sind also 2,37 Morgen ≈ 3,27 ha.

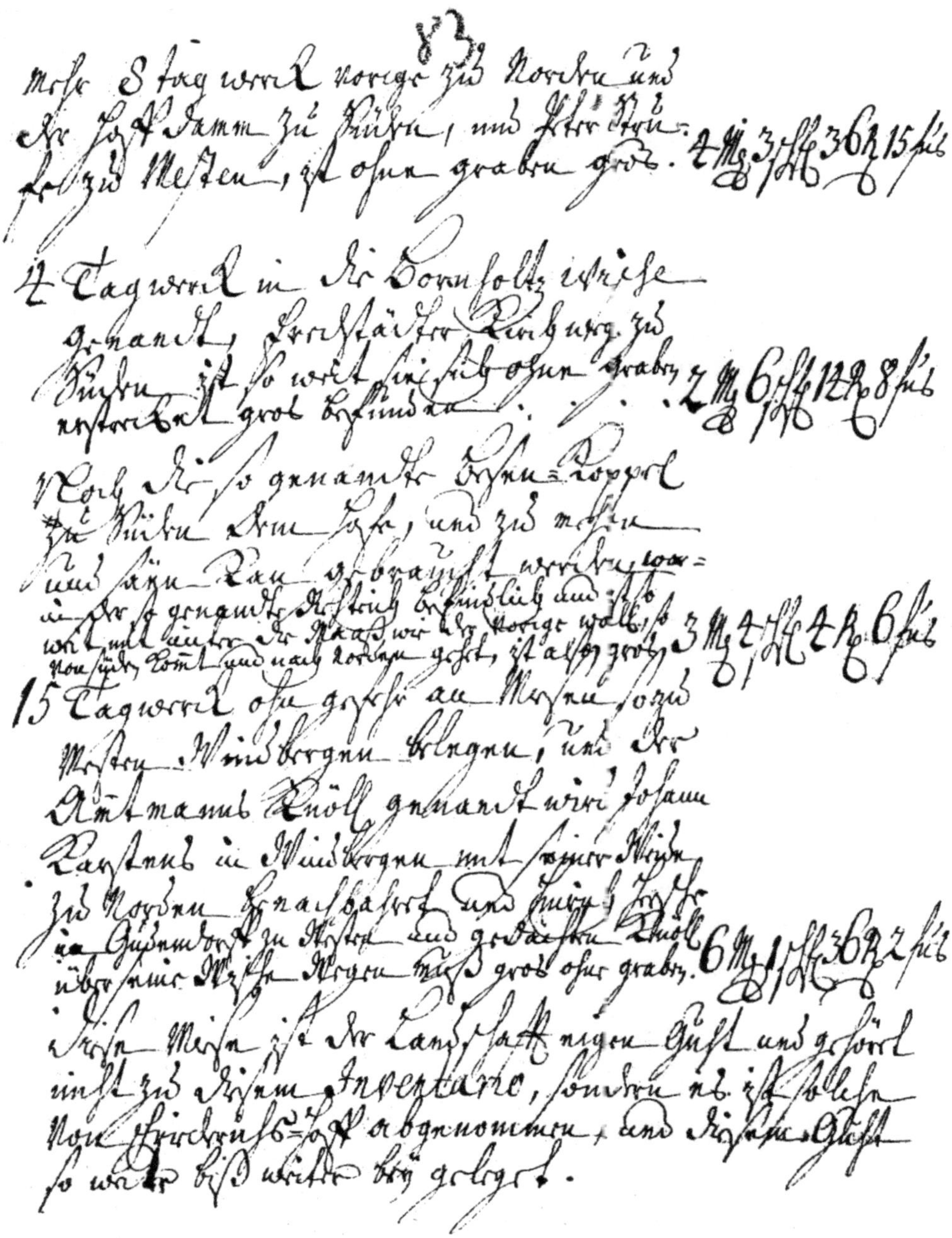

Abb. 14: Blatt 83, mit Größenangaben in Morgen, Scheffel, Ruten und Fuß; Tagwerke.

- Noch die so genandte **Besen-Koppel** zu Süden dem dem Hofe, und zu mehen und sayn kan gebraucht werden, worin der so genandte **Rehteich** befindlich, und ist so weit mit unter der Maaß, wie der vorige wall, so von Süden kommt und nach Norden geht, ist also gros 3 Morgen, 4 Scheffel, 4 Ruthen, 6 fus.

- 15 Tagwerck ohngefehr an Wiesen, so zu Westen Windbergen belegen, und der **Amtmanns Knöll**[234] genandt wird, **Johann Karstens** in Windbergen mit seiner Weide zu Norden benachbahret, und **Hinrich Heesche** in Gudendorff zu Westen, und gedachten **Knöll** über seine Wische wegen muß, gros ohne graben 6 Morgen, 1 Scheffel, 36 Ruthen, 2 fus.[235]

Diese Wiese ist der Landschafft eigen Guht und gehöret nicht zu diesem Inventario, sondern es ist solche von **Friedrichs-Hoff** abgenommen und diesem Guht so weiter biß weiter bey geleget.

[Blatt 84]
An Holtzungen

Als erstes alles Holtz, so auf der zugehörigen Feldmarck verhanden.
Noch ein Ort Busch, der **Harm-Busch** genandt, **Marten Vos** zu Osten benachbahret.
Weiter fünff kleine Büte Holtzes zu Leersbüttel und Röster Feldmarck belegen, als
  Eine Büte zu Osten an **Nielande** belegen, woran **Timm Hennings** zu Lehrbüttel benachbahret.
  Eine Büte, ein wenig wieder zu Osten, **Johann Kuhlmann** in Lehrsbüttel zu Westen, und **Johann Peters** in Bargenstedt zu Osten benachbahret.
  Eine Büte bey der **Lindhorst**, **Andrees Schröder** in Odderade besüden, und **Dethleff Peters** zu Varnwinkel zu Norden benachbahret.
  Eine Büte bey der Koppel, **Claus Holling** zu Osterwold besüden und **Jürgen Lobeck** in Melldorff zu Norden benachbahret.
  Noch eine Büte zwischen die beeden Koppeln, **Carsten Wittmak** in Odderade zu Westen, und **Hinrich Martens** aus Odderade zu Norden benachbahret.

---

[234] Wegemann nennt auf S. 52 einen Flurnamen „Knöll" zu Kleinhastedt.
[235] Diese 15 Tagwerke sind also 6,13 Morgen ≈ 8,27 ha.

Von diesen vorgesetzten Kleinen Hastedter Hoff wird nach des Häuers Manns **Dirck Dühren** Bericht an den

[Blatt 85]
Prediger zu Süderhastedt jährlich 1½ Tonnen Rocken gemeßen, wovon aber in dem alten Inventario nichts befindlich.

    An Fischereyen.
Als erstlich ein großer und kleiner Teich nahe am Hofe so nicht besetzet.
Mehr einen großen Teich zu Südosten der **Bornholtzwische**,[236] so ebenfals nicht besetzet.
Weiter die **Schaffaue**[237] in der Windberger See fließend.
Dennoch ein Aelwehr in der Wollmersdorffer Aue, so allernegst dem Windberger See lieget, und gibt an Hauer, nach einem mit H. Baltzer Hans von Buchwald gemachten Vergleich vom 7. Maii 1660 jährlich 2 Mark C[ourant].
Weiter zu Osten dem Hofe eine Wind Mühle, wobey eine kleine Kahte, worinnen der Müller seine Wohnung hat, wobey einen kleinen Kohl Hoff[238] verhanden.

[Blatt 86]
    An Pflugland, so von den Hoff dabey geleget und jetzo besäet.
2 Stück zu Süden der Mühle
3 blöcke, so von Osten aufm Kohl Hoff schiesset
3 blöcke noch zu Westen der Mühlen
1 stück weiter zu Norden der Mühle
    So halb besäet
1 klein block annoch zu Süden dem so genandten **Harnbusch**, so nicht besäet, **Hans Krogmann** zu Süden
1 klein block noch allda, **Hans Krogmann** zu beeden seiten.

---

[236] Flurname in Kleinhastedt. Siehe Wegemann S. 52.
[237] Flurname in Süderhastedt. Im Zusammenfluss bilden Frestedter Au und Weddelbek (Krumstedter Au) die Schafau, die in den ehemaligen Windberger See fließt, und als Süderau südlich Meldorf weiterfließt. Siehe Wegemann, S. 53.
[238] Gemüsegarten.

Noch wird dem Müller jährlich in seine Häuer vom Hofe 4 tagwerck wischen, der **Streit Krug** genandt, zur Winter Fütterung seines Viehes zu mehen und einzuernten überlaßen.

Überdem hat der Müller einbedungen, sein Vieh, so in 4 a 5 Stück bestehet, jährlich freye Weyde und Hütung zu verschaffen.

Vor erwehnte Mühle und Mühlen Hauß nebst dabey wie vorhero specificiret, ist jährlich an Hauer bezahlt vorhin 75 Mark C[ourant]

Der jetzige Besitzer gibt 100 Mark Courant.

Die Besitzungen in Krumstedt

Nachdem auf Blättern 26-30 die Katen und Häuser und auf Blättern 31-68 die 187 Landstücke des Kleinhastedter Hofes in der Krumstedter Feldmark, mit ihren Nachbarn und den Pächtern, beschrieben wurden (aus den Jahren um 1680), folgten auf Blättern 80-86 die Pfugländereien, Wiesen, Holzungen und Fischereien, diesmal mit Größenangaben in Morgen, Scheffel, Ruten und Fuß. Nun folgt auf Blättern 87-122 erneut eine „Spezifikation der Ländereien und Wiesen" in der Krumstedter Feldmark, geordnet nach den Pächtern, unterschrieben am 3. März 1734, also bereits lange nachdem Baltzer Hans von Buchwaldt den Hof Hastedt an die Landschaft Süderdithmarschen verkauft hatte.

[Blatt 87]   Specification

derjenigen Ländereyen und Wiesen, so in Krumstedter Feldmarck belegen und nach Kleinen Hastedt gehören, sind folgende. Alß erste

Jochim Kröger

an Pfugländereyen, so besäet.

2 ½ stück aufn Dröchhöhen,[239] Claus Peter zu Süden
1 stück auß die Wester Heide, Claus Mansfelt zu Süden
1 stück auf Hammers Acker, Peter Strufe zu Süden
1 stück noch allda, gleichfals Peter Strufe zu Süden
1 stück auf dem Dollmers Blöcken, Wulff Wittmack zu Westen
1 stück aufm Thum Ackern, Tewes Kröger zu Süden
1 stück allda, Karsten Karstens zu Süden
3 Stück noch allda, so berichtet wird, daß es vor diesen 4 sollen gewesen seyn, Hans Claußen zu Süden
2 stück aufm Elleckern [Ehläcker] genant, Dethleff Hanßen zu Süden
1 stück auf Langen Streng, Clauß Tede zu Süden
1 stück daselbst, Peter Strufe zu Süden
1 stück allda, Dethleff Hanßen zu Süden

---

[239] Wegemann S. 58 nennt für Krumstedt ein „Dreschön" oder „Drei Schön".

[Blatt 88]

1 stück weiter da, Karsten Karstens zu Süden
1 stück aufm Suhlzähr, Dethleff Strufe zu Westen
1 stück zu Norden dem Dorff, Dethleff Strufe zu Süden
1 stück allda, Wulff Wittmack zu Süden
1 stück ferner da, derselbe gleichfals zu Süden
1 stück noch da, Claus Teedens zu Süden

    unbesäete Ländereyen

1 stück Auf die Lohe, Hans Claußen zu Süden
1 stück noch allda. Hans Claußen gleichfals zu Süden
1 stück aufn Porten, Tewes Kröger zu Süden
1 stück aufn Gehrn, derselbe zu Westen
1 stück auf Langen argen Acker, Claus Peters zu Westen
1 stück aufn Kurtzen argen Acker, Peter Strufe zu Westen
1 stück daselbst, Karsten Karstens zu Westen
1 stück allda, Dethleff Hanßen zu Westen
2 stück aufn Kühl Blöcken, Johann Kleen zu Westen
1 stück aufn Timmerfahrs acker, Johann Kleen zu Süden
1 stück aufn Wollmers Ackern, Dethleff Hanßen zu Süden
2 stück allda, Claus Tede zu Süden

[Blatt 89]

    Wischländereyen

1 Wehr in der großen Klampwische, Hinrich Vehrs zu Westen
1 Wehr allda, Hinrich Vehrs zu Osten
1 Wehr in der Kleinen Klampwische, Hinrich Vehrs zu Osten
1 Wehr in seinen Kruge, Johann Kleen zu Westen
1 Krug, der GrasmohrsKrug genant, Dethleff Hanßen zu Süden
1 Wehr im Hüner Krug, Peter Strufe zu Osten
1 klein Wehr besüden den Damm, Wulff Wittmack zu Westen
1 klein Wehr allda, Claus Peters zu Osten

[Blatt 90]

1 Wehr aufn Nehs Hemm, Johann Kleen zu Westen
1 Wehr allda, Wulff Wittmack zu Westen
1 Wehr aufn Schlagen, Dethleff Strufe zu Westen

1 Wehr auf der Langen Wisch, Dethleff Hanßen zu Westen
1 Wehr allda, Wulff Wittmack zu Westen
1 Klein Wehr in dem Bläncken Ohrt, alß bißher 5 schriht
1 Klein Wehr zu Westen Katzenburg, Dethleff Hanßen zu Osten.
Von diese vorgesetzte und Specificirte PflugLändereyen und Wiesen gibt Jochim Kröger anjetzo an Klein Harstett jährlich an Hauer $10^1/_{16}$ Tonnen Rocken.

[Blatt 91] **Tewes Kröger**

Pflugländereyen, so besäet.

1 stück aufn Lindfarren genant, woran Häurer selbst zu Westen benachbahret
1 stück aufn Hammers Ackern, Hinrich Vehrs zu Süden
1 Karfstück allda, Karsten Karstens zu Süden
1 stück aufm Langen Streng, voriger wieder zu Süden
1 Anschus aufn Ehl Ackern, Hinrich Vehrs zu Süden
1 stück aufm Kurtzen Strenge, Hans Claußen zu Süden
1 stück bey dem Sahls Berge, Claus Peters zu Osten
1 stück zu Westen dem Dorff, Karsten Karstens zu Süden
1 stück zu Norden dem Dorffe, Hans Claußen zu Norden
1 Karffstück der Wester ende auf Lanken, Karsten Karstens zu Norden

    Pflugländereyen, so nicht besäet.

1 stück auf der Lohe, Häuer selbst zu Süden
1 stück aufn Timmerfahrs Acker, Claus Teedes mit Junckern Land zu Westen

[Blatt 92]

1 stück auf Wollmers Acker, Hinrich Vehrs zu Norden

    Wischland.

1 Wehr aufm Hölln, Hinrich Vehrs zu Osten
1 Wehr auf die Lange Wisch, Claus Claußen Mannsfeld zu Westen
1 Wehr auf die Kurtze Wischen, Hinrich Vehrs zu Westen
1 Wehr allda, Clauß Ife zu Westen
1 Wehr aufm Schlagen, voriger auch zu Westen
1 klein Wehr auf Nähts Hemm, Johann Kleen zu Westen
1 Wehr allda, Hans Claußen zu Osten

1 klein Wehr in der Katzburg

[Blatt 93]

    ferner, so unbesäet.

1 stück aufn Poten, Karsten Karstens zu Süden
1 stück auf Langen Argen Acker, Peter Strufe zu Westen
1 stück aufm Wollmers Ackern, Dethleff Hanßen zu Süden

    Wischland.

1 Klein Wehr im im Bläncken Ort, alß biß hirzu 6 Schriht
1 Klein Wehr aufm Darrjen, Wulff Wittmack daran benachbahret, und jährlich mit ihm umbgehet
1 Klein Wehr vor dem Hempen See zu Norden, Hinrich Vehrs zu Süden
1 Wehr an dem Kurtzen Damm, Häurer selbst zu Westen
1 Wehr besüden den großen Damm, Clauß Peters zu Westen
1 Wehr allda, Johann Kleen zu Westen

[Blatt 94]

Vorgedachte Wischen sollen nach Häurers aussage ohngefehr in 2½ Tagwerck bestehen.

Von diese vorhero beschriebene Pfugländereyen und Wiesen misset der Häuermann Wulff Wittmak an Kleinen Harstedt 25 Tonn Rocken.

Bey vorgeschriebenen Pflugländereyen und Wiesen von Krumstedt, doch der erste als Jochim Kröger nur nach den andern Beeden proportionirlich und nicht alles, ist noch verhanden ein klein Hauß von der großen Thür bis an denen Stuben 4 Fach, wovon die obersten beeden mit einen Lehm Boden versehen und hinten mit zwey Stuben nebst eine kleine Küche dazwischen, welche gleichfals mit einen Lehmboden beleget, wobey auch eine Meente verhanden.

Dann zu Norden dem Hause ein Kornhoff, wobey auch nur ein kleiner Kohlhoff.

Dann noch eine so genandte Coppel zu Süden dem Hause.

[Blatt 95]

Wegen vorhero beschriebenes Gebäude zunebst die dabey gedachte Höfe und Coppeln werden jährlich von denen Häurern als **Jochim Kröger**, **Tewes Kröger** und **Wulff Wittmak** an Kleinen Harstedt bezahlt 19 Mark C[ourant].

Hinrich Vehrs

Pfluglandereyen, so besäet.
2 stück in einer Föhr aufm Blöcken, Tewes Kröger zu Osten
1 stück aufn Hammers Acker, Wulff Wittmak zu Süden
1 stück allda, Häurer selbst mit eigen Land zu Norden
1 stück noch allda, Claus Ive zu Norden
1 stück aufn Langen streng, Karsten Karstens zu Norden
1 stück daselbst, Wulff Wittmak zu Süden
1 Karfstück allda der Öster ende, Karsten Karstens zu Süden
1 stück noch allda, Tewes Kröger zu Norden

[Blatt 96, 97, 98 nicht abgeschrieben]

[Blatt 99]

Wegen vorgeschriebene Pflug Ländereyen und Wiesen, so Hinrich Vehrs in Häuer, misset[240] er jährlich an Kleinen Harstedt 8 Tonn Rocken.

Dethleff Hanßen

an Pflugland, so besäet.

[Blatt 100 nicht abgeschrieben]
[Blatt 101 nicht abgeschrieben][241]

[Blatt 102]

Vor gesetzte Wiesen sollen nach des Häuermannes Dethleff Hanßen Aussage 4½ Tagwerck groß seyn ohngefehr. Wegen vor gesetzte Pflug Ländereyen und Wiesen, so Dethleff Hanßen in Häur hat, misset er an Kleinen Harstedt jährlich 6 Tonn Rocken.

---

[240] Wiederholt verwendeter Begriff im Sinne von entbehren, bezahlen.
[241] Quer zur Leserichtung steht auf Seite 101, sehr groß geschrieben, Peter Reimers.

[Blatt 103] **Clauß Teedens**

Ein Hauß, welches anjetzo das verhanden Wirhts Haus daselbsten ist, welches von der großen Thür biß an die hinten angebauten kleinen Kammern 6 Fach, und hinten zwey kleine Kammern, und forne eine Stube nebst einer Küche, wovon die Stube mit einen festen Boden beleget, nebst der Küche mit einem Lehmboden, dabey ein Kohlhoff und einer halben Meent-Gerechtigkeit, in Heyde Weyde und Mohren, wofür jährlich an Häuer nach Klein Harstedt bezahlt worden 9 Mark 13 Schilling.

[Blatt 104, 105, 106, 107 nicht abgeschrieben]

[Blatt 108]

vorgesetzte Wiesen, so Claus Teedens in Häur hat, hat derselbe nach seiner Aussage ohngefehr gesetzet auß 8 Tagwerck, vor vorerwehnte Pflugländereyen und Wiesen misset obgedachter Häuersmann jährlich an Häur nach Kleinen Harstedt mit der halben Meente 6 Tonn Rocken.

Mehr bezahlt er noch vor ein Ort Mohr, sonsten die Weddel Wische genandt, jährlich an Haur 6 Mark C[ourant].

NB. So vor diesem viele jahr an **Dirck Gribbohm** in Süderhastedt verhäuert gewesen jährlich vor 5 Mark C[ourant].

Johann Kleen.

Pflugländereyen, so besäet.

1 stück auß Hammersacker, Dethleff Hanßen zu Süden
1 stück aufm Lintfarn Land, Debmann zu Westen
1 stück allda Wulff Wittmaeck zu Westen

[Blatt 109]

1 Stück aufm Spötje Blöcken, Claus Theedens zu Westen
1 Stück aufm Lancken, Ties Mansfeld zu Süden
1 Stück aufm Ostdahl, Dethleff Hanßen zu Süden
1 Stück daselbst, Dethleff Hanßen zu Süden.

Ferner, so nicht besäet.

1 Stück auf Wollmersacker, Tewes Kröger zu Süden

Wischländereyen.

1 Wehr[242] im Neuen Kruge, Junckern Wisch auf beeden seiten
1 Wehr in der Katzeburg, Juncker Wisch auf beeden seiten
1 Klein Wehr hinter der Kurtzen Wisch, Hans Claußen zu Osten
Vorher Specificirte Pflugländereyen und Wiesen, so gedachter Johann Kleen in Häur hat, davor misset er an Kleinen Harstedt 2 1/4 Tonnen Rocken.

[Blatt 110]

Dethleff Strufen Wittwe,

deren Hauß, so mit nach Kleinen Harstedt, und dieselbe nebst den Pflugländereyen und Wiesen in Haur hat, welches von der großen Thür biß an dem Piesel[243] 7 Fach, und der Piesel 4 Fach, nebst zu Süden gebaute Stube, wovon 2 Fach auß der Dehlen mit einen festen Boden versehen zunebst der Stube, der Piesel aber auch mit alte Brettern überleget, doch nicht fest, wobey auch ein Kohlhoff[244] und eine Meente.

Pflugland, so besäet

3 stück aufn Blöcken, so in einer Föhr liegen, Peter Strufe zu Westen
1 Block daselbst, Tewes Kröger zu Westen
1 Block allda, Jochim Kröger zu Westen
1 Block mehr da, Hans Claußen zu Westen
1 Block noch da, Jochim Kröger zu westen
2 Blöcke ferner da in einer Föhre, Wulff Wittmack zu Norden.

[Blatt 111, 112, 113, 114, 115, 116 nicht abgeschrieben]

[Blatt 117]

Vorher beschriebene Wiesen sollen nach Häurerin eigen Aussage ohngefehr 18 Tagwerck groß seyn. Vor vorherstehende Pflugländereyen und Wiesen nebst Hauß, Kohlhoff und Meente misset sehligen Dethleff Strufen Wittwe an Kleinen Harstedt jährlich an Hauer 19 Tonnen Rocken.

---

[242] Als Wehr bezeichnet man schmale Wiesenstreifen zwischen Äckern, deren Grenzscheiden nur durch Steine oder Pfähle am Ende angedeutet sind.
[243] In Süderdithmarschen oft „Pisel" statt „Pesel".
[244] Gemüsegarten.

Peter Strufe.

Deßen Hauß, so auch mit zu Kleinen Harstedt gehört und fünff Fach auf der Diehlen, wovon 2 Fach mit einen Lehmboden beleget, zu negst auch eine Stube, wobey eine kleine Küche, welche beede auch gleichfals mit einen Lehmboden versehen, wobey dann auch ein Kohlhoff, mithin eine Coppel zu Norden Hause, und eine Meente.

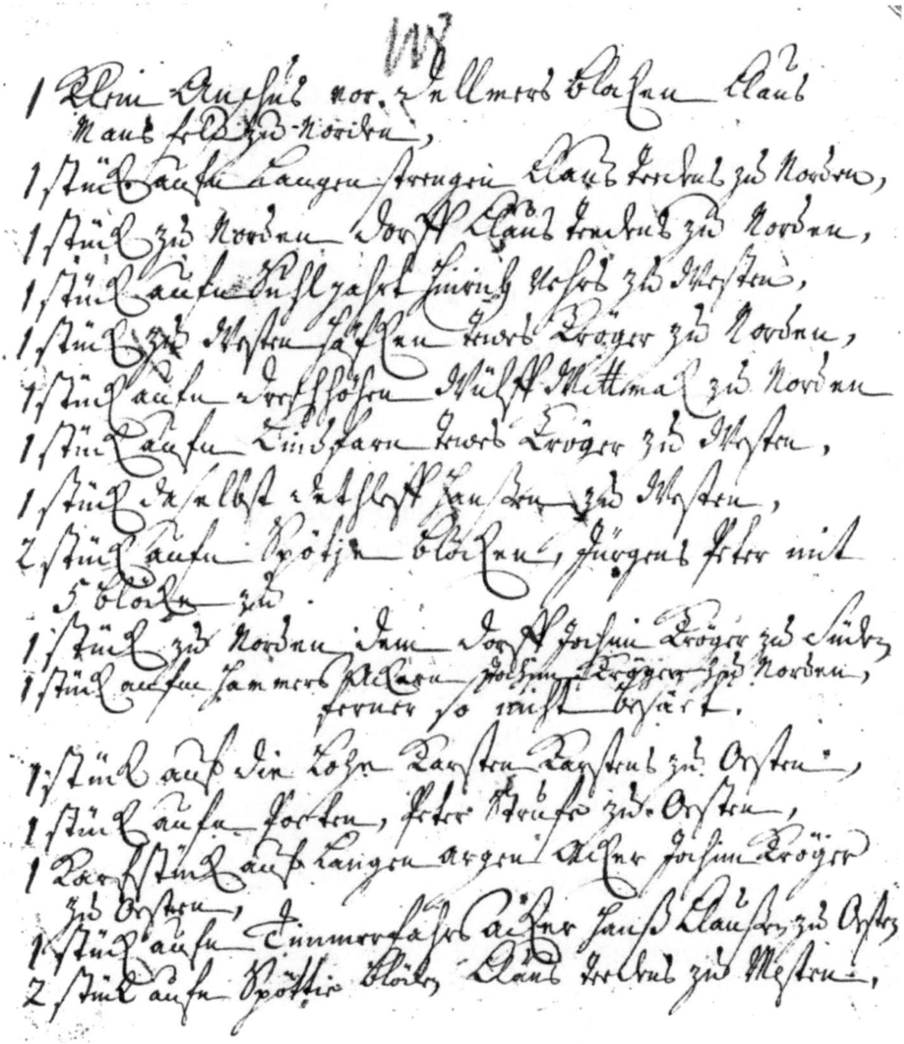

Abb. 15: Blatt 118, Peter Strufe. Viele kleine Landstücke.

Pflugland, so besäet.

2 stück aufm Blöecken, Hans Claußen zu Westen
1 Block auf Dellmers Blöcken, Wulff Wittmack zu Osten

[Blatt 118]

1 Klein Anschus vor Dellmers Blocken, Claus Mansfeld zu Norden
1 stück aufn Langen strengen, Claus Teedens zu Norden
1 stück zu Norden Dorff, Claus Teedens zu Norden
1 stück aufn Suhljahrt [Sujeort ?], Hinrich Vehrs zu Westen
1 stück zu Westen Häfken, Tewes Kröger zu Norden
1 stück aufn Dorffhöhen, Wulff Wittmack zu Norden
1 stück aufn Lindfarn, Tewes Kröger zu Westen
1 stück daselbst, Dethleff Hanßen zu Westen
2 stück aufn Spötje Blöcken, Jürgens Peter mit 5 blöcken zu
1 stück zu Norden dem Dorff, Jochim Kröger zu Süden
1 stück aufm Hammers Ackern, Jochim Kröger zu Norden,

    ferner so nicht besäet.

1 stück auf die Lohe, Karsten Karstens zu Osten
1 stück aufn Porten, Peter Strufe zu Osten
1 Karfstück auf Langen argen Acker, Jochim Kröger zu Osten
1 stück aufn Timmerfahrs Acker, Hanß Claußen zu Osten
2 stück aufn Spöttie Blöcken, Claus Teedens zu Westen

[Blatt 119]

An Wischländereyen.

1 Wehr an der Klampwische, die Bauerschaffts Weyde zu Westen
1 Wehr zu Osten beym Broeck, Karsten Karstens zu Norden
1 Wehr auf der Langen Wische, Claus Peters zu Westen, num. 4, 4 Scheffel, 23 Ruten, 5 fus
1 Wehr zu Süden dem Damme, Hans Claußen zu Westen, num. 61, 3 Scheffel, 24 Ruten, 14 fus
1 Wehr in der Kleinen Clampwische, Tewes Kröger zu Osten
1 Wehr in der großen Clampwische, Junckerwisch an beeden seiten
Vorgesetzte Wiesen, so **Peter Strufe** in Haur hat, sind nach seiner aussage gros 3½ tagwerck

Peter Strufe misset vor vorher stehende Pflug- und Wisch-Ländereyen anstatt der Häur an Rocken nach Kleinen

[Blatt 120]

Harstedt jährlich mit der Meente 1½ Tonn
und dazu an Gelde jährlich 15 Mark C[ourant]
Dann vor den zu Norden dem Hause belegene runne Coppel auch 6 Mark C[ourant].

Clauß Kühl

Besitzet, so nach Kleinen Harstedt gehöret, Erstens das kleine Hauß, so 4 Fach auß der Diehlen, wovon 1½ Fach mit Lehmboden versehen und hinten eine Stube, woran eine kleine Küche, so ebenfals mit einen Lehmboden überleget, nebst einer halben Meente.

Pflugland, so besäet.

1 stück aufn Ehläckern,[245] Dethleff Hanßen zu Süden
1 stück auf der Wester Heide,[246] Jochim Kröger zu beeden seiten
1 stück aufn kurtzen Strenge,[247] Claus Mansfeld zu Süden num. 110
Dann 1 Wehr Wischland im so genandten Hilß Fehr,[248] Claus Teedens zu Westen, seiner aussage nach ¾ Tagwerck, ein Heidstück groß 8 Scheffel, 26 Ruten, 1 Fuß, $11^{5}/_{8}$ Finger.
Wegen vorhero Specificirte Kahte zu nebst den Kohlhoff

---

[245] Ehläcker ist ein Flurname in Krumstedt. Siehe Wegemann S. 58.
[246] Heide ist ein Flurname in Krumstedt. Siehe Wegemann S. 58.
[247] Kurtze Strenge ist ein Flurname in Krumstedt. Siehe Wegemann S. 59.
[248] Hilsfehr ist ein Flurname in Krumstedt. Siehe Wegemann S. 58.

[Blatt 121]

mit der Coppel und einer halben Meente als auch vorher stehende Ländereyen und Wiesen gibt Claus Kühl an Häur nach Kleinen Harstedt 16 Mark C[ourant].

An Hoff Dienste werden jährlich von dem Bauerschafft Krumstedt geleistet, und zwar von folgenden:

Claus Teedens, Peter Strufe, Claus Kühl, Jochim Kröger. Diese vier mehen jährlich ein jeder ein Tag Rocken, zunebst denen Bindern, auch muß ein jeder jährlich 2 Tage Torff graben, und 2 Tage Gras mehen.

Dethleff Strufen Wittwe, so aber nur jährlich einen Tag nebst einen Binder Rocken mehet, doch kein Graß noch Torff gräbet. Es ist aber zu wißen, das ihnen Essen und Trincken dabey zugegeben wird.

Daß wir zu Endes Benandte untergeschriebene die vorhero specificirte Pflug-Ländereyen und Wiesen nebst vorher geschriebenen Häusern und Hoffstätten, Meenten, wie sie es in Hauer und gebrauch haben, daß solches angesetzter massen sich alles all so richtig befindet, und von uns geliefert werden kann,

[Blatt 122]

solches thun wir mit unsern eigen händigen Nahmens Unterschrifft bescheinigen.

Kleinen Harstedt den 8 Martii Anno 1734.

[Die folgenden Namen stellen keine Unterschriften dar.]

Jochim Kröger, Claus Kröger, Wulff Wittmack, Johann Kleen, Peter Strufe, Claus Kühl, Beecke Strufen, Claus Teedens, Hinrich Vehrs, Dethleff Hanßen.

> Die hier aufgeführten Eintragungen beziehen sich auf eine Zeit nach Baltzer Hans von Buchwaldt, der ja den Hof 1660 pachtweise übernommen und 1677 gekauft hatte; er verkauft den Hof 1694 an die Landschaft Süderhastedt und tritt 1696 in Meldorf auf, wo er 1700 noch lebt.

Besitzungen in Burg

Es folgt eine Auflistung der Ländereien in Burg, auch sogenannte „Specification", in der die Pächter wieder einzeln genannt werden. Ein Datum erscheint auf Blatt 148 mit dem 16. Juni 1744, unterschrieben von einem Landmesser Dorn.

[Blatt 123]

Specification derjenigen Ländereyen und Wiesen, so in der Bürger Feldmarck belegen und nach Kleinen Harstedt gehören, wofür vor diesen an den Hoff an jährlichen Canon 37 Mark 12 Schillinge bezahlt worden, an jetzo und so lange der Hoff Kleinen Harstedt in Pension gewesen, aber an jährlicher Hauer 120 Mark C[ourant].

Pflugländereyen so besäet:

1 stück auf der Berg Lohe, Kirchen Land zu Süden
1 block daselbst, Johann Kröger zu Süden
1 Anschus allda, Johann Boje zu Westen
1 Block bey der Klamps lied, Johann Boje zu Westen
2 stück in einer Föhr auf Bruhn Lande, Dethleff Grabbe zu Westen
3 Stück vor dem Bötje, Hinrich Harms zu Westen
3 Stück zwischen den Kirchweg und Stiegweg, Jürgen Haelcke zu Norden
6 Blöcke so auf einander schiessen, auf den so genandten Rätje, der Landschaffts Busch so nach Friedrichs Hoff gehört zu Westen und Norden
1 klein Block auf den Wiesen, Marten Grand zu Osten
2 Blöcke zu Norden aufn Langen Hollm Kirchen Land zu Süden

[Blatt 124]

1 Block aufm Dwehr [?] Hollm, Eggert Hollm zu Osten
1 Stück daselbst, Kirchen Land zu Osten
2 blöcke aufn Siebenstücken, Kirchenland zu Westen
5 blöcke in der Coppel bey der Lehm Kuhlen, bauerschaffts Weyde zu Süden
4 Blöcke bey dem Bojen Teich in einer För, Hans Haelcke zu Norden
1 stück zu Norden der Coppel, Jürgen Haelck zu Norden
3 Blöcke aufn Placken, Hans Haelck zu Osten
1 Block zu Osten aufn Würden, Marten Grandt zu Osten
1 stück daselbst, Hans Haelcke zu Osten

Ferner so unbesäet

1 Block im Häfken Broock, Eggert Hollm zu Norden
1 Block auf der Berglohe, Hinrich Locht zu Norden
1 Block aufn Redder, Eggert Hollm zu Norden
2 Blöcke in Barthelt Peters Holtze, Eggert Hollm zu Osten
2 stück benedden dem Brickeler Wege, Hinrich Locht zu Norden
1 block oder gehrrn zwischen Buchholtzer und Brickeler Kirchweg, Jürgen Haelcke zu Osten
1 block allda, Eggert Hollm zu Osten
1 stück noch da, Hinrich Harms zu Osten
1 stück mehr da, Johann Kröger zu Osten

[Blatt 125]

1 stück ferner allda, Jacob Lohrt zu Osten
2 Blöcke weiter da, Jürgen Haelcke zu Osten
1 Block noch da, Dethleff Grabbe zu Osten
1 klein Anschuss oben den Buchholtzer Weg, Johann Boje zu Osten
1 Block, Hinrich Wulff zu Norden
1 stück mehr da, Hinrich Wulff zu Süden
2 Blöcke daselbst, Marten Grand zu Süden.

      Wischländereyen.

1 Wisch zu Norden der Hellmschen, der Waßerhemm genandt, Eggert Hollm zu Norden, ist ohne graben groß 1 Morgen, 13 Scheffel, 38 Ruten 13 fus
2 Kleine Wehr über der Hellmschen Brücke in Kröcken genant, wovon die Helffte Königs Guht, Marten Grandt zu Norden, groß 3 Scheffel, 7 Ruten, 15 fus, 13 finger
1 Wehr in Krumbögel unter denen Hollsteinischen Wiesen, woran Claus Berens in Wacken zu Westen der Auw zu (wofür 4 fus ausgeleget) osten, gros ohne graben 7 Scheffel, 9 Ruten, 7 fus

[Blatt 126]

1 Wehr im sogenandten Sprantwiesen, Kirchenwiese zu Westen benachbahret, zu norden aber ist die Burger Auwe, ist ohne graben gros 4 Scheffel, 2 Ruten, 12 fus

1 Wische in Reeth Hemm, Hans Haelcke Landesgevollmächtigter zu Süden, gros ohne graben 13 Scheffel, 2 Ruten, 2 fus

1 Wehr zu Osten an der Meente, Kirchen Wiese zu Westen und Hinrich Wulff zu Osten, ist ohne graben groß 6 Scheffel, 15 Ruten, 9 fus

1 Ohrt Wiese in der Neuen Wische, worin Eggert Hollm 16 Scheffel, 14 Ruten, 14 fus, 9 finger haben soll, und der Landschafft den Rest, ist also gros ohne graben 11 Scheffel, 2 Ruten, 12 fus, 5 finger

Noch 1 Ohrt Weide, die Poßwische genandt, worin zu beeden seiten als Oest und West ehmahls gepflüget gewesen, woran Johann Kröger und Hans Riecke zu Westen, Hans Martens und Hinrich Locht zu Osten, ist ohne graben gros 7 Morgen, 0 Scheffel, 4 Ruten, 6 fus.

Von dieser Poß Wische ist ehmahls ein Ohrt abgekleyet und in voriger Maaße nicht begriffen, woran die burger auwe zu süden langst gehet und desfals 4 fus frey ausgeleget, ist ohne graben gros 12 Scheffel, 39 Ruten, 13 fus, 4 finger.

Die Besitzungen in Bargenstedt

Die Blätter 127-138 enthalten erneut eine Detailauflistung. Sie sind hier nicht wiedergegeben. Auf Blätter 139-148 folgen wieder Detailaufstellungen in 52 Nummern, hier für Bargenstedt. Sie sind nicht wiedergegeben, nur die Summendarstellung.

[Blatt 147]

Steffen Niemann				Claus Boßels Wittwe				Hans Kühl			
No	Sc	Rut	fus	fgr	No	Sch	Rut	fus	fgr	No	Sch	Rut	fus	fgr
1	6	26	8	11 ³/₈	2	6	26	8	11 ³/₈	3	6	26	8	11 ³/₈
5	3	35	5	14 ¼	6	3	35	5	14 ¼	7	3	35	5	14 ¼
9	2	6	5	15 ½	11	3	25	3	1 ¹/₈	12	3	25	3	1 ¹/₈
10	3	25	3	1 ¹/₈	15	2	34	-	3	16	6	27	14	3 ¼
14	3	20	13	-	19	2	20	8	12	18	-	38	7	11 ¼
17	1	6	10	11 ½	21	-	39	-	13 ¾	23	1	37	11	10 ¹/₈
20	2	6	3	10 ½	26	1	22	1	13 ⁷/₈	30	3	10	7	4
22	1	34	3	15	34	-	34	9	8	31	3	26	8	-
27	2	17	13	10	36	1	3	3	13 ½	46	1	26	3	3
28	-	16	2	12	40	2	39	11	7 ½	48	4	22	13	6 ½
29	1	34	6	2 ³/₈	41	4	21	15	-	50	2	19	5	10
32	1	7	-	5 ¼	42	2	11	4	-	51	1	3	2	-
33	3	16	12	2 ⁵/₈	49	2	15	13	6	Su	40	19	10	10 ⁷/₈
35	1	26	7	2	Su	36	9	6	8 ³/₈					
37	-	30	8	12										
38	2	1	3	1 ½										
39	2	-	10	10										
43	2	7	14	10										
44	3	9	6	4										
45	1	26	3	3										
47	4	22	13	6 ½										
Hof 52	4	35	13	11 ½										
Su	57	14	10	12										

[Blatt 148]

Hans Hues oder Harder Boie				
No	Sch	Rut	fus	fgr
4	6	26	8	11 ³/₈
8	3	35	5	14 ¼
13	3	25	3	1 ¹/₈
24	4	14	6	8 ⁵/₈
25	1	12	14	6
Su	**19**	**34**	**6**	**9 ³/₈**

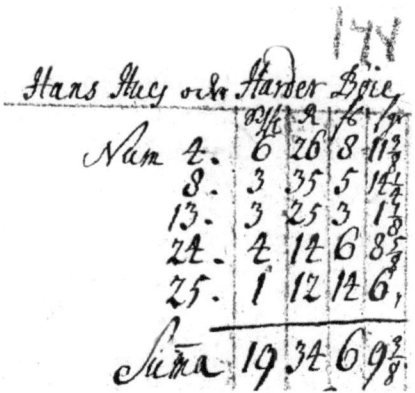

Abb. 16: Blatt 148. Summen für Hans Hues oder Harder Boie.

Unter Bargenstedt sind

		an Wischen	an Ländereyen			
Steffen Niemann, worunter			Sch	Rut	fus	fgr
Ties Tießen hat 1 Sch, 17 Rut, 0 fus, 3 fgr.		22	57	14	10	12
Claus Boßels Wittwe		13	36	9	6	8 ³/₈
Hans Kühl		12	40	19	10	10 ⁷/₈
Hans Hues oder Harder Boye		5	19	34	6	9 ³/₈
	Summa	52 Wehr	153	38	2	8 ⁵/₈

Daß diese eingeschriebene Maaß von den Bargensteter Wisch-Ländereyen von mir nachgesehen und richtig befunden worden, bezeuge solches auff folgende Unterschrifft. Melldorff den 16. Juny Ao 1744. Dorn Landmesser mppria.

[Blatt 149]

Von oberwehnte Ländereyen und Wiesen, so vorher Specificirter Massen in Bargenstedter Feldmarck belegen, werden von denen Häurern Jährlich ins gesammt nach Kleinen Hastedt an Rocken gemessen 25 Tonn

und die Meente und Hoffstett so a part verhäuret, seyn an geld vorhin 10 Mark, nachgehends 4 Mark 8 Schillinge, anitzo aber nur 4 Mark

dazu misset	Hans Kühl	6 Tonnen
	Clauß Boßels vor	6 Tonn
	Steffen Niemann	8 ½ Tonn
	Hans Hues anitzo Harder Boye	3 Tonn
und Ties Tiessen oder Johann Baltzer Busch		1 ½ Tonn
	machen	25 Tonn

und vor oberwehnte Meente und Hoffstedt gibt Steffen Niemann anitzo 4 Mark.

Besitzungen in Speersdiek

[Blatt 150]

Ferner hat Jacob Matthießen aufn Speerteich folgende Ländereyen und Wiesen in Haur, so bey Kleinen Hastedt gehören, alß

Pflugland

7 Blöcke zu Westen dem Hause, Hans Harders in Windbergen zu Osten benachbahret.

WischLändereyen

1 Wehr zu Osten den Mühlen Damm, Claus Rühmann zu Osten, und ist so weit sich Dieselbrohns Graben erstrecket, groß 7 Scheffel, 13 Ruten, 12 fus, 0 finger.

Den sogenandten Mühlen Teich zu Süden den Speerteich belegen, und denselben, so weit er sich jedoch ohne die Kleine Aue so dadurch gehet, ohne graben erstrecket 6 Morgen, 7 Scheffel, 5 Ruten, 9 Fus, 11 Finger, vor diese vorherstehende Ländereyen und Wiesen bezahlt Jacob Matthießen Jährlich nunmehro an Häur nach Kleinen Hastedt 21 Mark.

NB. Vor diesem hat es nur Jährlich an Häur gegeben 15 Mark 6 Schillinge.

[Blatt 151]

An Jährliche Häur (oder Canon, wie einige wollen) hat der Kleinen Hastedter Hoff jährlich zu genießen

von das Aelwehr in Wollmersdorffer auw jährlich	2 Mark
von der Mühle jährlich vorher 75 Mark, anitzo	100 Mark
von Kleinen Rade vorhin wie vorher zu sehen, nun mehro aber	108 Mark
von Jochim Kröger Rocken	10 $^{1}/_{16}$ Tonn
von Reimer Ive	2 $^{5}/_{6}$ Tonn
von Wulff Wittmack	2 $^{5}/_{6}$ Tonn
Dann geben oberwehnte 3 vor Claus Peters gewesenes Haus und Meente	19 Mark
von Hinrich Vehrs	8 Tonn
von Claus Peters, so Dethleff Hanßen vorhin gehabt	6 Tonn
Claus Teedens Witwe	6 Tonn 9 M. 13 Sch.
noch an Häur vor das Mohr und wische beym Weddel	6 Mark
Hans Kleen	2 ¼ Tonn
Aßmus Hanßen	19 Tonn
	56 $^{47}/_{48}$ Tonn 244 M. 13 Sch.

[Blatt 152]

Peter Strufe	1 ½ Tonn	21 M
Claus Kühl		16 M.
Johann Kühl in Bargenstedt	6 Tonn	
Clauß Boßels Witwe	6 Tonn	
Steffen Niemann	8 ½ Tonn	4 M. 8 Sch.
Hanß Hueß oder Harder Boye	3 Tonn	
Ties Tießen oder Johann Baltzer Busch	1 ½ Tonn	
für das Guht zur Burg		100 M.
Jacob Matthießen aufn Speersteich		21 M.
Summa	83 $^{23}/_{48}$ Tonn	407 M. 5 Sch

Am Freytag den 9. dieses Monats gedenken mein Sohn Peter und seine Braut Jungfer Margretha Maassen des itzigen ..lichen namens Jacob Maassen in Schaafstedt eheliche Tochter alhie in Claus Frahmsteinen Hause ein Hochzeits Mahl zu geben.

Hier wird eine sehr persönliche Mitteilung gemacht. Der Schreiber ist offensichtlich der Vater des Bräutigams, sagt allerdings seinen Namen nicht.

Das Erdbuch

3. Teil (Verkauf des Hofes 1743/44)

Die Besitzungen in Süderhastedt

[Blatt 153 beginnt wieder mit einer anderen Handschrift.]

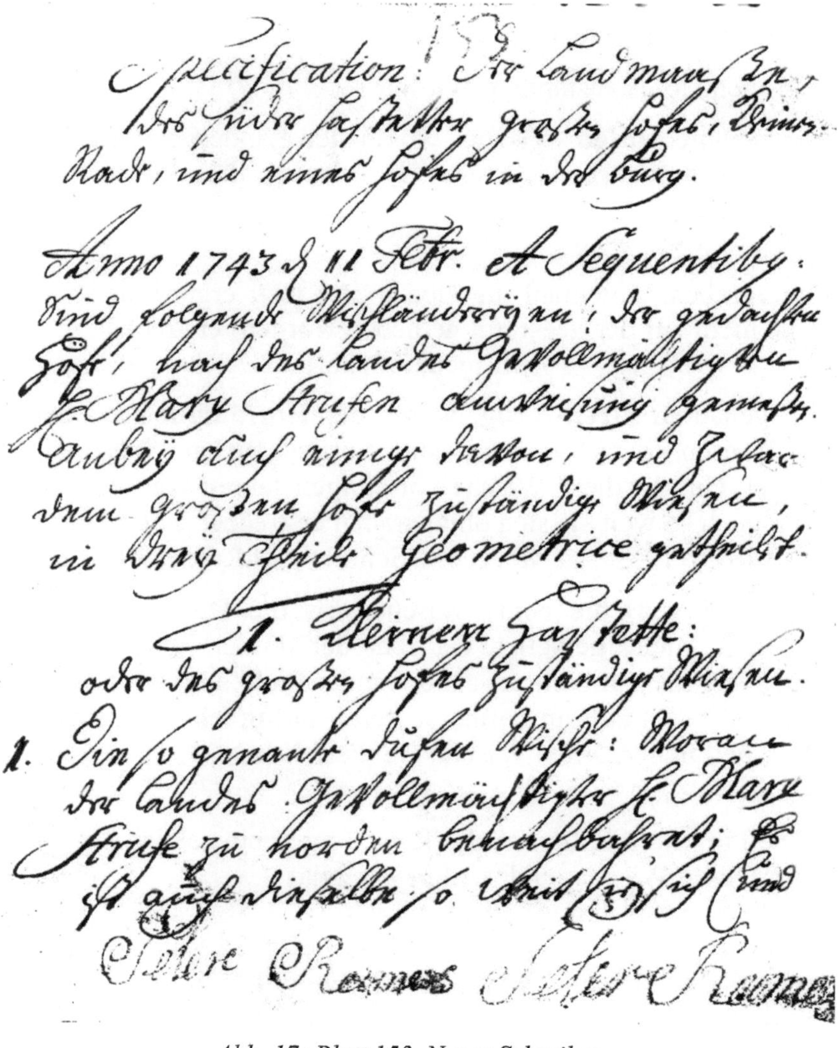

Abb. 17: Blatt 153. Neuer Schreiber.

Specification der Landmaaße des Süder Hastetter großen Hofes, Kleinen Rade und eines Hofes in der Burg.

Anno 1743 den 11. Februar A. Sequentibus Sind folgende Wischländereyen der gedachten Höfe nach des Landes Gevollmächtigten Herrn Marx Strufen anweisung gemeßen, anbey auch einige davon und zwar dem großen Hofe zuständige Wiesen, in drey Theile Geometrice getheilet.

1. Kleinen Hastette

oder des großen Hofes zuständige Wiesen.

(1) Die sogenante **Dufen Wische**, woran der Landesgevollmächtigte Herr Marx Strufe zu norden benachbahret. Es ist auch dieselbe so weit sie sich (und

[Blatt 154]

zuvor ohne graben, sintemahl dieselbe in der letzt ergangenen Königlichen Landmaaße nicht auf der geest mit gemeßen worden) erstrecket, in allen groß befunden   7 Morgen, 7 Scheffel. 33 Ruten, 4 fus, 4 ½ finger.

(2) Den sogenanten **Streit-Krug**, woran der **Hoffdamm** nach der Kleinen Hastetter Wiesen zu süden und die vorige **Dufen Wische** zu osten benachbahret. Und ist diese Wische vor einigen Jahren von dem Pferdemohr abgekleyet, auch so weit sie sich ohne graben erstrecket groß befunden
            4 Morgen, 1 Scheffel, 29 Ruten, 3 fus, 2 ½ finger.

Es sind aber vorgedachte beide Wischen als die Dufen Wische und der Streitkrug in 3 Theile getheilet. Da aber der norder Ende von der Dufen Wische nicht so gut von bonitaet als der süder Ende, und der Streitkrug auch etwas geringer, so ist auf gut befinden Herrn **Vollmacht Marx Strufen** dem nordersten Theil in der Dufen Wische 1 Scheffelland

[Blatt 155]

und das Theil im Streit Krug ½ Scheffelland mehr beygeleget als das süderste Theil in der Dufen Wische, und wird so dann das

norderste Theil der Strufen
Wische groß	3 Morgen 13 Scheffel 25 Ruten 0 fus 12 finger
das süderste	3 Morgen 12 Scheffel 25 Ruten 0 fus 12 finger
das Theil im Streit Krug	3 Morgen 13 Scheffel 5 Ruten 0 fus 12 finger.

Hierbey ist zu notiren, daß alle drey Theile zur Stauung des Waßers über obige beede Wischen gleichen Antheil haben sollen. Es ist auch der Scheidungs Pfahl zwischen die beiden Theile in der **Dufen Wische** von dem südostersten Eckt des **Streit Kruges**, worauf der graben zwischen dem Streit Kruge und Marx Strufe von norden auffschießet 25 Ruten ins Süden. Das Stück aber, so noch vom Streit Kruge abgehet, weil derselbe mehr als das dritte Theil, ist so groß 30 Scheffel, 24 Ruten, 4 fus, 12 finger und sind dem ostersten Theil in der Dufen Wische bey

[Blatt 156]
geleget. Die Scheidungs linie gehet von süden ins norden in dem Eckt, worauf der graben zwischen dem **Pferde-Mohr** und Marx Strufe schießet, wie die Pfähle daselbst außweisen. Am süder Ende aber ist die Scheidungs linie von dem Südostersten Eckt des **Streit Kruges** ab 7 Ruten 7 fus.
(3) Die **Junckers Wische**, woran **Räthjen Beeck** zu norden, und das **Pferde-Mohr** zu osten benachbahret. Diese Wische, davon gehört die Helffte bey dem Kleinen Hastetter Hoff, die ander Helffte aber nach Hastett, und wir davon der Oster- und Wester Ende zu Mehen, ein Jahr mus ander verwechselt, ist auch so weit sie sich ohne graben erstrecket, in allen groß
 4 Morgen, 3 Scheffel, 23 Ruten, 4 fus, $4\,^{1}/_{4}$ finger,
davon dann die Helffte der Landschafft zuständig als
 2 Morgen, 1 Scheffel, 31 Ruten, 10 fus, $2\,^{1}/_{8}$ finger.

[Blatt 157]
(4) Ein Tage-Werck zu Westen der vorigen **Junckern-Wische**, woran Michel Bahr zu Westen, Peter Strufe zu Süden und der **Räthjen Beeck** zu norden benachbahret, ist ohne graben groß 9 Scheffel, 25 Ruten, 5 fus, $13\,^{1}/_{2}$ finger. Es ist auch ein Tage-Werck in der **Junckers-Wische**, und Michel Bahr zuständig gewesen, woran die Landschafft auf beiden Seiten, nehmlich zu osten und westen lieget, und soll nach dem Hastetter Protocoll groß sein
 9 Scheffel, 14 Ruten,
ist aber anitzo groß befunden 9 Scheffel, 34 Ruten, 3 fus, 4 finger.

(5) Den so genanten **großen Krug**,[249] woran die Junckern Wische zu norden, der Hastetter Hoffdamm zu Süden, Peter Strufe zu Westen und das Pferde-Mohr zu Osten benachbahret.
Ist ohne graben groß   4 Morgen, 3 Scheffel, 36 Ruten, 14 fus, 14 ½ finger.
Dieser Krug nun ist in drey gleiche Theile getheilet, so das jedes Theil groß wird   1 Morgen, 6 Scheffel, 11 Ruten, 8 fus, 5 finger.

[Blatt 158]
Es ist aber solche Theilung auf der Norder Seite des Kruges geschehen und stehet der erste Scheidungs Pfahl von dem Oster Ende 28 Ruten, 7 fus, der ander Scheidungs Pfahl von vorigen 29 Ruten, 11 fus.
Hierbey ist zu notiren, daß das TageWerck, so dem Müller ins künfftig wird bey geleget werden, benebst die 4 Tage Werck in der Junckern Wische und Kleinen Hastetter zuständig, über die großen Krüge, da sie am bequemsten zum Hoffdamm kommen können, wegen sollen.
(6) Den so genanten **Bollen Krug**, woran der Hastetter Hoffdamm, welcher mit bey diesem Kruge gemeßen, zu norden, die Fredstetter Wischen zu Süden, und das Kleinen Hastetter Kühe-Mohr zu Osten benachbahret, ist ohne graben in allen groß   4 Morgen, 7 Scheffel, 5 Ruten, 2 fus, 5 ½ finger.

[Blatt 159]
Davon ist zum Theil mit busch bewachsen
     1 Morgen, 0 Scheffel, 34 Ruten, 15 fus, 13 ½ finger.
Bleibt also an gut Wischland 3 Morgen, 6 Scheffel, 10 Ruten, 2 fus, 8 finger.
Diese Bollen Krug nun ist in 3 Theile getheilet. Weil aber derselbe von sehr ungleicher bonitaet, so daß der osterste Ende viel, und das mittelste etwas geringer als der wester Ende, auch daß diese beide geringe Theile mehr befriedigung zu machen haben als der wester Ende, So ist auff gut befinden des landes gevollmächtigten H. Marx Strufen das osterste Theil 4 Scheffel, und das mittelste Theil 2 Scheffelland mehr bey gelegent als der Westerste, und wird so dann
das osterste Theil groß   1 Morgen, 9 Scheffel, 15 Ruten, 0 fus, 12 ¾ finger.

---

[249] Die Grundbedeutung von Krug, Krog scheint „Ecke", „Winkel" zu sein. In Dithmarschen bezeichnet Krog „ein mit Wall und Graben eingehegtes Stück Acker- oder Weideland", entsprechend den Koppeln.

[Blatt 160]
Das Mittelste Theil 1 Morgen, 7 Scheffel, 15 Ruten, 0 fus, 12 ¾ finger.
Das Westerste Theil 1 Morgen, 5 Scheffel, 15 Ruten, 0 fus, 12 finger.
Es ist aber die Theilung solchen Kruges auff der norder Seite geschehen, und bekomt der erste von osten auff solche norder Seiten von dem nordosten Eckt ins Westen lang 30 Ruten 6 fus, jedoch daß derselbe Eckt so weit genommen werde ins osten als der graben daselbst zu osten diesen bollen Krug in grader Linie außweiset, und gehet die Scheidlinie zwischen das Osterste und mittelste Theil von norden ins Süden auf den Eckt eben jenseit des grabens zwischen des Kleinern Hastetter Kühe Mohr und Fredstetter Mohr, welcher von osten auff den bollen Krug schießet. Das mittelste Theil aber ist auff der norder Seiten lang 3 Ruten, 10 fus.

[Blatt 161]
Hierbey ist zu notiren, daß sie alle drey ihre freye fahrt über den Damm zu norden in diese Wische haben sollen, auch wann etwa eine Siehl zu osten in den Damm müße geleget werden, daß sie alle drey benebst den Kleinen Rader Hoff nach proportion gleichen antheil halten sollen.
(7) Die **Beesen Wische** oder so genannte **Haber Koppel**, so gepflüget und auch gemähet kan werden, woran der garten des großen Hofes zu norden, daß Pflugland desselben zu Süden, zu Südwesten aber so weit der alte Wall daselbst ausweiset. In dieser Wische ist auch der so genante Rehteich befindlich, und ist so weit mit unter die Maaß, wie der vorige Wall (so von süden komt und nach norden gehet) gleichfals aus-

[Blatt 162]
weiset, daß also so weit sich dieselbe Koppel ohne graben erstrecket,
groß 3 Morgen, 4 Scheffel, 5 fus, 3 Ruten, 5 finger.
Diese vorgedachte beesen Wische oder Haber Koppel nun ist in 3 Theile getheilet. Da aber das süderste Theil darin etwas geringer von bonitaet als die ersten beiden Theile, so ist auff gut befinden Herrn Vollmachts Marx Strufen diesem südersten Theil 1 Scheffelland mehr bey geleget als die ersten beiden und soll sich auch dieses Theil erstrecken bis an den daselbst zu süden gehenden Waßerbeek.
Auch wird sodann das
norderste Theil groß 1 Morgen, 1 Scheffel, 1 Rute, 11 fus, 12 finger,
das mittelste 1 Morgen, 1 Scheffel, 1 Rute, 11 fus, 12 finger,
und das süderste 1 Morgen, 2 Scheffel, 1 Rute, 11 fus, 12 finger.

Es stehet aber der erste Scheidungs Pfahl vom oster Ende an der Wester Seite 16 Ruten, 4 fus, der ander von vorigen auf solcher seite 15 Ruten, 3 fus.

[Blatt 163]
(8) Die so genante **Bornholtz Wische**, woran der Fredstetter Kirchweg zu osten, das Pflugland des großen Hofes zu norden, die Weide desselben zu Süden und Westen benachbahret, ist so weit sie sich ohne graben und Friedigung erstrecket groß befunden
    2 Morgen, 6 Scheffel, 14 Ruten, 8 fus, 8 finger.
Von dieser Bornholtz Wische sind am Wester Ende 5 ½ Scheffel Land, so dem Müller ins Künfftige sollen bey geleget werden, abgemeßen und durch die 2 Scheidpfahle unterschieden, auch bleiben sodann darin noch
    2 Morgen, 0 Scheffel, 34 Ruten, 0 fus, 8 ½ finger.

[Blatt 164]
(9) Den sogenanten **großen Kruge** und zwar den Wester Ende, woran Michel Bahr und Peter Strufe zu osten, die Döse zu Süden, die Kirchen-Wische und Michel Bahr zu norden benachbahret, ist so weit er sich ohne graben erstrecket, groß   4 Morgen, 5 Scheffel, 14 Ruten, 13 fus, 9 finger.
In dieser Wische lieget ein Kleines Wehr, welches Hans Voßen Lappen genant, auch denselben zuständig, und ist groß
    2 Scheffel, 19 Ruten, 5 fus, 9 finger.
Noch ist darin ein Kleines Wehr verhanden und dem Pastorat in Süderhastette zuständig, welches groß   18 Ruten, 12 fus, 11 finger
und machen sodann diese beide Wehren in einer
Summa   2 Scheffel, 38 Ruten, 2 fus, 4 finger.
Die von vorige   4 Morgen, 5 Scheffel, 14 Ruten, 13 fus, 9 finger
abgehen, bleiben   4 Morgen, 2 Scheffel, 16 Ruten, 11 fus, 5 finger.

[Blatt 165]
(10) Die so genante **Döse**, woran Peter Stacker und Claus Rühmann zu Süden und die Landschaffts große Wische zu norden, die Hastedter Pastorat Wische oder Wehr zu osten benachbahret, ist ohne graben groß
    2 Morgen, 9 Scheffel, 23 Ruten, 15 fus, 13 finger.
Diese vorige beide Wischen als des großen Kruges Wester Ende, so groß ohne das Pastorat Wehr und mit Hans Voßen Lappen
    4 Morgen, 4 Scheffel, 36 Ruten, 0 fus, 14 finger,
und die Döse, so groß   2 Morgen, 9 Scheffel, 23 Ruten, 15 fus, 13 finger,
in Summa beide Krüge sind groß
    6 Morgen, 14 Scheffel, 20 Ruten, 0 fus, 11 finger,

und sind in drey gleiche Theile getheilet, das ist jedes dritte Theil
> 2 Morgen, 4 Scheffel, 33 Ruten, 5 fus, 9 finger.

Es fält aber die Scheidungs Linie zwischen dem nordersten und Südersten Theil in dem großen Kruge Wester Ende 29 Ruthen 9 fus von norden ins Süden, wie der Scheid Pfahl daselbst ausweist.

[Blatt 166]

Die **Döse** aber ist 4 Scheffel, 30 Ruten, 10 fus, 4 finger größer als ein dritter Theil, und diese sind am Wester Ende des großen Kruges Wester Ende, wie die beiden Scheidungs Pfahle daselbst ausweisen zu gemeßen.

Hierbey ist zu notiren, daß das norderste Theil in des großen Kruges Wester Ende über das mittelste daselbst nach bequemlichkeit zum Hoffdamm wegen soll.

Zu osten vorige Döse liegt das **Pastorat Wehr**, und ist dasselbe so weit es sich ohne graben erstrecket groß   4 Scheffel, 12 Ruten, 13 fus, 12 ¼ finger.

(11) Den so genanten **Mühlen-T**eich zu Süden dem **Speers Teich** belegen und denselben so weit er sich (jedoch ohne den Acker so dadurch gehet) auch ohne graben erstrecket, groß befunden
> 6 Morgen, 7 Scheffel, 5 Ruten, 9 fus, 11 finger.

[Blatt 167]

Es sind auch auf des Landes Gevollmächtigten Marx Strufen begehren zu Westen den **Beeck** von den vorigen Mühlen Teich abgeleget 2 Morgen, 4 Scheffel Land, welche sich daselbst von Süden ins Norden bis an die beiden Scheidungs Pfahle, der eine an der Geest, der ander aber an den Beeck stehend, erstrecket.

(12) Eine Kleine Wische zu osten den Damm bey dem Speers-Teich ist so weit sich dieselbe erstrecket ohne graben groß
> 7 Scheffel, 13 Ruten, 12 fus, 0 finger.

(13) Den so genanten großen und kleinen **Ammtmans Knöll** auff der Schlichten-Wische, woran Hinrich Hesche in Gudendorff zu Westen benachbahret, und die gedachte beide Knöllen über seine Wische wegen muß. Es sind aber dieselben

[Blatt 168]

ohne graben groß der Kleine	2 Morgen, 1 Scheffel, 16 Ruten, 3 fus, 1 finger
der große	<u>4 Morgen, 0 Scheffel, 19 Ruten, 15 fus, 4 finger</u>
Summa	6 Morgen, 1 Scheffel, 37 Ruten, 2 fus, 5 finger

Es sind auch auf des Landes Gevollmächtigten Herrn Marx Strufen begehren gedachte beide Knölle in drey Theile getheilet, so daß der Kleine Amtmann Knöll, an und vor sich so weit er sich erstrecket, ein drittentheil [der Summa] sollte sein, und ist solches Theil groß 2 Morgen, 1 Scheffel, 16 Ruten, 3 fus, 1 finger. Der große Amtmanns Knöll aber in zwey gleiche Theile, und wird sodann jedes Theil groß 2 Morgen, 0 Scheffel, 10 Ruten, 7 fus, 10 finger. Es ist aber dieser große Knöll also getheilet, daß das eine Theil zu osten und das andere Theil zu westen, auch fält die Scheidungs Linie von der Linie, die mit dem ostersten graben des Kleinen Knölls in gerader Linie gehet, 10 Ruten, 8 fus ins westen. Ist auch durch 2 Scheidungs Pfahle unterschieden, und muß der Kleine Knöll die beiden Theile im großen überfahren laßen.

[Blatt 169]

Hier folget nun, was vorige Posten, die dem Hassetter Hoff allein zuständig, in einer Maaße sich betragen.

1.	7 Morg.	7 Sch.	33 Rut.	4 fus	4 $^{11}/_{12}$ fin.
2.	4 "	1 "	29 "	3 "	2 ½ "
3.	2 "	1 "	31 "	10 "	2 $^{1}/_{8}$ "
4.	- "	9 "	25 "	5 "	13 ½ "
5.	4 "	3 "	36 "	14 "	14 ½ "
6.	4 "	7 "	5 "	2 "	5 ½ "
7.	3 "	4 "	5 "	3 "	5 "
8.	2 "	6 "	14 "	8 "	8 "
9.	4 "	4 "	36 "	0 "	14 "
10.	2 "	9 "	23 "	15 "	13 "
11.	6 "	7 "	5 "	9 "	11 "
12.	- "	7 "	13 "	12 "	0 "
13.	6 "	1 "	37 "	2 "	5 "
Sum	48	13	17	13	3 $^{1}/_{24}$ "

Auch hier ist die Angabe von (Quadrat-) Fuß und Finger unsinnig. Mit einer Quadratrute = 22,5 m^2 ist ein Quadratfuß 1,4 m^2 und damit genau genug für ein Ackermaß. 1 Quadratfinger ist demnach 0,55 dm^2. Auch hier werden gerechnet:

15 Scheffel auf 1 Morgen,

40 Ruten auf 1 Scheffel,

16 Fuß auf eine Rute, obwohl es sich um Flächenmaße handelt und eigentlich 16x16 Quadratfuß auf eine Quadratrute gezählt werden müssten,

16 Finger auf 1 Fuß, ebenso im Widerspruch zum Flächenmaß.

Die Besitzungen in Kleinen Rade

[Blatt 170]
2. Kleinen Rade oder deßen zuständigen Wiesen.

(1) Eine Wiese in der Auwhörn, woran Pastorat-Wische in Eddelak zu norden benachbahret, zu Westen aber gehet ein Fahrweg, welcher mit bey dieser Wische, so weit dieselbe gehet, gemeßen, und ist sodann so weit sie sich ohne graben erstrecket, groß befunden 1 Morgen, 7 Scheffel, 5 Ruten, 0 fus, 0 ¾ finger.

(2) Eine Wische bey dem Hohendonn, woran das Eggstetter Mohr zu Westen und die Hollsten Auwe (wofür 4 fus frey ausgeleget) zu osten benachbahret. Und ist so weit sich dieselbe ohne graben erstrecket, groß befunden 2 Morgen, 1 Scheffel, 7 Ruten, 10 fus, 14 ½ finger.

(3) Eine wische zu norden voriger, und zu osten dem Hohen Donn belegen, woran das Eggstetter Mohr gleichfals zu Westen und die Hollsten Auwe (wofür ebenfals 4 fus frey ausgeleget) zu osten benachbahret.

[Blatt 171]
Ist so weit sich dieselbe ohne graben erstrecket groß 2 Morgen, 7 Scheffel, 15 Ruten, 6 fus, 15 finger.

(4) Eine Wische, worin Peter Matthießen das Westerste und Kleinen Rade das Osterste Wehr zuständig, auch zu Süden dem großen Kruge Wester Ende belegen. Es soll aber Peter Matthießen sein Wehr laut dem Hastetter Protocoll, so von dem Landes Gevollmächtigten H. Marx Strufe mir vorgezeiget, mit das kleine Wehr, Hans Voßen Lappen genant, welches in dem großen Kruge am Wester Ende befindlich und 2 Scheffel, 19 Ruten, 5 fus, 9 $1/8$ finger groß ist, groß sein 14 Scheffel, 19 Ruten. Da aber Peter Matthießen sein Antheil, so er itzo besitzet, ohne den graben zu Süden und den gantzen graben zu Westen, weil er denselben alda aus seinem eigenen Lande gekleyet,

[Blatt 172]
zu osten aber so weit als die alten Scheidungs Pfahle oder Dohlen ausweisen, groß befunden 15 Scheffel, 19 Ruten, 2 fus, 11 finger. Dazu kommt dann Hans Voßen Lappen oder Wehr in dem großen Kruge am Wester Ende, macht in Summa 17 Scheffel, 38 Ruten, 8 fus, 4 finger. Davon obige 14 Scheffel, 19 Ruten abgezogen, bleiben 3 Scheffel, 19 Ruten, 8 fus, 4 finger, die Peter Matthießen zu viel hat. Wovon dann die 2 Scheffel, 19 Ruten, 5 fus,

9 finger, die er im großen Kruge Wester Ende hat und Hans Voßen Lappen oder Wehr genant wird, umgeleget sind, so daß die Landschafft oder der Kleinen Hastetter Hoff das gedachte Wehr bekommt und Peter Matthießen sich solche 2 Scheffel, 19 Ruten, 5 fus, 9 finger von die 3 Scheffel, 19 Ruten, 8 fus, 4 finger, so er zu viel hat, muß kürtzen laßen. Hat auch so dann noch 1 Scheffel Land zu viel, welches ihm von sein vorgedachtes Wehr in der Wische, worinnen Kleinen Rade das Osterste und er selbst das Westerste Wehr hat, durch 7 fus breit langst den gantzen Krug, von osten von die alten Dohlen bis ins Westen abgemeßen und bekommt die Landschafft sodann darin 1 Morgen, 2 Scheffel, 23 Ruten, 4 fus, 9 $^5/_8$ finger.

[Blatt 173]

(5) Die Koppel zu Süden und Westen dem Garten zu Kleinen Rade, davon ein Theil mit Korn kan besamet werden, das übrige aber kan gemehet und auch etwas davon mit Busch bewachsen. Es ist aber dieselbe so weit sie sich erstrecket und die Friedigung derselben außweist, groß befunden 3 Morgen, 1 Scheffel, 13 Ruten, 11 fus, 11 finger.

(6) Die Koppel zu norden Kleinen Rade, die zum Theil kann gantz gemehet werden, und ist dieselbe so weit sie sich mit das Stück vom gantzen um den Fischteich zu norden der Schnur auf Kleinen rade, so itzo auch gemehet wird, erstrecket, groß befunden 1 Morgen, 4 Scheffel, 6 Ruten, 7 fus, 8 finger.

[Blatt 174]

Nun folgt, was die Pöste, so Kleinen Rade zuständig, sich in einer Summa betragen.

1.	1 Morg.	7 Sch.	5 Rut.	0 fus	0 ¾ fin.
2.	2 ″	1 ″	17 ″	10 ″	14 ½ ″
3.	2 ″	7 ″	15 ″	6 ″	5 ″
4.	1 ″	2 ″	23 ″	4 ″	9 $^5/_8$ ″
5.	3 ″	1 ″	13 ″	11 ″	11 ″
6.	1 ″	4 ″	6 ″	7 ″	8 ″
Sum	11 Morg.	9 Sch.	1 Rut.	9 fus	0 $^7/_8$ Fin.

Peter Reimers   Peter Reimers

Peter Reimers in Freschtedt, Haugen Rolfen.

Die Besitzungen in Burg

[Blatt 175] 3. Den Hoff in der Burg oder deßen zuständigen Wiesen.
(1) In der Burg ein Wehr Wischland auf der Meente, woran Hinrich Wulff zu osten und Herrn Pastoren Meente[250] zu Westen benachbahret. Auf dem norder Ende ist die burger Auwe (allwo 4 fus frey ausgeleget), zu süden aber ist der Wischweg und ist dieses Wehr ohne graben groß
6 Scheffel, 15 Ruten, 8 fus, 12 finger.
(2) Der sogenante Reth Hemm, woran Claus Strufe in der burg mit 8 Scheffel 21 Ruten laut Extract auf der Wester Seite lieget. Bey dieser Reth Hemm gehet die Auwe zu süden und ist deßfals 4 fus frey ausgeleget. Da nun Claus Strufen Antheil, so er itzo im gebrauch hat, nicht größer befunden als 8 Scheffel, 3 Ruten, 11 fus, 11 ½ finger, und hat also
17 Ruten, 4 fus, 4 ½ finger zu wenig im besitz, daher bekomt er von der

[Blatt 176]
Landschafft, die zu osten mit in dieser Wische leget, 8 fus breit langst den gantzen Krug, welche 8 fus ihn dann auf dem Ende an der Auwe, allwo solcher Abbruch, wie ersichtlich geschehen, mit 1 Ruhte breit zugemeßen, und behält die Landschafft so dann darin auff der oster Seite in diesem Reth-Hemm 13 Scheffel, 21 Ruten, 2 fus, 5 ¾ finger.
(3) Die sogenante ober Post-Wische,[251] woran Johann Kröger und Hans Riecke zu Westen, Hans Martens und Hinrich Lucht zu osten benachbahret. Ist ohne die graben groß 7 Morgen, 0 Scheffel, 4 Ruten, 6 fus, 0 finger.
(4) Die unterße Post-Wische, woran die burger Auwe zu süden langst gehet und deßfals 4 fus frey ausgeleget.
Ist ohne graben groß 13 Scheffel 0 Ruten, 2 fus, 14 ½ finger.

[Blatt 177]
(5) Die so genante Neue Wische, worin Eggert Holm in der Burg 16 Scheffel, 14 Ruten, 14 fus, 9 finger auff der norder Seite laut Kauff Brieff haben soll, die Landschafft aber den Rest. Weil nun Eggert Holm sein Antheil, so er itzo in gebrauch hat, auff 16 Scheffel, 34 Ruten, 2 fus, 9 ¼ finger ohne graben und 4 fus frey an der Auwe groß befunden, und also 19 Ruten, 2 fus, 9 ¼

---

[250] Predigermeente, siehe Wegemann S. 22.
[251] Siehe Wegemann, S. 22.

finger zu viel hat, weßwegen er sich langst die gantze Wische muß 9 fus abmeßen laßen, bekomt dann die Landschafft an der Süder Seite
11 Scheffel, 9 Ruten, 9 fus, 6 ¾ finger. Hierbey ist zu notiren, daß Eggert Holm sofort gegen diesen Post, wie aus der Beylage sub. Lit. A, protestiret.

[Blatt 178]
(6) Den Kleinen Kröcken [Krucken] über der Helmschen Brügge, Marten Grandt zu norden, zu süden und osten die Burger Weide, zu Westen aber der Helmsche Beeck,[252] (wofür 4 fus frey ausgeleget) benachbahret. Diese Wische ist in allen groß befunden 6 Scheffel, 15 Ruten, 15 fus, 11 finger. Davon soll Claus Strufe die Helffte und die Landschafft die ander Helffte gehören als 3 Scheffel, 7 Ruten, 15 fus, 13 ½ finger. Itzo fort in zwey gleiche Theile Geometrice getheilet und wird die norder Ende auf der oster Seite lang 18 Ruten, 5 fus und der süder Ende 13 Ruten, 14 fus.
(7) Ein Wisch Wehr im Sprandt,[253] woran Hans Riecke zu osten, die Pastorat Wische zur Burg zu Westen und die Holsten Wische zu süden, zu norden aber ist die burger Auwe (woselbst 4 fus frey ausgeleget) benachbahret. Ist ohne graben groß 4 Scheffel, 2 Ruten, 4 fus, 8 finger.

[Blatt 179]
(8) Ein WischWehr im Krumbägel, woran Claus Behrents in Wacken zu Westen, die Auwe (wofür 4 fus frey ausgeleget) zu osten, Hinrich Siercks in Fahl [Vaale] zu norden und Claus Hesche in Holsten Nindorff [Holstenniendorf] zu süden benachbahret. Ist ohne graben groß 7 Scheffel, 9 Ruten, 6 fus, 15 ¾ finger.
(9) Die sogenante Waßer Hemme, woran der Helmsche Beeck zu osten, die Burger Weide zu süden, Claus Strufe und Eggert Holm zu norden benachbahret. Ist ohne graben groß befunden 1 Morgen, 13 Scheffel, 38 Ruten, 12 fus, 13 finger.
Nun folget, was die Pöste, so den Hoff in der Burg zuständig, sich in einer Summa betragen.

---

[252] Der Helmsche Bach umfließt Burg im Norden und Osten und geht dann in die Burger Au über. Vor dem Kanal-Bau hatte die Burger Au über den Burger Auhafen eine Verbindung zur Holstenau. Helmsche Brücke. Siehe Wegemann, S. 22.
[253] Siehe Wegemann, S. 22.

[Blatt 180]

1.	0 Morg.	6 Sch.	15 Rut.	8 fus	12 fin.
2.	- Morg.	13 Sch.	22 Rut.	2 fus	5 ¾ fin.
3.	7 Morg.	0 Sch.	4 Rut.	6 fus	0 fin.
4.	- Morg.	13 Sch.	0 Rut.	2 fus	14 ½ fin.
5.	- Morg.	11 Sch.	9 Rut.	9 fus	6 ¾ fin.
6.	- Morg.	3 Sch.	7 Rut.	15 fus	13 ½ fin.
7.	- Morg.	4 Sch.	2 Rut.	4 fus	8 fin.
8.	- Morg.	7 Sch.	9 Rut.	6 fus	15 ¾ fin.
9.	1 Morg.	13 Sch.	38 Rut.	12 fus	13 fin.
Sum.	12 Morg.	12 Sch.	30 Rut.	5 fus	9 ¼ fin
KleinRade	11	9	1	9	0 ⅞
Hastett	48	13	17	13	3 $\frac{1}{24}$
Sum.Sum.	73 Morg.	5 Sch.	9 Rut.	10 fus[254]	13 ⅙ fin

Dieses vorgedachte habe hiemit wollbedächtlich attestiren und bescheinigen wollen. Actum Barlt den 31. August 1743. Eggers, Gerichts-Constituirter Landmeßer und Schulhalter in Barlt.

---

[254] Fehler: 5+9+13 = 27 = 16 (1Ü) + 11; es muss also 11 fus heißen.

Die Besitzungen in Bargenstedt

[Blatt 181]
Bergenstetter Wischlandt zum Lüttjen Hastedter Hoff gehörig.
In den Strüh bey dem Mohr auf Lütjen born[255] diesem Hoff zustehend ¼ nur groß 1 Scheffel. Zu Westen Fuhlen Hemm ein Krog, daran Karsten Hamfeld zu Osten, und der Krog im Borns zu Westen. In der Nordwisch Wehren Ost und West streckend ein gantz kleine Wehr Johann Reimer zu süden und Dethleffs Claus zu Norden.
Mehr noch daselbst eine Wehr, Jürgen Hartmann zu süden, und Hans Roden Sohne zu Norden. In der Wester Nordwisch[256] Wehren, so Süd und Nord strecken, daher gehörig eine Wehre, darin Kirchen Landt zu osten und Hans Roden Söhne zu Westen. Mehr noch eine, so der Westerste, Johann Reimers daran zu Osten.
Im Krog uff Hanen See, allwo sich die Wehren Ost und West strecken, daher gehörig eine Wehre, daran Claus Wulff zu Norden und der Kirche zu Süden.
Daß Landt in der Döhsen[257] bewesten, voriger allwo der Österste Wisch zum Höhst gehören und ist daran Claus Wulff zu Westen.

[Blatt 182]
In dem Stobben Kroge,[258] dem Ersten daher gehörig, die Öster seite.
In den Dahriegen Süd- und Nord streckend Eine Wehr, daran Claus Rode in Melldorff Frau zu Osten und Claus Wulff zu Westen.
Mehr weiter ins Westen Eine Wehre Maaß Hanß zu Osten und Claus Wulff auch zu Westen.
Noch allda mehr Eine, daran Claus Johanns Hanß zu Osten und Claus Wulff auch zu Westen.
Noch Eine, uff Halbweg strend, Dethleff Kruse zu Osten und Westen.
So dann allda 2 ½ Wehren, Karstens Claus Erben zu Osten und Hans Roden Söhne zu Westen.
Mehr noch Eine Wehre, Dethleffs Claus zu Osten und Seeligen Maaß Hanß Kinder zu Westen.

---

[255] Born, siehe Wegemann, S. 54.
[256] Norderwisch, siehe Wegemann, S. 54.
[257] Döse, Dösenkrüge, siehe Wegemann, S. 54.
[258] Stubbenkrug, siehe Wegemann, S. 54.

Weiterhin noch Eine Wehre, Hanß Roden Söhne zu Osten und Jürgen Hartmann zu Westen.

Mehr noch ein Wehre, Hanß Roden Söhne auch zu Osten und Seeligen Maaß Hanß Kinder zu Westen.

In der Wester Baring Oest und West streckend Eine Wehr, daran Seeligen Maaß Hans Erben zu Norden und Claus Johanns Hanß zu Süden.

Mehr allda noch Eine Wehre, Hanß Roden Söhne zu Norden und Karstens Claus Erben zu Süden.

[Blatt 183]
Sodann noch Eine Hanß Roden Söhne zu Norden, und Johann Reimers zu Süden.

In der Bockshörn die Wehren Süd- und Nordstreckend von Einer Wehre, daher gehörig der Norder Ende, der Süder Ende aber auch vorgenandten.

Mehr allda noch Eine durchgehende Wehre, vorheriger zu Westen und Clauß Erben zu Osten.

Auff der Hohen Maade[259] gestreckung der Norder Ende von einer Wehre, Maaß Hanß Erben der Süder Ende davon gehörig.

Auffn Krögken die Blöcke von Süden fort, Eine Wehr daher gehörig, Kirchen Land zu Süden und Clauß Wulff zu Norden.

Auffn Rätjen .eeht die Wehren Süd und Nord streckend. Eine Wehre, Hans Roden Söhne zu Westen und Claus Jochim zu Osten.

Mehr noch allda Eine, daran Clauß Hanß Ancke zu Westen und Seeligen Maas Hans Erben zu Osten.

Auffn Langen Wehren die Ost und West strecken, Eine Wehre von Westen auff Maaß Hans Roth Wehren zu Norden, und darauf zu Süden daran, Mehr noch Eine Wehre, Jürgen Hartmann zu Norden, und Claus Johanns Ancke zu Süden.

---

[259] Maaden, siehe Wegemann, S. 54.

[Blatt 184]
Noch Eine allda, nur ein Oster ende, Seeligen Maaß Hans erben zu Norden und Karsten Claus Erben zu Süden.
Mehr Eine Wehre, Hanß Roden Söhne zu Norden und Johann Reimers zu Süden.
Mehr noch zwo als die beiden Südersten Wehren, Claus Johanns Hans daran zu Norden.
Auff den Korten Wehren noch von Norden fort Eine Wehre, Seeligen Maaß Hans Erben zu Norden und Claus Johanns Ancke zu Süden.
Noch Eine, daran Maaß Hans zu Norden.
Mehr negst besüden voriger noch zwo, auch beysammen liegend, daran Clauß Wulff zu Süden.
Mehr noch Eine Wehr, Clauß Johanns Hanß zu Norden und Clauß Wulff zu Süden daran.

Besitzungen in Krumstedt

Dieser Abschnitt ist interessant wegen der Feststellung, dass von Seiten der Landschaft Dithmarschen, die diesen Text verfasst hat, zwischen „Junkersland" und „schatzpflichtigem Land" unterschieden wird. Wenn von „Junkersfeld" oder „Junkerswische" die Rede war, so ist damit eine Flurbezeichnung gemeint gewesen, aber mit „Junkersland" wird hier deutlich die Freiheit von Abgaben angesprochen.

[Blatt 185]
Wischen in Krumstedter Feldmarckt belegen.
Es ist der anfang dieser vermessung geschehen von Westen aus der Varnewinkler Auwe am Bläncken Ort und damit ins Osten continuiret. Weiln der Bläncken Ohrt, **worin Schatzpflichtige und Junckern Ländereyen gelegen**, unter beederseits Interessenten umbgehet, daß sodann wenn das eine Jahr die Schatzpflichtigen den Süderntheil am See gehabt, für das andere Jahr den Norderntheil desselben an der obbesagten Auwe belegen nehmen müßen, zu welchem Ende dann dieses auch in beyderley gestalten ist abgemeßen und ausgedohlet worden.

Wann nun ich diesen Bläncken Ort in seiner Generalen Maaßen gros befunden 65 Sch, 38 R, 5 fus, 12 ¼ finger, und aber derselbe nach der alten Maaßen gros seyn soll 67 Sch, 33 R, 4 fus, also ist durch den Windberger See davon abgerißen 1 Sch, 54 R, 14 fus, 3 ¾ finger. Es haben die Schatzpflichtigen hirin nach der alten Maasse gehabt 36 Sch, 1 R, 7 fus, 15 ¼ finger, und das Junckern Land ist damahls hirin gewesen 31 Sch, 31 R, 12 fus, ¾ finger.

[Blatt 186]
Solchemnach müßen die Schatzpflichtigen pro rata ihrer Scheffel Landen Zahl (NB. weil es umbgehet) von dem abbruch nehmen in allen 39 Ruten, 12 fus, 11 ½ finger, und das Junckern Land davon pro rata 35 Ruten, 1 fus, 8 ½ finger. Wann solches von eines jeden Antheil abgezogen, bleibet alsdann das Schatzpflichtige gros 35 Scheffel, 1 Rute, 11 fus, 3 ¾ finger, und
Num. 1 das Junckern Land gros 30 Scheffel, 36 Ruten, 10 fus, 8 ¼ finger.
Von den Junckernland hat ein jeder nach Schriht zahl als

Jochim Kröger 5 Schriht, Wulff Wittmaack 6 Schriht, Hinrich Vehrs 5 Schriht, Claus Peters 4 Schriht, Wiebke Tehdens 4 Schriht, Peter Strufe 2 Schriht, Aßmus Hanßen 9 ½ Schriht. Summe 35 ½ Schriht.
NB. Aßmus Hanßen hat vor diesem Peter Strufen seine 2 Schriht mit gehabt. Es ist die Abmeßung vorerwehnten Junckern Landes von Süden aus dem See geschehen, und in der Haupt Linie an den Langen Wischen vom See ab 29 Ruten, 2 fus, 12 finger lang ins

[Blatt 187]
Norden gemeßen, und dann ferner Winckelrecht ins Westen biß an der Varnewinckler auwe abgedohlet worden. Wann aber das Schatzpflichtige Land zu Süden am See soll abgemessen werden, müßen vom See ins Norden in der Haupt-Linie an den Langen Wischen 33 Ruten, 1 fus, 13 finger lang gemeßen, und weiter wie oben biß an der beregten Aue abgedohlet werden, wie solches bereits auch geschehen.

Auß denen Langen Wischen[260] 2 Junckern-Wehren, davon
Num. 2: das Westerste, woran Wulff Wittmack zu Westen, Junckern Land zu Osten gros. Jochim Kröger 5 Scheffel, 20 Ruten, 13 fus, ¾ finger.
Num. 3: auch das Österste, woran Jochim Kröger zu Osten, und Junckern Land zu Westen gros. Jochim Kröger 5 Scheffel, 20 Ruten, 13 fus, ¾ finger.
Noch 2 Junckern Wehren, und hat von das Westerste
Num. 4: die Helffte, woran Clauß Peters zu Westen und Junckern Land zu Osten gros. Peter Strufe 4 Scheffel, 23 Ruten, 5 fus, 4 finger.

[Blatt 188 nicht mehr abgeschrieben]

[Blätter 185-214] Es folgt eine Aufstellung in 118 Nummern für die Wischen in der Krumstedter Feldmark. Diese wird hier ab Blatt 188 nicht transkribiert.

Es treten unter anderem folgende Flurbezeichnungen auf:
Blåncken Ohrt (Bl. 185), Junckers Land (Bl. 186), Lange Wische (Bl. 186), Junckers Wehr (Bl. 189), Kurtze Wische (Bl. 189), Katzenborgsgraben (Bl. 191), Darryen (Bl. 192), Krambehrenkrug (Bl. 193), Hempen-See (Bl. 193), Meeshemme (Bl. 194), Schlage (Bl. 191), Nedder-Katzenborg und Ober-Katzenborg (Bl. 196), Braeden-

---

[260] Siehe Wegemann, S. 58.

Maes Krug (Bl. 200), Spaden-Wische (Bl. 200), Däpel-Krug (Bl. 200), Bollenkrug oder Bultkrug (Bl. 200), Südermohrkrüge (Bl. 201), Neuen Krug (Bl. 202), Klampenkrüge (Bl. 203), Brook (Bl. 206), Sidelteich Krug (Bl. 206), Hülle (Hölle, Bl. 207), Hildes Fehr (Hilsfehr, Bl. 209).

Als Personennamen treten wiederholt auf: **Jochim Kröger, Wulff Wittmack, Hinrich Vehrs, Claus Peters, Wiebcke Thedens, Peter Strufe, Aßmus Hanßen, Karsten Karstens, Claus Mansfeld, Ties Mansfeld, Johann Lobeck, Reimer Ive, Hans Claußen, Hans Kleen, Claus Ive, Claus Kühl.**

[Blatt 209] ...
Ferner folgen die Hoffstädten in der Bauerschafft Krumstädt, so viel derselben, so nach den Hastädter Hoff gehören, verhanden, alß

[Blatt 210]
Num. 112 eine Hoffstedte, woran die Land Straße zu Norden, und Bauerschaffts Straße zu Süden, gros **Peter Strufe** 3 Scheffel, 1 Rute, 6 fus, - finger.
Num. 113 eine Hoffstedt, woran Eigen Land zu Norden und Westen, gros **Jochim Kröger** 4 Scheffel, 22 Ruten, - fus, 14 ½ finger.
Ferner 1 Hoffstedt, so Junckern Land, davon hat, der Süderhoff genandt,
Num. 114 den Western $^1/_3$ theil, woran die Bauerschaffts Straße zu Westen und Norden, gros **Jochim Kröger** 3 Scheffel, 24 Ruten, 5 fus, 5 finger.
Num. 115 den mitteln $^1/_3$ theil, woran Jochim Kröger zu Westen und Wulff Wittmaack zu Osten, gros **Reimer Ive** 3 Scheffel, 24 Ruten, 5 fus, 5 finger.
Num. 116 den östern $^1/_3$ theil derselben, woran Wulff Wittmaeck eigen Hoffstedt zu Osten, gros **Wulff Wittmack** 3 Scheffel, 24 Ruten, 5 fus, 5 finger.
Num. 117 eine Hoffstedt, woran die Bauerschaffts Strasse zu Osten und das Kornfeld zu Westen, gros **Claus Kühl** 5 Scheffel, 29 Ruten, 2 fus, 15 finger.

[Blatt 211]
Num. 118 eine Hoffstedt zu Süden Asmus Hanssen Hause, so er von den Hastedter Hoff häuerlich bewohnet, die Bauerschaffts Straße zu Osten und das Kornfeld zu Westen, groß **Asmus Hanssen** 2 Scheffel 6 Ruten 12 fus 2 ¼ finger.

	Claus Peters					Wulff Wittmaeck					Peter Strufe			
No	Sch	Rut	fus	fgr	No	Sch	Rut	fus	fgr	No	Sch	Rut	fus	fgr
1	3	19	5	7 ½	1	5	9	-	3½	1	1	29	10	11 ½
5	4	23	5	4	32	1	29	11	½	4	4	23	5	4
13	5	20	2	6	37	5	12	1	4 ⁷⁄₈	61	3	24	14	2 ³⁄₈
51	2	15	10	2 ¼	39	-	20	9	10 ½	90	2	19	-	12 ½
65	5	30	-	9	64	5	30	-	9	93	9	2	14	14 ⅛
67	3	36	4	5	66	1	9	14	14	96	4	30	7	6 ⅛
77	4	16	9	9 ¾										
81	11	24	14	9										
89	2	17	4	13½										
97	4	30	7	6 ⅛										
101	6	6	14	10 ⅝										
103	5	38	8	4										
Sum	60	39	7	6 ¾		19	31	5	10 ⅜			26	10	5	2 ⅝
	12 Wehren					6 Wehren					6 Wehren			

[Blatt 212]

Jochim Kröger				Hinrich Vehrs					Wiebcke Thedens				
No	Sc	Rut	fus	fgr	No	Sc	Rut	fus	fgr	No	Sc	Rut	fus	fgr
1	4	14	2	13 ¼	1	4	14	2	13 ¼	1	3	19	5	7 ½
2	5	20	13	¾	18	1	30	0	14	7	4	23	5	4
3	5	20	13	¾	25	1	32	3	11	16	2	11	5	12 ¾
6	4	23	5	4	27	2	18	5	1 ½	21	1	37	9	12 ¼
12	9	16	1	15 ⅛	33	1	10	7	3	29	2	32	10	11 ¾
24	1	32	3	11	40	-	13	12	-	31	1	29	11	½
26	2	18	5	1 ½	43	1	1	2	9 ⅞	38	-	32	5	8
34	1	18	4	13 ¼	49	2	15	10	2 ¼	41	-	25	8	-
42	1	1	2	9 ⅞	55	2	15	-	-	44	2	14	9	2
48	2	15	10	2 ¼	58	3	37	12	7	45	2	8	11	4 ¾
62	3	20	15	7 ½	63	3	20	15	7 ½	57	3	37	12	7
72	7	10	10	8 ⅜	70	2	5	15	8	74	8	-	14	14 ½
84	9	10	11	10 ¾	82	11	24	14	9	78	9	6	6	12 ½
85	9	10	10	13 ⅛	88	3	37	1	5	86	9	12	10	8
87	3	28	7	9	95	2	15	3	11	104	2	32	15	15 ½
94	2	15	3	11 ⅛	99	2	15	3	11 ⅛	106	3	11	12	8 ½
98	2	15	3	11						107	11	28	14	4 ⅛
										108	7	30	5	14 ⅛
										110	6	5	3	2 ¼
Sum	76	12	13	14 ⅝	Sum	47	27	15	1 ½	Sum	85	2	2	6

[Blatt 213]

\	Assmus Hanssen				Reimer Ive				Hans Kleen			
No	Sc	Rut	fus	fgr	No	Sc	Rut	fus	fgr	No	Sc	Rut	fus	fgr
1	8	10	14	15 ¾	15	2	11	5	12 ¾	19	1	30	-	14
8	10	3	12	3 ¼	20	1	37	9	12 ¼	59	3	37	12	7
9	10	3	1	- ³/₈	28	2	32	10	11 ¾	68	3	36	4	5
11	5	20	2	3	47	1	34	-	12 ⁷/₈	71	2	5	15	8
14	3	25	7	9 ¾	52	5	19	12	5	83	9	10	10	12
17	3	25	11	- ³/₈	54	2	8	-	-	Sum	21	-	11	14
22	1	17	-	13 ½	75	1	24	7	15 ¼	5 Wehren				
23	1	17	-	13 ½	91	2	1	-	12 ½					
30	5	9	1	10	92	9	2	14	14					
35	4	15	13	10	109	5	4	10	6 ⁷/₈					
36	4	14	5	1	Sum	34	16	9	7 ¼					
46	1	34	-	12 ⁷/₈	10 Wehren									
50	2	15	10	2 ¼										
53	5	30	10	-						Claus Ive				
56	8	23	11	½						No	Sc	Rut	fus	fgr
60	3	37	12	7						105	4	17	1	5 ¾
69	3	36	4	5						1 Wehr				
73	7	16	6	1 ³/₈										
76	8	36	8	15										
79	11	24	14	9										
80	11	24	14	9	Claus Kühl					Karsten Karstens				
100	30	34	9	6 ⅛	No	Sc	Rut	fus	fgr	No	Sc	Rut	fus	fgr
102	29	32	9	3 ½	111	8	26	1	11 ⅝	10	10	3	1	- ³/₈
Sum	184	30	6	8 ⅛	Sum	8	26	1	11 ⅝	1 wehr				
23 Wehren					1 Wehr									

[Blatt 214]

Name	Wehren	Morgen	Scheffel	Ruten	Fuß	Finger	Hoffstädten Sch	Ru.	Fu.	Fi.
Claus Peters	12	4	0	39	7	$6^3/_4$				
Wulff Wittmak	6	1	4	31	5	$10^3/_8$	3	24	5	5
Peter Strufe	6	1	11	10	5	$2^5/_8$	3	1	6	--
Jochim Kröger	17	5	1	12	13	$14^5/_8$	8	6	6	$3^1/_2$
Hinrich Vehrs	16	3	2	27	15	$1^1/_2$				
Wiebke Thedens	19	5	10	2	2	6				
Aßmus Hanßen	23	12	4	30	6	$8^1/_8$	2	6	12	$2^1/_4$
Reimer Ive	10	2	4	16	9	$7^1/_4$	3	24	5	5
Claus Kühl	1	--	8	26	1	$11^5/_8$	5	29	2	15
Hans Kleen	5	1	6	--	11	14				
Karsten Karstens	1	--	10	3	1	$3/_8$				
Claus Ive	1	--	4	17	1	$5^3/_4$				
Summa	**117**	**38**	**9**	**18**	**1**	**9**	**26**	**12**	**5**	**$14^3/_4$**
Summe der Werte	117	34	64	213	76	89	24	90	35	$30^3/_4$
+ Übertrag		+4	+5	+5	+5		+2	+2	+2	
Rest		38	9	18	1	9	26	12	5	$14^3/_4$

16 Finger = 1 Fuß; 16 Fuß = 1 Rute; 40 Ruten = 1 Scheffel; 15 Scheffel = 1 Morgen.

[Blatt 215]
Daß die Maasse von denen Krumstetter und Bargenstetter Wisch-Ländereyen, im gleichen von denen darzu gehörigen Hoffstetten sowie dieselben nach der, von dem Landesgevollmächtigten Herrn Hans Holling, Jochim Kröger und Steffen Niemann geschehenen Anweisung, von mir sind gemeßen, nach eines jeden Post richtig abgeschrieben worden, solches habe auff Begehren des Landesgevollmächtigten Herrn Marx Strufe attestiren sollen. Wie ich nun alles nachgesehen und richtig befunden, so attestire solchen nach mittelst diesem, daß solche Maaße eingefügter maßen richtig und mit meinem Prothocollo Posteweise über einstimmt.
Melldorff, den 16. Juny 1744. Dornn, Landmeßer, mppria [manu propria, eigenhändig].

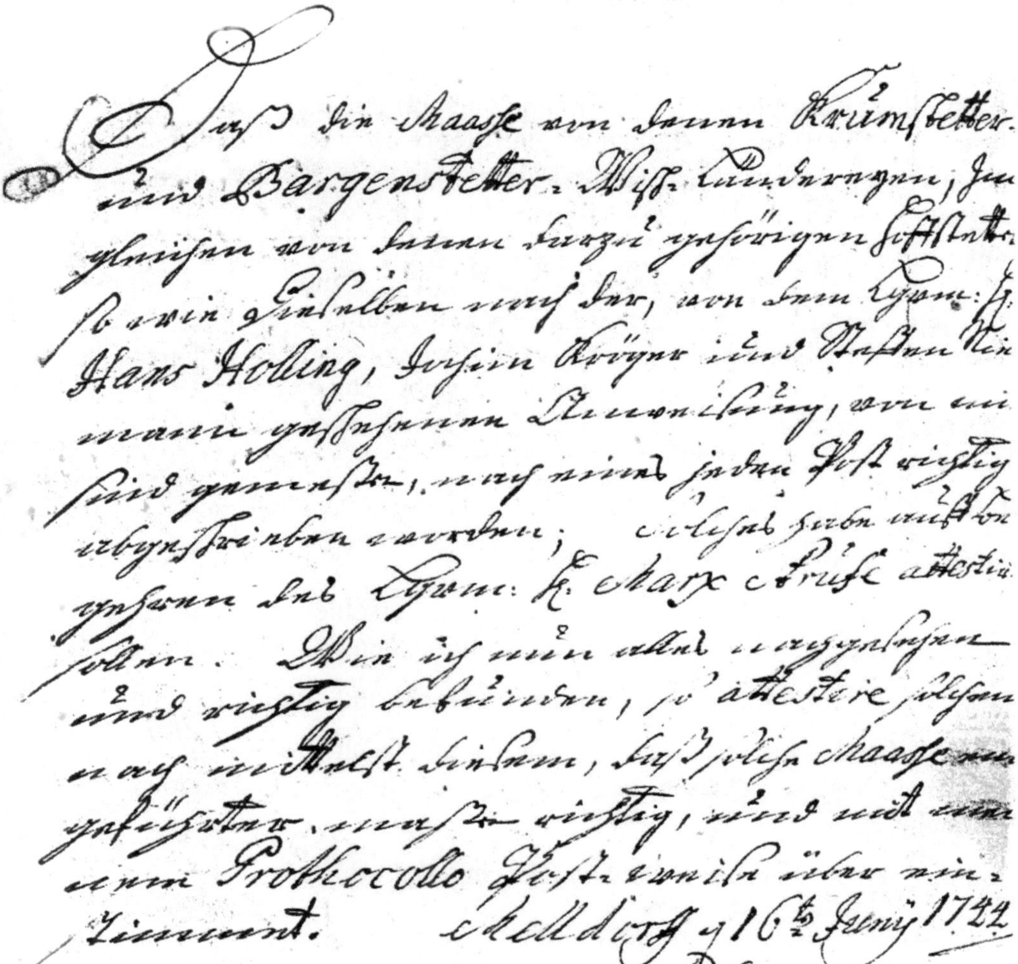

Abb. 18: Blatt 215 mit eigenhändiger Unterschrift von Landmesser Dorn.

Schreiben zu Klein Rade 1695/96 an Baltzer Hans von Buchwald

[Blatt 216]

Anstatt ihro Königlicher Mayestät und bey brüche 30 Mark Gebiete Ich, Christian Gude, Bestallter Cantzeley und Regierungs Rath, auch Land Voigt in Süderdithmarschen, Euch Herrn Baltzer Hans von Buchwaldten für euch und wie eurer seeligen Frau Mutter Miterben, so dann der Landschafft Süderdithmarschen.

Daß ihr mit den Kauff, welchen ihr umb Lütken Rahde cum pert[inentien] getroffen, ferner nicht fortfahret, sondern damit einhaltet, denn das Bauerschafft Eggstedt seine Gerechtigkeit daran zu verbitten gedenket. Sollet derowegen sothanen Kauffs ungewehret seyn, schadet euch aber etwas darauff, so erscheinet erstens Gerichts Tages vor Gericht und erwartet Bescheids.

Melldorf, den 11. December 1695.

Süderhastedt gelesen den 22. December 1695.

Auff geschehenes Proclama ist niemand erschienen, bleibet dahero producenten Recht hiemit vorbehalten. Melldorf den 17. Februar 1696.

Christian Gude, Cantzeley Regierungs Raht und Land voigt cum adjunct.

Denen Citaten wird die Hüte vor Majtag und auch das Nach-Graß in der Statthalters Wische gelassen, doch daß Sie die Hüte gebührend nochmajls in Acht nehmen.

Melldorf den 19. Februar 1696. Die Gerichts-Verordnete.

Versteigerung von Lütjenhastedt

[Blatt 217]
Von Gottes Gnaden Friderich Ernst Marggraf zu Brandenburg etc.
Thun Kund hiemit, demnach zu folgen der von der Königlichen RenteCammer zu Copenhagen gemachten Verfügung, der in der Landschafft Süder Dithmarschen, und zwar in dem Kirchspiel Süderhastedt belegene Hoff Lütjenhastedt cum pertinentiis, als Gebäuden, Hofffeldern, WischLändereyen, Holtzungen, Fischereyen und einigen dazu gehörigen Bauerhöfen wie auch einer WindMühle etc. Öffentlich licitiret und den meistbiedenden bis auff eingelangte Königliche Allerhöchste approbation eigenthümlich zu geschlagen werden soll. Und dann dazu der terminus auf den 30ten negst kommenden Monats Octobris als am Dingstage nach den 23ten post Trinitatis dergestalt angesetzet worden, daß sodann die

[Blatt 218]
Licitation[261] dieses Hofes in Melldorf öffentlich vorgenommen werden soll. So wird solches hiedurch zu jedermanns Wissenschafft gebracht und anbey bekand gemacht, daß diejenigen, so belieben tragen möchten, die Kauff-Conditiones vorhero einzusehen, dieselbe sich an dem Königlichen Herrn Etats Rath und Land Schreiber **Dose** in Melldorff zu Addressiren und von denselben sothane Conditiones zu gewärtigen haben. Gegeben auff unserm Hause, Drage den 24. August 1742.
Friedrich Ernst, MZBrandenburg.[262]

Publicatum Melldorff von der Cantzley am 15. Sonntage nach Trinitatis [2.9.1742]. Nottelmann.

Entwurff
der Conditionen, mit welchen der Hoff Lütjenhastedt öffentlich zu licitiren.

[Blatt 219]
Der Hoff Lütjenhastedt ist belegen im Kirchspiel Süderhastedt, Landschafft Süderdithmarschen, hat ein bequemes Wohnhaus, ViehStall, Schaaff Stall, Backhaus, Garten, Kirchen Stühle für Herrschafft und Gesinde in der Kirche zu Süderhastedt.

---

[261] Versteigerung.
[262] MZ = „Markgraf zu" ??

Von den Hofffeldern können ohngefehr d[urch] alle Jahr besaamet werden 40 Tonnen Rocken und 16 Tonnen Buchweitzen, bey welcher Aussaet ein gutes Theil Land in Weyde ruhen und unbesäet liegen bleiben kann.
An Wischländereyen ist bey solchem Hofe so viel verhanden, daß jährlich ohngefehr 100 Fuder Heu à 1000 bis 1200 ℔ [Pfund] daraus gewonnen werden können.
An Holtzungen gehört zu diesem Hofe
1) alles Holtz auff den HoffFeldern, welches in recht guten Stande.
2) Bey den Dorffschafft Lehrsbüttel und Röst

[Blatt 220]
auch andere Gegenden 10 Büten Holtz von verschriebener größe und Gattung.
An Fischereyen.
Drey Fischteiche, die so genandte Schaafaue, in den Windberger See fliessend, und eine Aalwehre in der Wollmersdorffer Aue. Weiter gehört bey dem Hofe Lütjenharstedte eine Windmühle, wobey etwas an Saat Ländereyen und Wischen geleget, und gibet solche Mühle jährlich an Häur 100 Mark Courant. Torffmohren sind bey dem Hofe gleichfals hinlänglich verhanden.
An Bauer Gühtern gehören zu dem Hofe Lütjenhastette verschiedene Höfe in den Dorffschafften Krumstedt, Baringstedt und Burg etc, von welchen nicht allein einige jedoch limitirte Hofdienste geleistet, sondern auch jährlich an Canone nach gedachten Hoff geliefert wird, an Korn 85 Tonnen Rocken, ½ Tonn Habern, 1 Scheffel Buchweitzen und an Gelde 124 Mark 15 Schillinge.

[Blatt 221]
[1.)] Das gantze Hoffeld mit allen pertinentien ist von allen oneribus [Belastungen] frey, imgleichen wird von den Bauerhöfen keine Schatzungen bezahlet, etwas weniger an Herrn Geld wird von den Possessoren der Bauer-Höfe selber abgehalten.
2.) Mehr gedachter Hoff Lütjenhastedt mit allen vor beschriebenen und sonst dazu gehörigen Pertinentien wird öffentlich licitiret und dem plus licitanti [Höchstbietenden] biß auf ein gelangte Königliche allerhöchste approbation zugeschlagen.
3.) Dem Käuffer wird das Guht sambt allen pertinencen, dazu gehörigen Documenten, Uhrkunden und Briefschaften, an dem bey der Licitation anzusetzenden Termino frey überliefert, und Ihro Königliche Mayestät begeben sich dabey des deroselben allerhöchst competirenden Juris

Reluitionis [Einlösungsrecht, Wiedererlangung] dergestalt, daß der Käuffer damit alß seinem völligen Eigenthum frey und ungehindert erhalten und walten, auch solches gantz oder Stückweise seiner besten Convenience nach alieniren [verändern, veräußern] und auf ander

[Blatt 222]
zum völligen Erb und Eigenthum übertragen könne.
4.) Wegen des Kauff Pretii [Preises] wird von dem höchst bietenden hinlänglich Caution bestellet und solches bey dem Antritt des Guhtes bahr und in einer Summe bezahlet.
Hierauff ist Anno 1742 den 30 October in völliger Landes Versammlung vorgedachter Hoff Lütjenhastedt mit allen mehr erwehnten von den Herrn Conferentz Raht und LandVoigt Helm und den Herrn Etats Raht und Landschreiber **Dose**, als welche dazu von Ihro Königlichen Mayestätt auf Speciale ordre dazu committiret an die Landschafft Süder Dithmarschen als meist bietende bis auf ein

[Blatt 223]
gelangte Königliche allerhöchsten approbation verkaufft und zugeschlagen für 8200 Reichsthaler D[änische] Cronen.

Durchläuchtigster Fürst, Gnädiger Herr!

Wann Ihro Königliche Mayestätt auf unser aller unterthänigste Vorstellung Sub dato Christiansburg in der Königlichen Residence Copenhagen den 10 hujus Allergnädigst resolviret, daß das Guht Lütjenhastedt cum pertinentiis et deperdentiis der Landschafft Süder Dithmarschen licitiret und conditionirter Massen erb und eigenthümlich, und zwar unwiderrufflich, für acht tausend zwey hundert Reichsthaler cronen verkauffet, und das bißhero darauff vorbehaltene jus reluendi [Recht auf Wiedereinlösung] erlassen, besagtes Guht auch der Landschafft gegen Maytag einstehenden Jahres

[Blatt 224]
übertragen werden, dahin gegen aber dieselbe umb sothane Zeit den Kauffschilling an die Rensburgische Casse baar bezahlen, und wann solche geschehen, auch es mit des p.t. Cashiers Quitung erwiesen worden, sodann ihr darüber ein reiner Kauffbrieff unter allerhöchst gedachter Ihro Königlichen Mayestätt unterschrifft ertheilet werden sollte, So ermangeln nicht Ewer Hochfürstlichen Durchlaucht solches hiedurch zu vermelden, mit dem unterthänigsten Ersuchen, gedachter Landschafft solches und daß sie

mentionirte 8200 Reichsthaler Cronen an den Herrn Cantzeley Raht **Gries**, welchen wir selbige zur Einnahme angewießen gegen Quitung zu bezahlen habe, bekand zu machen, Gestalt dann hiernegst, wann die Quitung eingesandt wird, die Ausfertigung des Königlichen allerhöchsten Kauffbriefs von uns besorget werden soll, die wir übrigens mit unterthänigsten respect stets verfahren.

Ewer Hochfürstliche unterthänigste Diener
Basballe, Lund, Barens, Leth, Thott, Adperleid, Holtzen, Dreyer, Pauli, Barckmann, Jansen.

[Blatt 225]
An Ihro Hochfürstliche Durchlaucht Herrn Friderich Ernst, Marggraffe zu Brandenburg, Culmbach.[263]

Wohlgebohrne Herrn Conferentz und Etats Rähte!

Wann die Königliche RenteCammer in Copenhagen unterm 22. December a.p. mir bekand gemacht, daß das Guht Lütjenhastedt cum pertinentiis et dependentiis der Landschafft SüderDithmarschen licitiret und conditionirter Massen erb eigenthümlich, und zwar unwiederruflich für 8200 Reichsthaler DCr [Dänische Kronen] verkauffet und das bißhero darauf vorbehaltene Jus reluendi erloschen, besagtes Guht auch der Landschafft gegen Maytag dieses Jahres übertragen und dahingegen der Kauffschilling umb sothane Zeit bezahlt werden sollte, wie solches der Copeyliche Anschließ mit mehrern besaget, So habe denen Herrn Conferentz und Etats Rähten hiemit auftragen wollen, diese Ihro Königlichen Mayestätt allerhöchsten Resolution der Landschafft bekand zu machen, damit dieselbe

[Blatt 226]
zum abtrag des Kauffschillings auff einstehenden Maytag die nöhtige anstalt verfügen könne. Und ich verbleibe mit vieler estime derer Herren Conferentz und Etats Rähte dienstwilliger Friedrich Ernst, MZ Brandenburg. **A. Nottelmann.**

---

[263] Geb. 15.12.1703; † 23.06.1762 in Drage. Seine Schwester Sophie Magdalene von Brandenburg-Kulmbach war verheiratet mit dem dänischen König Christian VI. Er war Statthalter von Schleswig-Holstein, sein Residenzsitz war Schloss Gottorf, doch baute er Gut Drage aus, das ihm der König zur Hochzeit geschenkt hatte. Er lebte weit über seine Verhältnisse und hinterließ bei seinem Tode einen hochverschuldeten Besitz.

An die Herren Conferentz und Etats Rähte **von Helm** und **Dose** in Melldorf.
Königlicher Allergnädigster **Kauf- und Überlaßungs-Brief** für
Die Landschaft SüderDithmarschen auf das im Kirchspiel Süderhastedt daselbst belegene bishero Herrschäftlich gewesene Guht
Lütjenhastedt.
Sub dato Friedrichsburg den 26ten Julii 1743.

[Blatt 227]
Wir Christian der Sechste, von Gottes Gnaden König zu Dannemarck, Norwegen, der Wenden und Gohten, Hertzog zu Schleßwig, Hollstein, Storrmarn und der Dithmarschen, Graff zu Oldenburg und Dellmenhorst pp.
Thun Kund hiemit, demnach bey uns sämtliche Kirchspielvoigte und Gevollmächtigte unser Landschafft SüderDithmarschen aller unterthänigst angehalten, daß das Uns bishero zuständig gewesene im Kirchspiel Süderhastedt gedachter Landschafft belegene Guht Lütjenhastedt genannt, denselben erb und eigenthümlich verkaufft und überlaßen werden mögte. Und dann Impetrantes [Bittsteller, Erwerber] hiernegst auf der zum Verkauff besagten Guhts zu Melldorf am 30ten Octobris a.p. gehaltenen auction nach den in termino öffentlich verlesenen Conditionen, welche von Wort zu Wort folgendermaßen lauten:

[Blatt 228]
„In folge des von des Herrn Marckgraffen zu Brandenburg, Culmbach pp. Hochfürstlichen Durchlaucht Sub Dato Drage den 24. August a.c. [anno currente, des laufenden Jahres] ergangenen und in allen Kirchspielen dieser Landschafft wie auch in den Städten Rendsburg, Itzehoe, Krempe und Wilster zu drey wiederholten mahlen von den Cantzeln publicirten, auch in den Altonaischen gedruckten Zeitungen inserirten Gnädigsten Proclamatis, wird das Guht Lütjenhastedt hiemit zum Verkauff Öffentlich licitiret, unter folgenden Conditionen.
1. Der Hoff Lütjenhastedt ist belegen im Kirchspiel Süderhastedt, Landschafft SüderDithmarschen, hat ein bequemes Wohnhaus, ViehStall, SchaffStall, Backhaus, Garten, Kirchenstühle für Herrschafft und Gesinde

[Blatt 229]
in der Kirche zu Süderhastedt. Von den Hoffeldern können ohngefehrlich alle Jahr besaamet werden 40 Tonnen Rocken und 16 Tonnen Buchweitzen, bey welcher Aussaet ein gutes Theil Land in Weyden ruhen und unbesaet liegen bleiben kann. An Wischländereyen ist bey solchem Hofe so viel verhanden,

daß jährlich ohngefehr 100 Fuder Heuw a 1000 bis 1200 ℔ [Pfund] daraus gewonnen werden können. An Holtzungen gehört zu diesem Hofe 1) alles Holtz auf den Hoffeldern, welches in recht guten Stande; 2) Bey den Dorffschafften Lehrsbüttel und Röst auch andern Gegenden fünff Büten Holtz von verschiedener Größe und Gattung.
An Fischereyen: Drey Fischteiche, die so genandte SchaafAue in

[Blatt 230]
den Windberger See fließend, und eine AalWehr in der Wollmersdorffer Aue. Weiter gehört bey dem Hofe Lütjenhastedt eine WindMühle, wobey etwas an SaatLändereyen und Wischen geleget, und gibt solche Mühle jährlich an Häuer 100 Mark Courant. TorffMohren sind bey dem Hofe gleichfals hinlänglich verhanden.
An BauerGühtern gehören zu dem Hofe Lütjenhastedt verschiedene Höfe in den Dorfschafften Krumstedt, Baringstedt und Burg, von welchen nicht allein einige jedoch limitirte Hof Dienste geleistet, sondern auch an jährlichen Canone nach gedachten Hoff geliefert geliefert wird an Korn 85 Tonnen Rocken, ½ Tonnen Habern, 1 Scheffel Buchweitzen und an Gelde 124 Mark 15 Schillinge.
Das gantze Hofffeld mit allen pertinentien ist von allen oneribus frey, im gleichen wird von den BauerHöfen keine Schatzungen bezahlet, jedoch wird einiges Herrengeld

> Das Blatt 231 ist besonders oben stark beschädigt und abgerissen und daher nicht zu lesen. Kursiv wird der fehlende Text aus dem Entwurf auf Seite 221/222 ergänzt.

[Blatt 231]
von den Possessoren der Bauer-Höfe selber abgehalten.
2. Mehr gedachter Hoff Lütjenhastedt mit allen vor beschriebenen und sonst dazu gehörigen Pertinentien wird öffentlich licitiret und dem plus licitanti [Meistbietenden] biß auf eingelangte Königliche Allerhöchste approbation zugeschlagen.
3. Dem Käuffer wird das Guht samt aller pertinencen, dazu gehörigen Documenten, Uhrkunden und Brieffschafften, soviel davon verhanden, auf Künfftigen Maytag des von Gott zu erwartenden 1743sten Jahrs überliefert, und Ihro Königliche Mayestätt begeben Sich dabey des deroselben Allerhöchst competirenden Juris reluitionis dergestalt, daß der Käuffer damit als seinem völligen Eigen-

[Blatt 232]
thum frey und ungehindert erhalten und walten, auch solches gantz oder Stückweise seiner besten Convenience nach alieniren [verändern, veräußern] *und auf ander zum völligen Erb und Eigenthum übertragen könne.*
4. Wegen des Kauff Pretii wird von dem *höchst* bietenden hinlänglich Caution bestellet und solches bey dem Antritt des Guhtes bahr und in einer Summe bezahlet.
Vorher stehende KauffConditiones sind bey den am 30ten Octobris a.c. angestellten Licitation öffentlich verlesen. E[rnst] U[lrich] **Dose**.[264]
Dafür an Kauffgeld die Summa von acht tausend zwey hundert Reichsthaler dänische Cronen zu erlegen sich erbohten, solche auch nunmehro an unsere Rendsburgische Land- und Kriegs-Casse laut unsers Justitz-Rahts und p.t. Cassirers daselbst Johann Ni[colaus ?] Gries, darüber am 22ten

[der Rest fehlt].

---

[264] Ernst Ulrich Dose, Etatsrat in Glückstadt, † 24. 11.1750.

Neue Aufstellung von Ländereien

Hier fehlen Seiten. Die Bindung ist völlig zerbrochen. Es geht weiter mit einer neuen Blattzählung ab „Blatt neu23" bis „Blatt neu60".

[Blatt neu23, liegt hinten lose ein]

Transport   66 Morgen, 5 Scheffel
Mohrdamm lieget, sammt den Papen Kirchl[and], woran der Mohrdamm zu Süden und der Quarcken Kuhl zu Osten sich befindet, gros ohngefehr 9 Morgen, - Scheffel. [Am Rande steht] **Claus Wriedt** 1060 Mark.
Num. 40: Drei Feldje Feldjens, vorhin von **Hans Lau** bewohnten Hause, ist im Platzwischland, so in der Dinger Wische lieget, verhanden, und ohngefehr gros 3 Morgen, 8 Scheffel. [Am Rande steht] Num. 40, 86 et 88 an **Jürgen Schult** für 800 Mark.
Auf dieses Wischland aber kann nicht mehr dann praeter propter [ungefähr] 8 Fuder Heu gewonnen werden.
Num. 41: In dem Kirchspiel Marne, und zwar bey **Hinrich Claußen** Hause gehörig, ist eine Wische nebst 2 Scheffel Land gros ohngefehr 1 Morgen, - Scheffel. [Am Rande steht] B: Num 41, 59, 94, 108 et 112 an **Johannes Johann** für 645 Mark.
Beträgt also die Morgenzahl von den Wischländereyen 80 Morgen, 1 Scheffel.

[Blatt neu24, liegt hinten lose ein]
An Marsch Ländereyen aufn Dingen.
Num. 42: Zwey Krüge, wovon der eine zu Westen auf den Dinger Weg schießend und der ander wieder auf demselben, woran **Dirck Haack** zu Norden und der H. Vollmacht **Boie** zu Süden benachbahret, davon der eine in 3 und der ander in 4 stücke bestehet. Beede Krüge sind gros ohngefehr 1 Morgen, 7 Scheffel, 28 Ruten, 5 fus, - finger.
Zulage a Morgen 1 Mark 8 Schillinge. Ist 2 Mark 4 Schillinge $3^{99}/_{100}$ Pfennige.
[Am linken Rand] à Scheffel 23 Mark 4 Schillinge, an **Frans Duncker**.
[Am rechten Rand] Den 7. Februar. Die Marsch Ländereyen, ...uff was davon die eigentliche Masse geben wird, gleich ander Ländereyen zu contribuiren nach den Anschlage wie bey jeden notiret.
Num. 43: Noch 2 Stücke daselbsten, woran **Dirck Haack** zu Süden und des H. Landesgevollmächtigten **Bojen Johann** Land zu Norden, gros ohngefehr 12 Scheffel, 23 Ruten, 14 fus, 13 finger.
Zulage a Morgen 1 Mark 8 Schillinge. Ist 1 Mark 4 Schillinge 1 $^{283}/_{320}$ Pfennige.

[Am linken Rand] a Scheffel 22 Mark, **Johann Haselmann**.

Die LehmHayen genandt,

Num 44: Ein Wurth Krug, woran der Kirchspielvoigt Boie zu Süden und die Frau Admiralin zu Norden Benachbahret, gros ohngefähr 1 Morgen, 0 Scheffel, 37 Ruten, 12 fus.

Zulage a Morgen 2 Mark. Ist 2 Mark 2 Schillinge $^4/_{25}$ Pfennige.

Num. 45: Noch daselbsten 3 Stücke, da-

[Am linken Rand] a Scheffel 22 Mark 8 Schillinge an **Franß Duncker**.

[Seitensumme]   3 Morgen 6 Scheffel 8 Ruten 18 fus 9$^1/_4$ finger.[265]

[Blatt neu25]

Transport   3 Morgen, 6 Scheffel, 8 Ruten, 18 fus, 9$^1/_4$ finger.

-von das eine Stück, woran die Frau Admiralin zu Süden und **Dirck Haack** zu Norden Benachbahret, gros ohngefähr 0 Morgen, 4 Scheffel, 20 Ruten.

a Morgen 2 Mark Zulage. Ist 10 Schillinge 3$^{119}/_{400}$ Pfennige.

Num. 46: Das ander Stück, woran **Dierck Haack** zu Süden und der H. Kirchspielvoigt zu Norden benachbahret, gros ohngefähr 0 Morgen, 4 Scheffel, 20 Ruten.

a Morgen 2 Mark Zulage. Ist 8 Schillinge $^{161}/_{400}$ Pfennige.

Num 47: Das dritte Stück ist ohngefähr gros 4 Scheffel, 20 Ruten.

a Morgen 2 Mark Zulage. Ist 10 Schillinge 10 $^{19}/_{50}$ Pfennige.

Num. 48: Ein Krug zu Norden dem Kleinen Barg, gros ohngefähr 14 Scheffel, 39 Ruten.

a Morgen 2 Mark machen 1 Mark 15 Schillinge 11 $^{99}/_{200}$ Pfennige.[266]

Num 49: Noch 2 Stücke, so zu Norden an vorigen liegen, gros ohngefähr 11 Scheffel, 25 Ruten. a Morgen 2 Mark. Ist 1 Mark 8 Schillinge 9 $^{71}/_{100}$ Pfennige.

Num 50: Die Kleine Layen, so gleichfalls zu Norden an vorigen beeden Stücken lieget, gros ohngefähr 2 Morgen, 13 Scheffel, 2 Ruten. a Morgen 2 Mark Zulage ist 5 Mark 12 Schillinge 10 $^{117}/_{400}$ Pfennige.

[Summe]   8 Morgen, 14 Sceffel 28 Ruten 18 fus 9$^1/_4$ finger.

---

[265] Diese Seite enthält Rechenfehler. Bei Num. 44 könnte es heißen 1 Mo, 1 Sch, 0 Ru, 8 Fu.

[266] Diese Rechnung stimmt:15 Scheffel = 1 Morgen; 40 Ruten = 1 Scheffel; 16 Fuß = 1 Rute; 16 Finger = 1 Fuß. 1 Mark = 16 Schillinge, 1 Schilling = 12 Pfennige.

[Blatt neu26 – neu35 und neu37 – neu50] Die hier folgende Detailaufstellungen werden nicht transkribiert. Blatt neu37 bringt einerseits den Hinweis, dass es ein Blatt neu14, und damit alle verloren gegangenen, gegeben hat, andererseits die Summenaufstellung für den Hof Lütjenhastedt. Danach hat dieser sicherlich mehr als 160 Morgen besessen.

[Blatt neu 37] Kurtzer Auszug aus diesem Inventario.

Pag. 14. Beträgt der Morgenzahl von den Weyden	19 M, 10 Sch
Pag. 23. Von den Wischen	80 M, 1 Sch
Pag. 29. Von den Marsch Ländereyen	33 M, 1 Sch, 29 R, 2 f, 9 ¼ fgr.
Pag. 36. Von den Mohr Ländereyen	19 M, 8 Sch, - R, - f , - fgr.
Beträgt also die Morgenzahl von diesen 4 Sorten ohngefehr	152 M, 5 Sch, 29 R, 2 f, 9 ¼ fgr

und sind annoch ein und ander Ländereyen, wovon man die Maaße nicht erhalten mögen, wie wohl selbige allbereits vorhero mit angeführet und in diesem Inventario ohne Beysetzung der Maaße mit aufgezeichnet worden. Weiter würde einiges Mohr zum Inventario kommen, so ebenmäßig beym Hofe gehöret.

[Blatt neu51] Der Schreiber vermerkt hier (für das Jahr 1735) Änderungen in der Nutzung, die durch Landschaftsveränderungen auftreten, wobei durchaus Besitzrechte sich angemaßt werden, die vorher bei dem adligen Großgrundbesitz wohl weniger geschahen.

Bey Errichtung dieses Inventarii oder Specification haben wir erfahren müßen und finden vor nöthig, daß folgende Puncte hieselbst beym Schluß inserirt werden, damit selbiger dadurch der Landschafft zur Notice gelangen mögen, ob derselbige hirunter eine anderweitige Verfügung machen will.
1mo [267] Die Scheidepfäle zwischen Friedrichshoff und der Bauerschafft Hopen sind nieder gefallen und weg, so daß kaum der alten rudera[268] mehr davon zu sehen und könnte künfftighin wegen dieser Grentzscheidung leicht Disput entstehen.

---

[267] primo, erstens.
[268] rudus, ruderis = zerbröckeltes Gestein.

2do [269] Der Hoff hat vorhin unter die Teichbanck nicht höher dann zu 40 Morgen gestanden, nun mehro aber soll er in dem Eddelaker Teiche darüber und zu 50 Morgen angesetzet worden seyn. So dann ist

[Blatt neu52]
3^{tio} [270] ein Zweiffel, ob nicht denselben mehr Fleth jetzunder zu genießen als er in den vorigen Zeiten gehabt.

4to [271] Was sonsten an Reht oder Dack an Auen und Seen wächst und vormahls bey dem Hofe gehöret, deswegen befindet sich eine ebenmäßige Unrichtigkeit, inden nach der geschehenen Inundation [Überschwemmung] auf den Anwachs der Auen und Seen beßer Dack gewachsen wie vorhin. Solches wird jetzunder von andern Leutten angetastet und praetendiren es nunmehro als eine Gerechtigkeit, wie dann die St. Margrethener die so genandte Kleine Job-See, so vorhin öffters von **Johann Schröder** Kirchspiels Diener in Eddelak befischet worden, nunmehro aber zugeschlammet und das darauff gewachsene Reht oder Dack anmassen und zu sich nehmen.

[Blatt neu53]
5to Geschiehet solches auch bey der Kleinen Nord-See, da diejenigen, so Wiesen daran haben, von dem Zuwachs der See das meiste Dack weg nehmen, hingegen dem Pensionair das minste davon laßen, da er doch vorhero das meiste soll genoßen haben.

6to Die Kudener exeerciren [sic] es beynahe auf gleichen fus, denn das Dack oder Reht, so bey der Aue, welche unter FriedrichsHoff in den See fließet, wächst, massen sie sich bey Winters Zeit an. Die Fischerey auf solcher Aue gehört bey dem Hoffe, dieselbe sehen nicht gerne, daß bey Winterszeit darauf gefischet, damit das Reht nicht zertreten werde und können künfftighin wohl gar auf die Gedanken kommen, solches zu wehren und würden überdem darauf ankommen, ob nicht solcher Abgang von der Aue und daher rührender Anwachs auch darauf jährlich gewachsene Reht oder Dack beym Hoffe gehör.

---

[269] secundo, zweitens.
[270] tertio, drittens.
[271] quarto, viertens.

[Blatt neu54]
7^{timo} Einige Eingesessene aus dem Kirchspiel Eddelak befriedigen und bekleyn jetzunder ihre unter Friedrichshoff^{272} liegende Wiesen, welches vorhin nicht geschehen. Der Pensionair verlieret dadurch nicht allein das Vorgraß biß Maytag und Nachgras oder Etgrüen,^{273} so jetzunder die Eigenthümer der Wiesen sich zu Nutze machen, welches doch vorhin der Pensionair einseitig soll genossen haben, sondern es müssen auch über die eingefriedete Wiesen nunmehro verschiedene Brücken geleget werden, damit das Heu oder Futter von den Friedrichshöfer Wiesen können gefahren werden, welches vorhin nicht so gewesen. Diesen Exempeln können künfftig mehrere folgen und ihre Wiesen abfriedigen.

8^{tavi} Die Holtz Scheidung zwischen etwas Beym Friedrichshoff Befindliche und zwischen **Claus Boyen** zuständigen Holtze ist nicht wohl zu hindern, und möchte es woll zur Richtigkeit gelangen.

[Blatt neu55]
9no Bey den Hoff gehört ein gewißer Mohr, woran die Höper zu Süden und Norden liegen, hiefür gedencken dieselbe nach ihrer vorgeschützten Gerechtigkeit nur jährlich 5 Mark Courant und weiter nichts an Häuer zu geben. Gedachtes Mohr nützen und Brauchen sie, die jährlich Recognition aber wollen sie gleichsam der Landschafft oder dem Pensionair vorschreiben.

10mo Soll eine Büte Holtzung in Röster, Lehrs- oder Tensbütteler Feldmarckt liegen, welche vorhin ebenmäßig bey dem Hoffe gewesen, der jetzige Pensionair hat hievon kein licht kriegen können, derjenige so bey **Dethleff von Mürtzen** zeiten die Auffsicht darüber gehabt, wird hievon mehrere Nachricht wißen, wie dann selbige noch nicht vor langen Jahren dabey und zu finden gewesen.

11mo Ein Stück Donner Weyde, so zwischen die Nord See und so genandten Höpener Mohr lieget, soll vorhin bey Friedrichs-Hoff gehöret

---

^{272} In Dithmarschen hat es drei Adelsgüter gegeben, neben dem Gut Frestedt, das im Eigenbesitz des dänischen Königs war, noch das hier behandelte Gut Lütjenhastedt bei Kleinhastedt, das Heinrich Rantzau gehörte, und der Friedrichshof bei Dingen, das seit 1567 der Steinburger Amtmann Josias von Qualen mit enormem Grundbesitz in den Kirchspielen Eddelak, Marne und Süderhastedt erworben hatte; 1667 konnte die Landschaft Süderdithmarschen das Gut von dänischen König erwerben und verkaufte es 1747 weiter.

^{273} Ettgrön = zweites Grün, Nachmahd.

[Blatt neu56]

haben, eigenen sich nun mehro die Höpener zu, selbige ist von ihnen abgefriediget, daß der Pensionair nicht ein mahl dadurch kommen kann, sondern muß einen andern weg zu einigen bey dem Hofe gehörigen Ländereyen nehmen.

12mo Die Kudener kommen über die Grentzscheidung und sollen jetzunder anfangen, auff den Friedrichshoffer Grund und Boden zu pflügen.

13mo Die so genandte **Bencken-Wische**,[274] welche im Kirchspiel Marne lieget und vorhin bey dem Guhte Drage gehöret, nun mehro aber Ihro Königlichen Mayestätt anhaim gefallen, soll vorhin an den Pensionair des Friedrichs-Hoffs verhäuert gewesen seyn, und hat jährlich dafür 12 Reichsthaler häuer bezahlen müssen, nun mehro aber wird selbige dem meistbietenden zugeschlagen und verhäuert, daß die Häuer gedachter **Bencken-Wische**

[Blatt neu57]

in vorigen Zeiten von dem Guhte Friedrichs-Hoff bezahlet worden, rühret daher, daß einige beym Hofe gehörige Ländereyen darüber wegen, und weswegen ein Bescheid verhanden seyn soll.

14to Daß in **Ties Jürgens** in Hopen vorhin gehörigen Wiesen, so unter dem Höpener Kleve liegen, ein Ort Wischland mit darunter befindlich seyn soll, wovor derselbe jährlich an dem Hofe 12 Schillinge bezahlet, es sind aber dessen Güther zum Aufsbott[275] und Concurs gekommen. Dabey aber der Landschaffts jura nicht observirt, hingegen solche Wischen von den Vollmacht zu Westdorf weggezogen worden und wann dem wäre, hätte dadurch der Hoff ein kleiner abgang verspühret.

[Blatt neu58]

Dieses und nicht ein mehres hat der jetzige Pensionair **Christian Müller** seinem Versprechen nach geben und anweisen, wie auch vor der Land keine näher und weitere Nachricht erhalten können, womit den dieses Inventarium oder Specification geschlossen wird.

Actum Melldorff den 30. September 1735.

---

[274] Wegemann S. 40 nennt in Süderwisch in der Landgemeinde Marne eine „Binkenwisch".
[275] Bott = Baad = Gebot.

[Blatt neu59]

Marschländereyen im Kirchspiel Eddelak geben an Zulage		Marschländereyen im Kirchspiel Marne geben an Zulage	
num 42	2 M 4 ß 3^{99}/$_{100}$ ₰	num 59	10 ß 11^{22}/$_{25}$ ₰
num 43	1 M 4 ß 1^{283}/$_{320}$ ₰	num 60	1M 13 ß 6^{619}/$_{1600}$ ₰
num 44	2 M 2 ß 0 ^{4}/$_{25}$ ₰	num 61	6 M - ß 1^{6}/$_{25}$ ₰
num 45	- M 10 ß 3^{119}/$_{400}$ ₰	num 62	- M 8 ß 6^{3}/$_{25}$ ₰
num 46	- M 8 ß 6^{161}/$_{400}$ ₰	num 63	2 M 11 ß 10^{1}/$_{16}$ ₰
num 47	- M 10 ß 10^{19}/$_{50}$ ₰	num 64	3 M 1 ß 9^{59}/$_{80}$ ₰
num 49	1 M 8 ß 9 ^{71}/$_{100}$ ₰	num 65	<u>12 M 11 ß 2^{18}/$_{25}$ ₰</u>
num 50	5 M 12 ß 10^{117}/$_{400}$ ₰		27 M 10 ß ^{47}/$_{320}$ ₰
num 51	7 M 2 ß 2^{123}/$_{200}$ ₰		
num 52	1 M 15 ß 10^{153}/$_{200}$ ₰		
num 53	1 M 3 ß 11^{69}/$_{400}$ ₰		
num 54	2 M 14 ß 9^{157}/$_{160}$ ₰		
num 55	- M 11 ß 5^{91}/$_{100}$ ₰		
num 56	- M 11 ß 2^{263}/$_{400}$ ₰		
num 57	- M 13 ß 7^{71}/$_{400}$ ₰		
num 58	<u>1 M 4 ß 8^{53}/$_{800}$ ₰</u>		
	33 M 11 ß 7^{1531}/$_{1600}$ ₰		

[Blatt neu60]

Die Zulage von die Mohrländereyen im Kirchspiel Eddelack

num 66	2 ß	$417/800$ ß
num 67	2 ß	$4^{467}/3200$ ß
num 68	5 ß	$8^{263}/800$ ß
num 69	5 ß	$7^{21}/25$ ß
num 70	1 ß	$11^{547}/1600$ ß
num 71	8 ß	$7^{9}/25$ ß
num 72	1 ß	$7^{1}/5$ ß
num 73	4 ß	$14^{471}/1600$ ß
num 75	5 ß	$3^{1111}/1600$ ß
num 76	2 ß	$1^{2121}/3200$ ß
num 78	7 ß	$5^{309}/400$ ß
num 79	2 ß	$5^{319}/1600$ ß
num 80	8 ß	$7^{79}/160$ ß
num 81	4 ß	$2^{95}/128$ ß
num 82	3 ß	$11^{1141}/3200$ ß
num 83	11 ß	$10^{153}/320$ ß
num 84	4 ß	$2^{1889}/3200$ ß
num 85	4 ß	$6^{951}/1000$ ß
num 87	5 ß	$5^{2100}/3200$ ß
num 88	4 ß	$43/200$ ß

Die Mohrländereyen 6 M - ß $3^{163}/320$ ß   [im Kirchspiel Eddelak]
Die Marschländerey 33 M 11 ß $7^{1531}/1600$ ß   [im Kirchspiel Eddelak]
Summa 39 M 11 ß $11^{373}/800$ ß   im Kirchspiel Eddelak
An Marschländereyen im Kirchspiel Eddelack   17 M 10 Sch - R 15 F $1\frac{1}{2}$ fi
An Mohrländereyen sind   22 M 10 Sch 18 R 13 F 2 fi
        40 M 5 Sch 19 R 12 F $3\frac{1}{2}$ fi
Hievon wegen num 69 die Hoffstette   1 Sch 5 R 2 F -- fi
        40 M 4 Sch 14 R 10 F $3\frac{1}{2}$ fi
Hiezu wegen die Wüsten Mohr die Hofstette so ist
        6 M 6 Sch 5 R 2 F 10 fi
Sind   46 M 10 Sch 19 R 12 F $13\frac{1}{2}$ fi
So nun ins künfftig unter dem Teich gerechnet werden.

Die Genauigkeitsangabe auf Teile von Pfennigen ist natürlich unsinnig.
(M = Mark; ß = Schillinge; ₰ = Pfennige.
M = Morgen; Sch = Scheffel; R = Ruten; F = Fuß; fi = Finger)

Ein unnummeriertes Blatt liegt lose am Ende ein. Es wird aus den fehlenden Seiten neu1 bis neu22 stammen.

[Vorderseite]
und unser Rente Cammer originaliter eingelieferten Quitung würcklich bezahlet und abgetragen, folglich nun mehro umb Ertheilung Unsers Allerhöchsten Kauff und Überlaßungs-Briefes auf sothenes Guht gebehten. Als haben Wir dem in ferneren Verfolg Unser allergnädigsten resolution vom 10. Dec. a.p. [anni praeteriti = des vergangenen Jahres] hiedurch in allerhöchsten Gnaden Statt geben wollen.

Uberlaßen, verkauffen und cediren [abtreten] dannenhero für Uns und unser Königl. Erb Successores an der Landes Regierung Krafft dieses offenen Briefes gedachter unser Landschafft für die in unser Casse Bezahlte 8200 Reichsthaler Cronen sothanes Guht Lütjenhastedt cum dependentiis und pertinentiis, und zwar unwiederruflich, auch erb- und eigenthümlich, dergestalt und also, wie solches in den obinserirten auctions-Conditionen breiter enthalten, wollen auch der Landschafft und den etwangen Künfftigen Successoribus am Guhte

[Rückseite]
sothanen Verkauff wieder männiglichen An- und Zuspruch Allergnädigst gewähren, und übrigens durch unsere Rente Cammer Verfügung ergehen laßen, daß ihr solches forder sahmt tradiret werde. Gebieten und Befehlen demnach allen unsern Obern- und Nieder-Beamten, ins besonder aber denen in SüderDithmarschen, die Landschafft und die Künfftige possessores des Guhtes bey gegen wärtigen Allerhöchsten Kauffbriefe wieder alle Beeinträchtigung bis an Uns Kräfftigst zu schützen. UhrKundlich unter unserm Königlichen Landzeichen und vorgedruckten Insiegel. Geben auf unserm Schlosse Friedrichsburg, den 26ten Julii 1743. Christian R.

? von ..hten; ? Kott; U. Adre??. CGH Pauli.

Schreiben des Baltzer Hans von Buchwald von 1684 gegen Kirchspielvogt und Landesgevollmächtigten zu Burg zugunsten seiner Pächter in Burg.

Fernerhin liegt lose eine Kopie einer Kopie (Copia Copiae) eines Dokumentes von Baltzer Hans von Buchwaldt mit Datum 1684 bei, auf großformatigem Papier. Die Schrift ist oft schlecht zu lesen, da viele verschiedene Buchstaben nur wie gleiche Haken aussehen.

Copia Ihrer Königlichen Majestät Höchstbetrauten Groß Canzler, Hochgeborener Graf, Gnädiger Herr.

Eure Hochgräfliche Excellence geruhen sich gnädig zu erinnern, wie auf dero Veranlassung ich das Guht Lütjenhastedt, welches der Oberstallmeister **Merlau** hibevor von Ihro Königlichen Majestät mit allem depententien für 7616[276] Reichsthaler gekauft hat, zu der Zeit, als es leider ganz öde und meine meiste Habseeligkeit darin verbrandt war, mit der Freiheit, wie es Ihro Königliche Majestät in und alle Wege gehabt, für 3338 Reichsthaler an mich erhandelt, und neue Gebäude darauf gebaut haben.

Wann nun, Gnädiger Graf und Herr, die Dithmarsische Landesgevollmächtigte für einige Jahren sich unternommen, meinen Häuersleuten zu Krumstedt Kätener- und Feuerhemdesgeld anzumuthen und wieder meinem Willen abzunöthigen, der Kirchspielvogt zur Burg aber wieder unsern Häuersmann daselbst nicht allein ein gleiches attentirt, sondern auch jüngsthin demselben mit militärischer Execution gahr desfalls zu belegen sich unterfangen hat, da doch

(1) gedachte Häuersleute zur Burg und Krumstedte zu meinem Guth Lütjenhastedt, als womit ich sie gekauft, gehören.

(2) Danach ich mit allen pertinentien und der Freiheit meines Ihrer Königlichen Majesti in und allewegen eingehabt, solches an mich erhandelt noch in Besitz habe, daher dann Dithmarsis so weniges itzo als bey Ihrer Königlichen Majestät zeiten gebühret, dieselbe unter ihrer Pflüge und anzahl zu ziehen.

---

[276] Korrekt ist 7416 Reichstaler.

[2. Blatt]
(3) Annowegen meine Häuersleute zur Burg und Hastedt weder vorhin noch itzo unter der Pflugschatzung sich befinden, sondern hingegen, als die Landschaft Dithmarschen sich beschwehret, daß sie für mehr Pflüge als sie inne hatte, contribuiren müße bey den neuen Landmaßen sich befunden, daß sie mehr Pflüge gehabt als wofür sie gethan, und daher wegen der alten Schatzung Ihrer Königlichen Majestät mit 2000 Reichsthalern abdingen, auch nachgehendt wegen der neuen Maaße, worunter jedoch meine erwähnte Häuerleute nicht befindlich, contribuiren müsse.

(4to) Da das Guht Hastede mit Ihrer Königlichen Majestät un..lische Vortheile verkauft worden, in Betrachtung solches wie es noch verhäuert worden, mehr nicht als 500 Mark jährlich Häuer, worin dannoch die Baukosten, so jährlich extra 200 Mark betragen, abgegangen, eingebracht, anhero aber den Oberstallmeister **Merlau** für 7616 Reichsthaler verkauft und mir, da es ganz öde und abgebrandt für 3338 Reichsthaler erhandelt und dem Dithmarschen das Jus protimisio[277] auf 7616 Reichsthaler, als wofür es hiebey vor und Bau.-Stade gekauft, gelassen worden, solches aber Ihnen nicht angestanden.

(5to) Da Ihrer Königlichen Majestät selber daran gelegen, daß das Guth Lütjen Hastädte bey seiner alten Freiheit und pertinentien geschützet werde, weil Ihrer Majestät Ihr das Jus Reluitionis im Kaufbrief ausdrücklich bedungen, und da endlich

(6) unmöglich sein wird, die Höfe zu Krumstedt und zur Burg für Ihrer Königlichen Majestät und für mich zu concerniren, und Häuersleute, woran das meiste Interesse des Gerichts hänget, ohne selbigen aber wenig werth ist, zu verschaffen,

[3. Blatt]
falls Dithmarsie frei stehen sollten, dieselbe mit unter Ihrer Pflugzahl zu ziehen und doppelt zu beschwehren. Indessen alle erwegung Ihrer Königlichen Majestät und die Herren Amtleute zu Steinburg allemahl Ihre Schutzhand über dieß Guth und Friedrichshof als Königliche Güther gehalten, So gelanget an Euer Hochgräfliche Exellence als Amtmann meine unterthänige Bitte, Sie geruhe gnädig, mich bey den pertinentien und Freiheiten des Guthes Hastede, womit es Ihrer Königlichen Majestät

---

[277] Auch Jus revocandi genannt. Näherrecht, Vorkaufsrecht.

hinbevor inne gehabt, auch meine Häuersleute zur Burg und Krumstede wieder des Kirchspielvogts zur Burg und der Meldorfischen Vollmachten zur Geest attentata künftiglich zu schützen und denen selben zu befehlen, daß sie die Hastedter Häuersleute mit Anforderung einiger collecten, außer der Kirchen- und Schulenumlage nicht Beschwehren, der Kirchspielvogt zur Burg die Execution aufheben und die dadurch sowohl als nebst der übrigen dieserwegen causirten Kosten erstatten müssen. Wobey Ich zu Eurer Hochgräflichen Excellence gnädiger Disposition die rechtliche Ahndung wegen der bisherigen attentaten in tiefster Gehorsam verstellet sein lasse als
Euer Hochgräflichen Exellence und Gnaden unterthänig gehorsamster Knecht.
Baltzer Hans von Buchwaldt.

[Anschreiben]
An den Königlichen Herrn Großcanzler Hochfürstliche Exellence und Gnaden unterthänige gehorsamste Bitte, Baltzer Hans von Buchwaldt wieder den Kirchspielvogt zur Burg M. Claußen und die Landesgev. zur Burg und Meldorfer Geest, wegen maintenirung [Haltung] der zu Hastede gehörigen Häuerleute zur Burg und Krumstedt, wieder deren attentata. Hierauf ist eine Citation erkannt, die den 16. Juni 1684 ausgefertiget worden.

Hier endet das Erdbuch!

Anhang 1.1

Verkauf des Hauses in Burg von Wulf von Buchwaldt an Johann Boje am 3. Juli 1625 für 1000 Mark.

Bekenne hiemit vor allen denen die Iho Lesende oder Hörende vorkumpt, Ick **Wulff von Buchwaldt**, daß Ick min Huss thor Borch, so Ick vordissen van **Hinrich Priss** an my gekofft, wedderumme mit aller thogehörigen Gerechtikeit und Freiheit, thogehörigen Acker und Wischen und einen frieen Kroge, dat Niemandt anders one sinen willen beer vorköpen schall, vorkofft hebbe an **Johann Böien** vor dusent Marck Lübesch. Vorrede my ock hirmit eme solches ohne verwor und moede tho Leweren, und ock van den Edlen Ehrenfesten Gestrengen Herrn Ridder undt AmbtMann tho der Stenborg [Steinburg] **Detleff Rantzouwen** hirup eme vorschrivendt vohr tho bringen, dat He ist also vor sick und die sinen von Erven tho Erven schall beholden. So ferne ed auerst sick worde tho dragen, dat He solches gekofftes Guet boten thoversicht muste wedder affstan, shall eme alles wadt He darann nohtwendich am Huse scheüen, stalle gebetert und verbetert gebörlich und richtig wedderum erlecht und betalet werden, dessen tho merer Nachrichtinge und vorwiserung Ick eme Johann Böyen dissen schin mitgedelet mit minen Nahmen und Pitgeer [Petschaft, Sigel] underschreven und vorsegelt. Actum Lütken Harstede den 3. Julij Anno 1625. (Sigel und Namen)

Correspond. orig. **Johann Ernestus Erhardi**, in fidem subscrit.

Kopie eines Schreibens von Detlef Rantzau,[278] Amtmann zu Steinburg, vom 31. Dezember 1625, dass Johann Boie zu dem Haus in Burg Acker und Wiesen vom König habe kaufen dürfen.

Der Könniglichen Mayestät zu Dennemarcken, Norwegen, Meines Gnädigsten Herrn, verordneter Holsteinischer Raht, AmbtMann zuer

---

[278] Detlef Rantzaus Ehefrau ließ 1639 die Kanzel in der Kirche zu Süderhastedt renovieren.

Steinburch und in Dithmarschen, Ich **Detleff Rantzow**, Ritter, Erbgesessen zue Pancker und Haselburg etc, Thue hiemit kundt, daß ich uff unterdienstliches anhalten **Johann Boien** zum Newege Ihm verschrieben unndt zuegesaget habe, Thue auch nochmahlß hiemit unndt in krafft dieses, so weit und ferner es immer bündich seyn und stadt haben kann, daß Nemlich Er Johann Böie vor sich und seine Erben bey seinen vonn **Wulff von Buchwolden** erkaufften und zuer Burch inn Dithmarschen stehenden Hause Höchst geEhrter ihrer Königlichen Mayestät daselbst liegende Acker und Wischen sambt anderer Zuebehöer, welche vor diesen allzeit bey solchen Hause gewesen und itzo noch seyn, nebst der Freyheit eines Kruhges in die Alte Königliche Hauer behalten und solches alles iemandes ungehindert wie sein eigen zu gebrauchen haben solle. Da aber ins künfftige etwa eine Änderung mit solchen Wischen und Ackern vorgehen und dieselben einen andern Eingereimet werden sollten, auff solchen fall soll derselbe gleich es dann der billigkeit gemeß ermelten Johann Böien und seinen Erben dasiene so Er an solchen Gudte beweißlich verbeßert und verunkostet hinwieder abtragen und erstatten. Deß zuer Uhrkundt habe ich dieses mit eigener Hand unterschrieben und mit meinem angebohrnen Petzschafft versiegelt. Datum Steinburch den 31. Dezember Anno 1625. (Sigel und Namen)

Corespond. orig. **Johann Ernestus Erhardi**, in fidem subscrat.

Abb.19: Detlef Rantzaus Ehefrau ließ 1639 die Kanzel in der Kirche zu Süderhastedt renovieren, wie die Inschrift dort aufzeigt.

Anhang 1.2
Gesuch Wulf von Buchwalds über Privilegien für sein Gut in Steinburg 1643

Wulf von Buchwald, der Vater „unseres" Baltzer Hans von Buchwald, besaß auch ein 50 Morgen großes Gut in Hohenfelde im Amt Steinburg (Kremper Marsch). Um die Privilegien für dieses Gut gab es einen Gerichtsstreit mit den Bauern von Hohenfelde.

Bei der Glückstädter Regierung-Kanzlei liegt ein Gesuch des Wulff von Buchwaldt aus dem Jahre 1643 vor, in dem es um sein vom König ihm erteiltes Immunitäts-Privileg für seinen Hof in Hohenfelde im Amte Steinburg geht. Im ersten Schreiben bittet er um die Befreiung von Einquartierungen, Pfugschatz und sonstigen Belastungen.[279]

Wulf von Buchwald hatte auch das Gut Lütjenhastedt zur Pacht seit 1627; nach dessen Tod übernahm sein Sohn Baltzer Hans von Buchwald das Gut pachtweise, bis dieser es 1677 kaufte.

Gesuch des von Buchwald auf Lütjenhastedt pro concessione immunitatis seines bei Steinburg belegenen Hofes.

Durchleuchtigster Großmechtigster König, gnedigster Herr,

Eurer Königlichen Mayestät wirt unterthenigst hinterbracht sein, waßmaßen auff Eurer Königliche Mayestät gnedigste anordnung die Ambtsunterthanen das Wildpreth alß Rehe unnd Hasen, so Ich zu behueff der Hochgräflichen Excellenz, Herrn **Christian von Preetz**, des Heiligen Römischen Reichs Grafen, Ritters, Küchen unnd Hoffhaltung zue stellen pflegen hiebevor haben alzeit nach der Glückstadt zur stedte führen müßen. Nachdem nun aber ohngefehr fur 3 Jahren sothane fuhren von Ihnen abgehandelt worden, habe ich die seithero auff meine eigene Kosten verrichten und zue deßen behueff einen diener, pferde unnd wagen mit meinem mergcklichen großen schaden unterhalten müßen, und selbige annoch unterhalte. Wan aber je billich und recht, daß fur solche und andere bereits Eure Königliche Mayestät erwiesene unnd künfftige getrewe dienste mir eine geringe erstatung widerfahre, und Ich dan einen kleinen Hofflandes bey der Steinburch[280] ligen habe, so jährlich

---

[279] Landesarchiv Schleswig, Abt. 11, Nr. 872.
[280] Steinburg ist heute ein kleines Dorf der Gemeinde Süderau zwischen Krempe und Hohenfelde. Der Name rührt her von der 1307 urkundlich erwähnten Schutzburg der

5 Mark lübisch in das Steinburgische Ambtregister giebet, und sonst wenige Handtdienste leistet, So selbst gelanget an Eure Königliche Mayestät mein unterthänigst flehen unnd bitten, Sie geruhen gnedigst, sothanen Hofflandes für mich, meine Erben unnd Erbnehmer (wan wir davon jährlich angeregte 5 oder 6 Mark lübisch in besagtes Steinburgische Ambtregister abtragen werden) von aller einquartierung, pfugschatz unnd allen andern Steinburgischen Diensten und beschwerden, Sie haben nahmen wie Sie wollen, zue eximiren [ausnehmen] unnd zu befreyen, damit also die meinigen nach meinem tödtlichen Hintrid sich derselben zu erfreuen haben, und bey Ihrem stücklein brodte verpleiben mügen. Eure Königliche Mayestät Gott dem Almechtigen.

In diesen Akten befindet sich auch eine umfangreiche Aufstellung, allerdings aus späterer Zeit, erstellt in Burg am 11. April 1753 von **Hinrich Nic. Matthiessen**:

Register von denen freyen Ländereyen, Wiesen pp drey Höfe Lütjenhastedt und Kleinen Rahde und was dazu wie auch zu dem Hofe Friderichshofe gehöret hat, alß
Hans Hadenfeld, welcher das Guht Lütjenhastedt eigenthümlich Bewohnet und Besitzet, wobey nachfolgende Stücke verhanden als ...

Hierin treten wieder die schon bekannten Flurbezeichnungen auf,
- an Pflugland: Junkersfeld, Ellm, Rohwinkel, Lehmsieck, Jethäcken, Schwartzenberg, Haberkoppel, Galgenkrug, Mühlenkamp;
- an Wischland: Duwenwische, Streitwische, Junkerswische, Großer Krug, Bullenkrug, Besen- oder Haberkoppel, Bornholtzwische, Döse, Amtmannsknöll. Insgesamt 40 Morgen, 11 Scheffel, 33 Ruten (Taxation 6000). Besonders groß sind hier die Duwenwische mit 7 Morgen, 8 Scheffel (Taxation 1300; und der Amtmannsknöll mit 6 Morgen, 2 Scheffel (Taxation 800).

---

holsteinischen Grafen, die bis ins 17. Jahrhundert Sitz des Vogtes und Verwaltungssitz des Amtes Steinburg war. Die Burg lag in einer Biegung der Kremper Au nördlich der Landesstraße 112, Hauptstraße. Die Burg wurde 1641-43 abgerissen, nachdem die Vögte im Eigeninteresse ihre Stellung versuchten weiter auszubauen. 1492 wurde hier Johann Rantzau geboren, und 1526 Heinrich Rantzau.

Als neue Information ziehe ich hieraus, dass der Amtmannsknöll „auf der Schlichtenwiese in der Gudendorfer Feldmark" liegt, und dass Besenwische oder Haberkoppel dasselbe sind. Leider kann ich für die „Taxation" keine Einheit finden, vielleicht Reichstaler?

Fernerhin, was früher zum Gut gehörte, jetzt
Hans Jürgen Helms besitzt die Windmühle und Land
Dierck Dühr auf Kleinen Rahde
Jacob Matthiessen in Frestedt.

Ein zweites Schreiben von König Christian IV. aus Glücksburg vom 6. Juni 1643 lautet:

Christian der Vierte etc.
Wolgeborner Rath, lieber getrewer. Es hat **Wulff von Buchwald** unterthenigste Instantz gethan, wie ab der beylage supplicationis mehrern begreiffs zu ersehen, seinen bey Steinburch belegenen Hofflandes für sich unnd deßen Erben gegen jährlicher abführung 5 oder 6 Mark lübisch in unser Ambtregister in betrachtung der libellirten motiven von aller einquartirung, pflugschatz zuesambt andern Diensten unnd beschwerden zue befreyen. Wan wir aber uns hiruff soforth zue resolviren bedenken getragen, Demnach Ist unser gnedigster will unnd meinung, daß du uns fürdersambt deinen bericht hirüber zuefertigest. Sein dir mit gnaden wol zuegethan. Geben auff unserm Hause Glücksburg, den 6. Junij Anno 1643.

Ein drittes Schreiben aus Glückstadt vom 14. Juni 1643, das die Empfehlung ausspricht, dieses Privileg zu erteilen, da der König keine finanziellen Einbußen zu erwarten habe, lautet:

Durchleuchtigster Großmechtigster König, Allergnedigster Herr,
Eurer Königlichen Mayestät copeylich beygelechten befelch wegen **Wulff von Buchwald** zue Lütken Hastede lit. A zue gehorsambster folge, halte Ich unterthenigst unvergreifflich dafür, daß Eure Königliche Mayestät es bey Ihrem verschienen Jahr durch den Cantzler **Dethleff Reventlowen** besagtem Wulff von Buchwald gegebenen bescheide lit. B laßen unnd das Erblich gesuchte privilegium demselben erteilen können, Zumaln Eure Königliche Mayestät aus dem Ambtregister nichts abgehet, den er die 5 oder 6 Mark zus Ambtregister jehrlich selbst entrichten will. Eurer Königlichen Mayestät

damit der Obacht Gottes unnd mich Ihrer beharlichen Königlichen Huldt hertzlich unterthenigst befelend. Datum Glückstadt, den 14. Junij Anno 1643. Unterthänigster Diener.

Das vierte Schreiben, ohne Datum, verdient eine ausführliche Analyse und Interpretation. Der Schreiber argumentiert für die damalige Zeit recht unrealistisch, dass die kleinen Höfe (11 und 14 Morgen) das gleiche Ansehen und damit Recht haben müssten wie der große Hof (50 Morgen) von Wulf von Buchwald, „die kleinen Höfe den großen gleich". Außerdem versucht der Schreiber, die Gültigkeit eines Privilegs für den Buchwald-Hof zu verneinen, obwohl er im ersten Satz sagt, daß von Buchwald eine Kopie dieses Privilegs des Königs vorgelegt habe. Mit unsachlichen und emotionalen Argumenten nimmt er für die kleinen Bauern Stellung. Die Darstellung wirkt wie die eines Juristen.

Durchleuchtigster Großmechtigster König, Gnedigster Herr.
Es hatt unnß ohnlengst Euer Königlichen Mayestät Heidtreiter im Südertheill Dithmarschenn **Wulff von Bockwolden** zue Lütken Hadtstede wahrhafftig Copiam eines von Euer Königlichen Mayestät demselben gnedigst ertheilten Privilegij immunitatis intimiren [beibringen] und einhendigen laßen. Nuhn befrembdet unnß aber nicht wenig, wodurch gedächter Wulff von bockwolden zue solchem gesuch gerathen, da ihm zweiffelsfrey dementhalben, alß er den Hoff, worauf er jetzige immunitet erlangt, kaufflich an sich bringen wollen, daß Ihme darauff von unserm Vogt und deßen bei sich habenden Holsten,[281] erinnert und zue gemüte geführet, welchergestallt sie sich besorgten, weile er mit ihnen Ungleichen standes, er nachgehendes sich Höherer freiheiten anmaßen, unnd also die Leüte in Angelegenheit setzen möchte mit dem anhangs, da es die meinung hette, daß Sie alßdann angesehen Ihr ohn daß schwaches und ohnvermögendes Kirchspiel dadurch sehr würde Laediret und beschwehret würden, sothanen vorhabenden Kauff nicht zugeben köntenn, sondern sich deßen beschwehren oder je die eingeseßene insgesambten zuetreten und den damahl feil stehenden Hof an sich löesen müssen. Worauf aber er nicht allein mit verbindtlichen wortten sich resolviret und außgelaßen, daß er nachbahr,

---

[281] Als Vogt und Holsten (Einzahl Holst) bezeichnete man um 1800 auf den adligen Gütern die Landleute, die in erster Instanz die Gerichtsbarkeit ausübten, Amtsbauern.

nachbahres gleich, allermaßen seiner Vorwesere gethaen, die onera und dienste abtragen und deßwegen keine freyheit begehren wollte. Wie solches uffm [auf dem] fall verneinens der Voigt sambt seinen bei sich gehabten Holstenn vermittelst Ihres Cörperlichen Eidts bekrefftigen können, sondern auch folgendes den Kauff contract darauff obigergestalt vollenzogenn und alle Dienste und Verpflichten ohne einzige Exception abzuehalten sich verschriebenn. Ob nuhn wieder solch verpflichten und darauff erfolgten in ebenmeßigen terminis beruhenden Kauff contract ihme Wulff von Boeckwolden gebühret einige exemptionen [Ausnahmen] seines uffm Hogenfelde belegenen Hoffes zue suchen, solches geben Euer Königliche Mayestät wir unterthänigst zue erkennen anheimb, wie dann allen aber, so müssen auch ohne des preces[282] veritate nitiren.[283] Da sich aber ungleich berichtet zu sein befindet, So zerfellt billig, waß darauf gebaueret, unnd von Eurer Königlichen Mayestät außgegebenn.

Eß befinden sich aber zweyerley ex tenore privilegij [gleichsinnige Privilegien ?], so der gegentheill nothwendig berichtet haben muß, aber keinerley zue erweisen. Daß erste betreffende, so ist gantz ohne, daß impetrant nuhr einen geringen Hofflandes des orttes ligen hette, zumahln sein Hoff der allergrößeste unnd beste auff dem gantzen Hogenfelde [Hohenfelde]. Weil Er aber 50 morgen groß, dergleichen uffm Hogenfelde nicht wird zue befinden seinn, Inreichend aber daß ieder, so redet gleicher gestaltt die notorietet[284] dawieder, daß Impetrant mit keinerley einquartierung und Pflugschatz bishero beleget sein solte. Weiln Er sowoll alß seine Vorwesern sothane onera, wan sie gefallen, abgetragen, worauß dan erhellet, daß uff ungleichen bericht expracticirtes privilegium kein statt haben könne, unnd solches umb so viel weniger, weil dasselbe unß ohn alles unser verschulden in großen schaden setzet, Ja unwiederbringliche nachtheilige consequentien gebieret.

Dann (1.) muß der Impetrant zue **Jürgen Bokels** Hofe, welcher nur 7 Morgen groß ist, zue Hülffe und also fur 2 volle pflüge thun. Ob nuhn woll er sich mit Clauws schlich [??] desfals vertragen, So konte doch stante hoc privilegio

---

[282] Prex, precis. Plural preces = Bitten.
[283] sich verlassen auf ??
[284] Mit dem Begriff Notorietät ist eine juristische Gewissheit gemeint, die keines besonderen Beweises bedarf.

darin leichtlich ein Riß gescheen und dadürch eine confusio veruhrsachet werden.

(2.) Ist bißhero gebreüchlich gewesen, daß die kleinen Höfe den großen gleich gethaen. Nun würde ir högst unbillig Ja unchristlich seinn, daß die kleinen Höfe, darunter sonderlich zwo, deren ein nuhr 14 Morgen, der ander 11 in der größe hatt, ihme dem von Bockwolden in seinen über 50 Morgen großen Hofe freyen solten.

(3.) würde solches noch unbilliger bei den Köteners fallen, so theils uff Kirchen grunde und boden, auch höchster uffm Glindesmohr und Halenbroke[285] zue gebaueret, und Euer Königliche Mayestät grundthauer geben, theils auch nicht ein Pferdt haben, welche alle zue Diensten würden mitgezogen werdenn.

(4.) wurden deß Hogenfelder Kirchspiel Königs Theils uff 10 Pflüge gerechnet, da nicht kaum 7 darauß gemeßen werden können. Sollte nuhn der vornehmste und größeste Hoff ihnen entzogen werde, wollte ie die högste inigtet und unbilligkeit sein, zue geschweigen, daß niemand eines andern onera portiren und tragen solle.

(5.) Weil das privilegium uber die maßen general und ihn von allen oneribus, wie sie Nahmen haben mögen, eximiret [befreit], So würde er auch dem buchstaben nach von Kirchen und Schulen, Straßen, Wegen, Waßergengen etc entfreyet sein, welches aber zuemahl ungereimbt sein wolte.

Wir wollen (6.) geschweigen, daß wir dadurch mit der gantzen Cremper Marsch in confusion gerathen würden, wann derogestaltt an Pflugschatz und andern mit ihnen gemeinen Zulagen, alß wegen deßfalß gerichtes etc durch diesen gefreyten vornembsten theill des Hogenfeldes ein so ansehendtliches unß abgehen würde. Unnd wan dan nuhr Gnedigster König und Herr auß diesem allenn zur genüge erhellet, wie diß von Ihm ausgewürcktes privilegium sub et obreptitie[286] wieder sein des von Boeckwolden eigen gethanes verpflichten und darauf erfolgeten verschrieben ê diametro lauffe, dan auch unnß unnd respective der Cremper marsch zue großem nachtheill

---

[285] Das Glindesmoor und Halenbrook sind Gemarkungen östlich Hohenfelde.
[286] Erschleichung eines Vorteiles durch unzutreffende Angaben (sub-) oder Verschweigen (ob-) von Tatsachen.

unnd schaden gereichte unnd aber die privilegia, si preces veritate nitantur[287] et salvo jure tertij, zue verstehenn.

Alß gelanget ann Eure Königliche Mayestät unser unterthänigstes und umb Gottes willen flehendtligstes suchen unnd bitten, dieselbe allsolche von unß eingefürte motiven in gnedigste consideration zue zihen und darauf das von Euer Königlichen Mayestät auff des Wulff von Boeckwoldens sub et obreption emanirtes privilegium hinwieder zue cassiren, geruhen wolle.

Deßen verstehen zue Euer Königlichen Mayestät alß deme in aller urelich fernembsten Justitario, so ie und allewege die gerechtigkeit durchtretend administriret, wir unnß unterthänigst darüber dero Höchstadelichst Miltrichterlichste Ambt omni meliori modo implorirend [flehendlich erbitten].

Euer Königlichen Mayestät unterthänigst und gehorsambst unterthane.

Die sembtlichen einwohner des geringen und kleinen Kirchspels Hogenfelde.

[Ohne Datum]

Adresse: Ann Ihr Königliche Mayestät zue Dennemarcken, Norwegenn. Unterthänigste und flehentlichste Supplication Iro Die dembtliche einwohner deß kleinen Kirchspells Hogenfelde.

Als Antwort ergeht folgendes Schreiben des Königs vom 5. September 1643.

Christian der Vierdte von Gottes zu Dennemarck, Norwegen, der Wenden und Gothen König, Herzog zu Schhleßwig Holstein etc.

Ersamb lieber getrewer, waß die sämptliche Einwohnere des Kirchspielß Hohenfelde wider daß jüngst auf deinem Hoff erworbenes privilegium eingewand, solches hastu ab dem nebenschluß zu ersehen. Weil du dan, da sichs berichteter und supplicirter maßen verhalten sollte, der sub et obreptionis zu beschüldigen, alß ist unser gnädigster befehlig, daß du deine notturff innerhalb 8 tagen dawider, so du einige hast, einbringen sollest. Pleiben dir mit Königlichen gnaden wolgewogen. Geben auf unserem Hause Glücksburg am 5. September Anno 1643.

Christian.

Adresse: Dem Ehrsamben unserm Heidreitern und lieben getrewen Wulff von Buechwalt.

Absender: Ambt Steenburg.

---

[287] Schlussformel in Dekreten, aus dem Codex Juris Canonici (can. 45, 1054; Can. 41)

Anhang 1.3

Wulf von Buchwald zur Reparatur der Windmühle in Lütjenhastedt 1643

In den Akten der Glückstädter Regierungs-Kanzlei zu Süderdithmarschen[288] befindet sich ein Schreiben des Wulf von Buchwaldt von 1643 an das Obergericht in Glückstadt, die Reparatur der Windmühle in Lütjenhastedt und von Katen in Krumstedt betreffend:

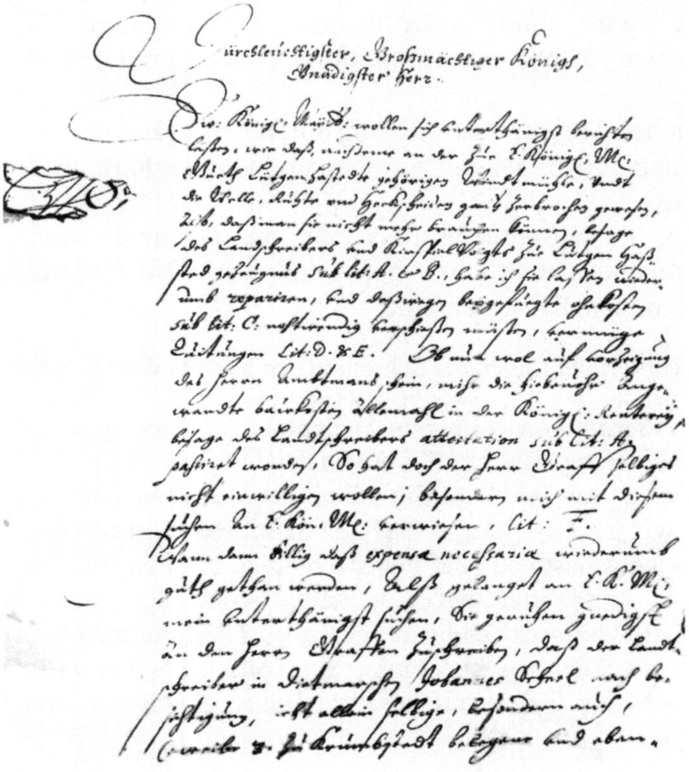
Durchleuchtigster, Großmächtigster König,
Gnädigster Herr.

Abb. 20a: Wulff von Buchwald 1643 wegen der Reparatur der Windmühle auf Lütjenhastedt.

[288] Landesarchiv Schleswig, Abt. 11, Nr. 744.

Durchleuchtigster Großmächtiger König, Gnädigster Herr. Eure Königliche Mayestät wollen sich unterthänigst berichten laßen, wie daß nachdeme an der zue Euer Königlichen Mayestät Gueth Lütjenhastedte gehörigen Windtmühle, undt die Welle, Ruhte[289] und Heck[290] beide gantz zerbrochen gewesen, also daß man sie nicht mehr brauchen können, besage des Landschreibers und Kirchspielvoigts zue Lütgenhaßted gezeugnis sub lit. A & B, habe ich sie lassen wiederumb repariren, und deßwegen beygefuegte ohnkosten sub lit. C nohtwendig verschießen müssen, vermüge Quitungen

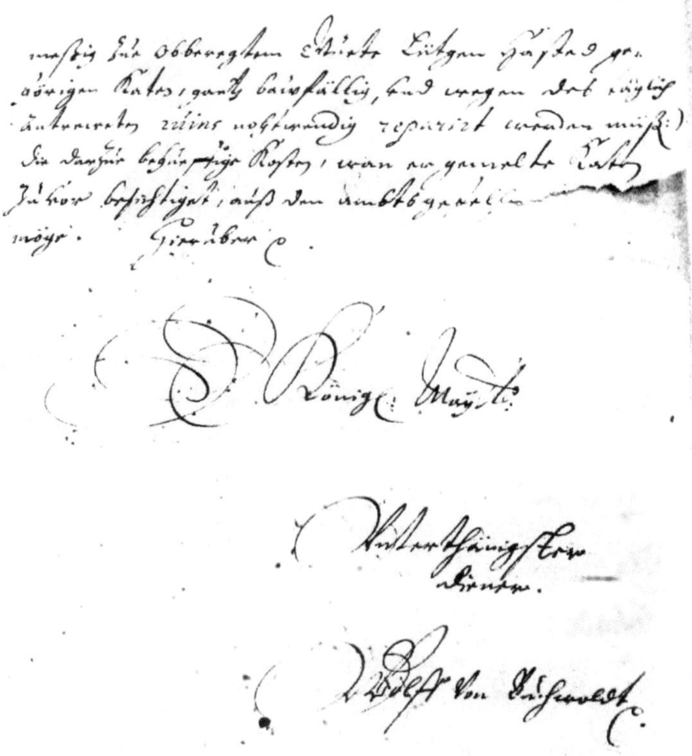

Abb. 20b: Wulff von Buchwald 1643 wegen der Reparatur der Windmühle auf Lütjenhastedt.

---

[289] Die Rute ist der Grundstock für einen Windmühlen-Flügel. Aus zwei Ruten besteht das vierflügelige Kreuz.
[290] Am Windmühlenflügel das Gitterwerk, über das das Segel gespannt wird.

Lit. D & E. Ob nun wol auf vorzeigung des Herrn Ambtmans schein mihr die hiebevor angewandte baukosten allemahl in der Königlichen Renterey besage des Landtschreibers attestation sub lit. A passiret worden, So hat doch der Herr Graff selbiges nicht einwilligen wollen, besonders mich mit diesem suchen an Eure Königliche Mayestät verwiesen, lit. F. Wann dann billig daß expensa necessaria [notwendige Ausgaben] wiederumb guth gethan werden, alß gelanget an Eure Königliche Mayestät mein unterthänigst suchen, Sie geruhen gnedigst, an den Herrn Graffen zu schreiben, daß der Landtschreiber in Dithmarschen **Johannes Scheel** nach besichtigung nicht allein selbige, besondern auch (weile das zu Krumbstedt belegene und ebenmeßig zue obberegtem Guete Lütjen Hasted gehörigen Katen gantz baufällig und wegen des täglich antreweten [eintretenden] ruins nohtwendig reparirt werden müßen) die darzue bedürfftige Kosten, wan er gemelte Katen zuvor besichtiget, auß den ambtsgefell [fehlt] möge. Hieruber Euer Königlichen Mayestätt Unterthänigster Diener. Wulff von Buchwaldt.

Ein weiteres Schreiben hierzu (Antwort) aus Glückstadt vom 17. Oktober 1643 lautet:

Uns einkommenes Königliches rescriptum wegen Wulf von Buchwalden verschiedene reparations kosten an der zue dem gute Lütkenhastete gehoriger Windt Mühle unnd der Katen zue Krumbstedte geschehen betreffend. Laßens Ihr Excellenz nochmaln bey Ihrem 16. Octobris jungst ergangenem bescheide bewenden, unnd kann supplicant diesen unnd angezogenen bescheidt anstath unterthenigster relation Ihr Königlichen Mayestät vorzeigen. Signatur Glückstadt, 17. Octobris 1643.

Diese Windmühle, in nur kurzer Entfernung südlich des Hofes Lütjenhastedt gelegen (siehe auf Karte 1), war eine Bockmühle und hieß „Emanuel". 1643 wurde sie repariert, 1852 abgerissen und durch eine Keller-Holländermühle ersetzt.[291] Im Schreiben vom 11. April 1753 von Hinrich Nic. Matthiessen (siehe Anhang 1.2) wird Hans Jürgen Helms als Müller und Besitzer genannt.

---

[291] Petersen/Scherreiks, S. 426.

Abb. 21: Bockmühle (Miniatur) Langerwisch. Mit dem Steert muss die Mühle in den Wind gedreht werden. Foto Lienhard Schulz 2010, Wikipedia.com.

Bei Bockmühlen steht der gesamte Bau drehbar auf dem namengebende Bock und muss mit dem Steert in den Wind gedreht werden. Bei Sturm war die Konstruktion oft instabil. Die durch die Bauweise eingeschränkte Gebäudehöhe wirkte sich (negativ) auf die Flügellänge aus. Das Drehen des gesamten Mühlenbaus war trotz einer Steertwinde und trotz eingesetzter Pferde harte körperliche Arbeit.[292]

Bei der Holländermühle hingegen ist nur der Kopf (Kappe, Haube) drehbar, der „Turm" ist stabil und steht fest. Sie ist leistungsfähiger als die Bockmühle; daher verdrängt dieser Mühlentyp ab Ende des 18. Jh.

---

[292] Petersen/Scherreiks, S. 23 und 32.

die Bockmühlen. Die erste Holländermühle in Dithmarschen wurde in Schülp 1710 erbaut.

In Dithmarschen begünstigte die Gewerbefreiheit für Windmühlen deren Betrieb; Mühlenbau und -unterhaltung lagen in privater Hand. Es gab hier keinen „Mühlenzwang", bei dem die Einwohner eines bestimmten Gebietes verpflichtet waren, ihr Getreide bei einer ihnen zugewiesenen Mühle (zwangsweise) mahlen zu lassen. Für die kostspieligen Mühlenbauten und -unterhaltungen außerhalb Dithmarschens waren die Landesherren, Klöster und Städte zuständig. Landrat Heinrich Christian Boie schrieb noch 1801: „Jeder Einwohner hat, welchen Erwerbszweig zu ergreifen er für gut findet, das unbestrittene Recht. Hat er falsch spekuliert, so trägt er die Folgen."[293]

Im Kirchspiel Süderhastedt gab es lange Zeit nur die beiden zum Gut Lütjenhastedt gehörigen Mühlen, die Bock-Windmühle bei Kleinhastedt und die Wassermühle Spersdick. Erst Mitte des 19. Jh. wurden 5 weitere Mühlen errichtet (Eggstedt 1841, Großenrade 1851, Süderhastedt 1853, Hochdonn 1855 und Frestedt).[294]

Die Windmühle bei Kleinhastedt stellt da insofern eine Ausnahme dar, als sie zum Gut Lütjenhastedt gehörte und verpachtet wurde. Allerdings verlangte der dänische König für die Nutzung seines „Besitzes" Wind und Wasser eine jährliche Abgabe von 4 Talern. In den Süderhastedter Kirchenbücher sind die Namen der Müller verzeichnet: 1680 Claus Groth, 1682 Claus Peters, 1703 Claus Dieckmann, zur Zeit von Hans Halcke (ab 1724) war Marx Delffs Mühlenpächter, 1734 Anna Dühren. 1744 geht die bisher von Hans Jürgen von Helms gepachtete Mühle in seinen Besitz über.[295]

---

[293] Petersen/Scherreiks, S. 23.
[294] Petersen/Scherreiks, S. 162, 163, 425-429.
[295] Petersen/Scherreiks, S. 162/163.

Anhang 2

Kaufbrief für den Hof Lütjenhastedt 1666 durch Nicolaus von Merlau

Kopie des Kaufbriefes vom 11. Juli 1666 für den Hof Lütjenhastedt für den Oberstallmeister **Nicolaus Merle** für 7416 Reichstaler. Landesarchiv Schleswig, Abt. 121.

Copia. Wir Friederich der Dritte von Gottes Gnaden zu Dennemarck, Norwegen, der Wenden und Gothen König, Hertzogs zu Schleßwig Hollstein, Stormarn und der Dithmarschen, Graff zu Oldenburg und Dellmenhorst, Thun Kund hiemit vor uns und unsere Königliche Erb Successorn, daß wir dem Edlen unserm Stallmeister und lieben getrewen **Nicolaus Merle** und deßen Erben zu einem beständigen und unwiederrufflichen Erbkauff zu Kauff gegeben und übergelaßen haben, unsern in Südertheil Dithmarschen belegenen Hoff, Süder Hastett genand, gleich denselbe ietzo in seinen enden und endscheiden an wiesen, ackern, Heiden und weiden beschaffen, begriffen und belegen, imgleichen mit allen dazu gehörigen Holzungen, Fischereyen und übrigen Einkünfften, und gleich wie wir solchen biß anhero durch unsern Heidreitern **Baltzer Hanß von Buchwaldten** bewohnen und gebrauchen laßen, umb und vor **Sieben Tausend vierhundert Sechszehen Reichsthaler** Kauffgeldes verkauffen und überlaßen, auch hiemit nachmahln von unß und unsern Königlichen Erb Successorn, Ihre Keuffern und seinen Erben solchen obberürten Hoff sambt denen dazu gehörigen pertinentien dengestalt und also, daß Er denselben alsoforth annehmen, genießen und gebrauchen, auch die verbeßerung deßen nach seinem belieben suchen und solchen Hoff mit allem Zugehörigen hinwiederumb vereüßern, veralieniren [verändern], versetzen, verpfänden und verkauffen müge. Maßen wir dan denselben und seine mit beschriebene in die würckliche und gerichtige possession, Besitz und gebrauch offt gedachtes Hoffs und deßen pertinentien nicht allein einführen und setzen, besondern wir und unsere Königlichen Erb Successorn wollen auch gehalten sey, dafern Er verkauffen und seine Erben wegen Besitz nütz und gebrauchung dieses Hofes künfftig von Jemand angefochten und beschwehrt würden, Ihm und seinen Mitbeschriebenen denselben gebührlich zu evinciren [vertreiben] und zu gewehren. Jedoch behalten wir unß und unsern Königlichen Erb Successorn an der Regierung nebenß der Hohen Jagt auch die wieder einloßung dieses Hoffes gegen erlegung des berurten Kauffschillings uber kurtz oder lang bevor, wie nicht weniger unsen Landschafft Südertheil Dithmarschen, daß Jus protimiseos[296] oder nahen geltung und Invart dergestalt was gemelte Keüffer oder Ime Erben solchen Hoff hinwieder verkauffen wollen, daß dieselbe alßdan von andere die negesten zum Kauff sein sollen. Und weil wir auch unsrem gewesenen Heidreitern **Wulff von Buchwald** von sich und seinen Erben Haebe von und Invart den 25ten Augustij Anno 1654 von solchem Hofe ein klein ohrt Landes nebenß den Stadthalter wischen iegen jährliche gewiße abgifft gnedigst eingethan und vergönnet, So hat es zwart dabey sein verbleiben, jedoch sollen gedachtes Wulff von Buchwaldten Erben oder die künfftige Besitzer solchen ohrt Landes und die wiesen schuldig sein an den Keuffern und seinen mitbeschriebenen, die benante Jährliche abgifft abzuführen und zu bezahlen, und alß eine sonsten den berurten Kauffschilling den 7416 Reichsthaler unß von gemeltem Keuffer richtig vergnüget. So thun wir denselben und seinen Erben deßwegen krafft dieses gebührlich quitung, und daneben gereden und versprechen, daß alles unverbrüchlich gehalten werden soll ohne gefehrde.

Uhrkundlich unter unserm Königlichen Handsigel und Secret Insiegel geben auff unser Königlichen Residentz zu Copengagen den 11ten Julij Anno [1]666.

Friderich.

Kauffbrief, H. Merlauen den 11. Juli 1666.

> Ein weiterer Kaufbrief Lütjenhastedt betreffend. Baltzer Hans von Buchwald kauft den Hof für 2500 Reichstaler von Nicolaus von Merlau. Landesarchiv Schleswig (Abt. 102.II Nr. 159, Nr. 160)

... Eigenthumbsrecht und Gerechtigkeit hiemit gäntzlich begeben und ihm Käuffern und seinen Erben übertragen und übergeben, daß er daßelbe mit allen Pertinentien, Recht und Gerechtigkeiten, allermaßen mir solches von

---

[296] Auch Jus revocandi genannt. Näherrecht, Vorkaufsrecht.1675 war der Hof vom dänischen König an Nicolaus von Merlau verkauft worden, 1677 von diesem an Baltzer Hans von Buchwald; in beiden Fälle hatten weder der König von seinem Vorkaufsrecht (ius reluitionis) noch die Landschaft Süderdithmarschen von ihren Näherkaufsrecht (ius protemiseos) Gebrauch gemacht, wohl weil der Zustand des Gutes derart schlecht war. Siehe dazu Köhler, S. 26-27.

Ihro Königlichen Mayestät Glorwürdigster Gedechtnüs König Friderich dem dritten allergnädigst ist ausgeleget und in bezahlung übergetragen, nach Einhalt der Königlichen Brieffe, so hiemit zugleich übergeliefert werden, Ich auch solches bis anhero beseßen, genützet und gebrauchet habe, so forth in Possession nehmen, nach seinem Belieben brauchen, nützen, genießen, hinwieder vereüßern und verpfänden und damit nach seiner eigener guhtdencken als sein proprie [persönliches] Eigenthümblich Guth schalten und walten mag. Wogegen mich, meine Erben oder sonsten jemandt, der meinetwegen etwas zu praetendiren hat oder annoch bekommen möchte es sey auch wo es will, wie die Nahmen habe oder erdacht werden möchte, einige Freyheit oder aufdencken nicht schützen soll, Gestallt Ich denen allen hiermit vor mich, meine Erben und Erbnehmern renuncire und absage, wie auch allen exceptionen und ausreden, sowoll ins gemeine als insonderheit Absonderlich der außflucht, ob wäre ich hiezu verleitet und beredent, wie auch ob wäre ich hiemit nichte derogestallt, sondern anders zugangen, und wie die sonsten Nahmen haben mögen. Wie ich dan hiemit für mich und meine Erben und Erbnehmer der Relution zu ewiger zeiten begebe, Also daß niemand solches verkaufften Guthes halber auf Herrn Käufern oder seinen Erben oder Einhabern dieses Brieffs meiner oder meiner Erben etwas zu praetendiren oder zuspreken haben soll. Und weil die vorbenandte Kaufgelder als **Zwey Tausend und Fünffhundert Reichsthaler** mir soforth bey Extradirung dieses Kaufbriefes bahr und in einer Summa wohl bezahlet und vergnüget sind, so verzeihe mich auch der exception ob wären die Gelder nicht bezahlt und allen fernern anspreckung wie ich dan will gehalten sein, für mich und meine Erben und Ernehmen, auch getrewen Einhaber dieses Brieffes vor diesem Kauff sowol in als außerhalb Gerichts ohne unkosten schadelos zu halten, alles sonder gefehrde oder List, zu unserer versicherung deßen, hab ich diese meinen Kaufbrief eigenhändig unterschrieben und mit meinem angebohrnen Piltschafft untersiegelt.

So geschehen Copenhagen den 31. May Anno 1678. **Nicolaus von Merlau**.

Daß obiger Kauf vorbeschriebenermaßen in meiner presence geschloßen und vom Herrn Nicolaus Merlaun eigenhändig untergezeichnet, attestor Hafniae den 31. May Anno 1678. Meulengraef, Notarius Reg. Civitatis Hafniae.

Anhang 3.1

Baltzer Hans von Buchwald verkauft Lütjenhastedt 1694

Aus einem Entwurf oder einer Abschrift im Landesarchiv Schleswig kann man entnehmen, dass Baltzer Hans von Buchwald seinen Hof Lütjenhastedt im Mai 1694 mit allen Freiheiten an die Landschaft Dithmarschen verkauft, ihn aber für 2 Jahre bis 1696 pachtet. Der Kaufpreis von 8200 Reichstaler soll für 5% Zinsen bei der Landschaft als Kapital stehen bleiben. Das Schreiben trägt kein Datum, was auf einen Entwurf hindeutet.

Ich untenbenahmter urkünde und bekenne hirmit für jedermänniglichen, daß ich wohlbedächtlich, auch wißentlich mit meiner Eheliebsten und unsern Erben gehaltenen zeitigen Rath und freyen Willen an die Hochlöbliche Landtschafft Süder Dithmarschen zu einem unwiederrufflichen Erbkauff verkaufft und übergeben habe meinen im Kirchspiel Süderhastedt belegenen Hoff Hastedt, wie ich denn all solches Guth in Krafft dieses und nach bester Form Rechtens, alß solches erfordert werden kann, verkauffe, abstehe und überlaße von mier, meiner Eheliebsten und Erben mit allen Gerechtsamen, pertinentien, Grentzen und Endes-Scheidungen, auch angewandten Melioration [Verbesserung, insbesondere des Bodens], umb und für **Acht Tausend Zwey Hundert Reichsthaler** beständigen Kauffgeldes, also und dergestalt, daß ich für mich, meiner Eheliebsten und Erben alles bißdahero gehabten Eigenthumbß-Recht und Macht hirmit wolgäntzlich mich begebe und gemeldter Hochlöblicher Landschafft hirmit übertrage, daß sie sotanes Guht Hastedt mit allen pertinentien, welche mittelst einem **Specialen Register und Verzeichniße**[297] so woll alß auch einer richtigen Gräntze Scheidung sollen dargethan und angewiesen werden und darüber Hafftenden Recht und Gerechtigkeiten, allerdings wie dieses von Glorwürdigsten Andenckens Königlicher Mayestät Friderici 3. auff Sehligem Herrn **Nicolao von Merle** mittelst allergnädigsten Kauffbrieff und von demselben mittelst Specialen Kauffbriefe und dann einer Specialen allergnädigsten Confirmation darüber von unsern allergnädigsten Erb-Könige und Herrn Christiano quinto, welche Originalia ich sofort hirbey übergebe, auff mich gebracht und

---

[297] Dieses „Speciale Register und Verzeichniß" ist das hier behandelte Erdbuch.

Specialiter bestätiget und bestärket ist, ich auch bißhero also beseßen, genützet und gebrauchet habe, sofort in possession nehmen nach ihrem belieben, damit zu schalten und zu walten und alß ihr proprie eignes Guth damit zu verfahren macht und gewalt nehmen möge und haben soll. Wogegen ich mich und meine Erbens nichts wie es auch Nahmen haben möge oder erdacht werden könne, schützen soll. Inmaßen ich allen Exceptionibus tam in genere quam in Specie [ebenso im Allgemeinen wie auch im Besonderen] hirmit wolgäntzlich für mich und meine Erben renuncire, also daß niemand solches erkaufften Guthes halber auff die Hochlöbliche Landschafft oder dem getreuen einhaben dieses Briefes meinen oder meinen Erben wegen etwas zu praetendiren und zu sprechen haben soll, wie ich den für mich und meine Erben in und außerhalb Gerichts die Herrn Käuffere oder befugten Einhaben dieses Briefes Schadelaß zu halten und fürzutragen mich verbinde, alles getreulich und sonder list alß auch auff diesseitigem bedinge die obgemeldte Landschafft daß Capitahl der **8200 Reichthaler** zum wenigsten auff 5 Jahr, so ferner solches von mir oder meinen Erben in totum oder in tantum nicht gehörig auffgesagt oder begehret wird jegen 5 ProCento auff Zinse stehen bleibe, ich auch gleichmäßig dieses guth von verwichnen Meytag Anni **1694** biß ob gott will ad Annum **1696** noch 2 Jahre in Heur behalten soll, so verbleibet es deßfolge bey dem, waß mittelst einer förmlichen Landes obligation, worin dieses Guth in Eventum zwar zum unterpfande einer Hochlöblichen Landschafft aber vorbeschriebenermaßen die Disposition frey verbleibet und eines gleichmäßigen Heur Contracts die Specialia geben und einbeschriebenermaßen einer dem andern sich verbunden unterschrieben hat. Uhrkündtlich.

Ein weiteres (arrogantes und selbstherrliches) Schreiben im Landesarchiv Schleswig (Abt. 102.II Nr.159) vom 14. Januar 1696 des Landvogtes Christian Gude an Baltzer Hans von Buchwaldt, wobei Gude das „Ich" und „Mir" groß schreibt, lautet:

An statt dero Königlichen Mayestät und bey brüche 30 marck gebiete Ich, Christian Gude, bestalter Cantzley- Regierungs-Raht und Landvoigdt im Süderntheil, Euch Balthasar Hans von Buchwaldt, Königlicher Oberförster zu Lütjenharstedt.
Demnach **Wulff von Buchwaldt, Ewer Sohn**, den Kauf, welchen Ihr und übrige sehl. Anna von Buchwalden Erben mit hiesiger Landschafft umb das Guth Lütjenhade getroffen, näherstellung halber impugniret, Ihr aber

nachgehends mit der Landschafft euch dahin vereinbahret, den Kauffschilling cum usuris nach den Kauffbrieff, sodann 43 Mark 9 Schillinge Baukosten zu empfangen und dagegen gedachten Ewres Sohnes Beysprüche zu extradiren, auch schrifftlich versicherung zu thun, die übrigen auff solchen Kauffe genommene Beysprüchen ab- und der Landschafft einzuschaffen, worauf die deputirte zu bezahlung obgedachter gelder anstalt gemacht, gleich euch dan gemeldet, daß solche gelder in der Königlichen Landschreiberey parat stehen, zu deren würckliche außzahlung auch bereits zu 2en mahlen ein terminus berahmet gewesen, ihr aber den empfang derselben bißher trainiret, womit Citantes deputirte alß **Peters Boye** und **Johan Wilckens** Kirchspielvoigdte ex Cons. nicht länger frieden, daß Ihr derowegen obgedachter Gelder, so in der Königlichen Landschreiberey parat stehen, gegen einlieferung eures Sohnes Beysprüche und versprochenes versicherung wegen abschaffung der übrigen (impugnationen auf gemelten Kauff daselbsten am negstkünfftigen Freytag alß 17. dieses bahr empfanget, wiedrigens Citantes am negstkunfftigen Montage alß 20 solche gelder auf Eure Gefahr und Kosten bei Mir deponiren werden, da Ihr dan in entstehung des Empfanges alßdan vor Mir zu erscheinen und Bescheydes wegen solcher deponirung zu erwarten habet, cum refusione expensarum, wornach ihr euch zu achten.
Melldorf den 14. Januar 1696.

> Ein weiteres Schreiben im Landesarchiv Schleswig, vom 16. Januar 1706 aus Kopenhagen, liefert folgende sichere Informationen, insbesondere daß der König sein Vorkaufsrecht einlöste.

HochEdler Herr Kantzley Raht und LandVogt, wie auch Hochedler Herr Kammer Raht und Landschreiber. Nachdem Ihro Königliche Mayestät allergnädigst entschloßen, den in Dortiger Landschaft belegenen sogenandten SüderHattstetter Hof, welcher **am 11. July 1666 an den Stallmeister Nicolas Merle für 7416 Reichthaler** und **anno 1677 an den Oberförster Balzar Hans von Buchwaldt**, in **anno 1694 aber von diesem an die Landschafft SüderDittmarschen für 8200 Reichsthaler Kronen** verkauft worden, wiederum zu reluiren und die Bezahlung der Kaufgelder ubers Jahr

in Octavis trium Regum 1707[298] praestiren zu laßen. Alß wollen die Herren mit dem fordersamsten gehörigen Orts die übliche Looßkündigung thun und an Unß einen Schein, das selbige geschehen, mit dem ehrsten zurück befordern. Die Wir verbleiben
Der Herren Kantzley- und Kammer-Räthe Dienstwilligste [3 Unterschriften].
Kopenhagen den 16ten January Anno 1706.
Paulsen und Eggers.

Aus einem (ebenfalls arroganten und selbstherrlichen) Schreiben des Landvogtes Christian Gude vom August 1696[299] geht hervor, daß Baltzer Hans von Buchwald, der bereits in Meldorf wohnt, das Gut Lütjenhastedt im Jahre 1695 bereits verkauft hatte. Es heißt dort nämlich:

Anstatt dero Königlicher Mayestätt und bey brüche 60 mark gebiete Ich, Christianus Gude, bestalter Justiz Regierungs-Raht und Landvoigdt im Süderntheil, Euch Baltzer Hanß von Buchwalten, Königlicher Oberförster, jetzo in Melldorf.

Demnach Ihr fur euch und eure MitErben alß seeligen **Annen von Buchwalten** Erben in Anno 1695 das gehöffte und Guth Lütcken Rade genant mit allen Zubehör fur ein gewißes Kauffgeld einhalts Kauffbriefes vom 11. Octobris solchen Jahrs Ostern 1695 anzutreten an hiesiger Landschaffts Verkauff gleich dann auch das Kauffgeld bereits baar bezahlet ist, solchem ungeacht ihr dennoch die Rockenfrüchte auf dem Acker bey solchem Gute anfaßen und wegzuführen gewillet seyn sollet, welches **Peters Boye** Kirchspielvoigt zue Eddelack, **Johannis Wilckens** Kirchspielvoigt zue Marne, **Hanß Dührsen** und **Hanß Karstens** als Gevollmächtigte ... hiesiger Landschafft nicht geschehen laßen können, maßen die Landschaft Ostern 1695 solches Guht schon angetreten und den Eigenthumb deßelben bereits bekommen, daß ihr derowegen euch nicht unternehmet, solche Ackerfrüchte zuflossen oder zuführen, wiedrigens ihr nicht allein mit obiger brüche zu

---

[298] Friedrich IV. König von Dänemark seit 1699, 1707 also im 8. Jahr König von Dänemark, Norwegen und Herzog von Schleswig und Holstein. Also „im 8. Jahr Herrscher dreier Reiche".
[299] Im Landesarchiv Schleswig.

Regist werdeer geführet werden, sondern auch der Landschafft zu allen Schaden und Kosten gehalten seyn sollet, mit erstattung dieser vergeuhrsachten Unkosten. Habt ihr aber dagegen zu reden, so erscheinet nestens [?] Freytages vor Mir und erwartet Bescheydes, nach Verlesung dieser aber vorm Kirchspielvoigdt zue gute. Wornach ihr euch zu achten.
Melldorff, den ... August 1696.

[Rückseite, sehr schlecht zu lesen] Weiln Citatur dergleichen exceptiones einwendet, die Bretere deduction erfordern, welcherhalb er auff Gerichtliche Belangung prorocirt [provocirt ?], bis dahin aber hiermitt nichtes gestäntig ist, hierbey auch ... auff die (...) Klage wegen der Früchte, so iho seitten felde und guht Lütken Rade sich finden, zu antworten und für das so erkant werden, kann allein gerecht zu werden, doch sub reservatione regresent an seine Mit Erben, so wird der verboht gegen solches Erbieten geheben und diese Sache zur vermutlichen Klage remittirt.
Meldorff den 14. August 1696. [Unterschrift].

Anhang 3.2
Einwendungen der Landschaft 1696
[Landesarchiv Schleswig Abt. 102 II, Nr. 159]

Verzeichnis desjenigen, was der Landschafft Meynung nach der Herr Oberförster Baltzer Hanß von Buchwaldt vermöge mit demselben aufgerichteten Kauff- und Heür Contracts in Brauchbahren und gutem stande zu bringen oder wieder herbey zu schaffen verbunden. Als

1. Alle eichene Bretter auf dem Boden in dem Wohnhause, so auf 2 Fachen Halb abgenommen, müssen wieder herbey gebracht werden.
[Randbemerkung zu 1.] Des Herrn Oberförstern Resolution. Diese sind bey anweisung und für unterschreibung des Kauffs excipiret, als Holtz so nicht zum Hause gehöret.

2. Weiln auch dem Herrn Oberförstern aus dieser ursachen bey schließung des Haur-Contracts 200 Mark remittiret worden, daß er die zu nötiger reparirung der stampfmühle und Mühlen-Hauses erforderde Kosten allein stehen sollte; wie dann derselbe von selbsten sich dazu erboten, als wird billig verlanget, daß diesem möge nachgelebet und gedachte Mühle nebenst dem Hause in solchen stand gebracht werden, daß die Landschafft damit vergnüget werden könne.

3. müßen laut getroffenen Haur-Contracts alle Gebäude, nemlich das Wohnhauß, der große Stall, Schaaf-Scheüne, Backhauß, Windmühlen und Windmühlenhauß nebenst der Friedigung in einen solchen brauchbahren stande wieder gebracht werden, gleich der Herr Oberförster solches alles nach seiner Verschreibung zu liefern schüldig. Und beliebe der Herr Ober Förster sich mit unterschreibung seines nahmens zu erklähren, daß er obige Pösten inner den nechsten 8 Tagen à dato befordern wolle.

Melldorf, den 18. May 1696.

[Randbemerkung zu 3.] Was reparation erfordert, soll gemacht werden, in 14 tagen, was nothwendig neü seyn muß, laßen Keüffere billig bauen.

Anhang 3.3
Notiz des Baltzer Hans von Buchwald als Erwiderung

Ein Notizzettel von Baltzer Hans von Buchwald zu obigem Schreiben der Landschaft, ohne Datum.

Heuer Zarte.
1. Sollen 2 Jahre für 1000 Mark Heuer, der ich bisher das guth in statu quo und als es jetzt damit stehet, item sollen die übrigen 200 Mark aufn umbschlag bezahlt und ein Kauffbrief oder der Obligation abgeschrieben werden.
2. Welcher einem Heurer de jure und nach Landes gebrauch nicht hinstalten [?] kommen müße.
3. Undt so lange ich lebe und im Lande bewohnen bleibe, die Verwertung des Korns zu Verhütung ist das factum nicht geschehen undt allerdings billig, daß es zue ungebühr nicht geschehen müße.
4. Das Guth zur Burg mus ebenso unzerstücket als die andern Heur-Güter diese 2 Jahre Verbleiben oder, weiln ich 1000 Mark lübisch Heuer gebe, nach den anschlage, welchen ich eingegeben habe, mir aus solcher pansion guth gethan werden. NB. Bey Voriger zeit gab das Guth Hadstedt nur 500 Mark Heuer.
5. May ist der Terminus, und muß die Sommersaath am Buchweitzen dan erst bestellet werden, was fürhero von mir besahmet wirdt, muß gleich der winter Saat mir zur Helffte bleiben.
6. Das kurtze Stroh, so in Mist fält, den Winter über gemacht wirdt, lasse ich bey dem Hofe nach meinen Versprechen, den Mist aber im stalle behalte ich mir für.

NB. Was neu zu bauen seyn würde, dazu müßen der untersuchung halber zwey deputirte geordnet werden.

Anhang 3.4
Pachtvertrag über Lütjenhastedt mit Leutnant Johan Tuchscherer 1696

Entwurf eines Pachtvertrages zwischen der Landschaft Süderdithmarschen und dem Leutnant Johann Tuchscherer über den Hof Kleinhastedt, leider ohne Datum.

Kund und zu wißen sey hirmit jederänniglich, daß heute untergesetzten dato zwischen der Landschafft Süder Dithmarschen an einem, und des (Lit.) Herrn Lieutenant Johan Tuchscherer am ander Theil, nach vorhero von unterschiedlichen Cantzeln geschehener Publication ein auffrichtiger Hauer Contract verabredet und geschloßen, folgender gestalt: Es vermiethet und verhäuret wollgedachte Landschaft Süder Dithmarschen ihren von Herrn Baltzer Hanß von Buchwaldten erhandelten im Kirchspiel Süderhastete belegenen Hoff Lütken Hastete zunegst dem incorporirten und von von Herrn B.H. von Buchwald und deßen MitErben erkaufften Hofe Kleinen Rade an wollgemelten Herrn **Lieutenant Johan Tuchscherer** von Maytag des negstkünfftigen 1696ten Jahres an zu rechnen auff sechs nach einander folgende Jahre, und also zu eben solchem termino, als Gott gebe Glück und Segen, erfolgenden ein Tausend siebenhundert und zweyten Jahrs mit allen Recht und Gerechtigkeiten, dabey gehörige Jachten [Jagden], Wind- und Waßer-Mühlen, imgleichen mit den Holtzungen, Fischereyen, Wiesewachs, Pflugacker, Sommer- und Winterfrüchte, Weiden, Heiden und Mohren, auch allen übrigen im Kirchspiel Meldorff, Burg und sonsten belegenen so genanten pertinentien, in sonderheit die vormahls zum FriedrichsHofe gehörigen Wische, der Amtmann Knüll genannt, und solches frey und alles und jedes oneribus, außer was etwa in diesem Haur Contract möchte rettringiert werden. Welches alles gleich es in dem über oberwehten erkauffte beede Höfe zwischen der Landschafft und respect. Herrn Baltzer Hanß von Buchwaldt, auch ihm und deßen Miterben errichteten Kauff Briefen ... [4 Seiten] form rechtens wollerinnert und wollbracht begeben haben wollen. Alles sonder List und Gefehrde des zu mehren Glauben und Urkund sind hievon zwey gleichlautenen Exemplaria anfertiget und sowoll von denen von der Landschafft zu Schließung dieses Haur-Contracts deputirten Herren Kirchspielvoigte und Landesgevollmächtigte als auch von Herrn Häurern und deßen bestellten Bürgen eigenhändig unterschrieben, so geschehen.

[Rückseite] Copia Haurzarte vom Hofe Hastete und Lütken Rade mit Herrn Lieutnant Tuchscherer

Zu wißen sey hiemit, daß zwischen der Landschafft Süedertheils Dithmarschen eins- und dem Herrn Lieutenant Johann Tuchscherer anderntheils folgender Contract beliebet und beschloßen, alß nemlich die Landschafft verspricht dem Heurer Herrn Tuchscherer wegen der halben Rogkenfrucht von Lütgen Rade de Anno 1696, so die Landschafft demselben verbriefet, aber von dem Herrn Oberförster von Buchwaldten algentz weggenommen seyn, in der Hauer guth zu thun funfftzig Reichsthaler.

(2.) läst die Landschafft geschehen, daß der jetzige Heurer, Herr Tuchscherer, bey seinem abtritt vom hoefe die Winterfrüchte nur zur Helffte als sein Antheil davon in Hocken bringen, und die Landschafft oder der künfftige Heurer die übrige Ihr oder ihm beykummende Helffte selbst in Hocken verschaffen sollte, weillen solches der Herr Lieutenant bey seinem Antritt thun müßen, und der Herr Oberförster von Buchwaldt ein mehrers nicht, denn seine eigene Helffte in Hocken gebracht hat.

(3.) Thuet die Landschafft dem Herrn Lieutenant an Bawkosten über alles, was von andern diesfals verwandt ist, eines für alles bis dato gut Zwantzig Reichsthaler oder läst solches den Heurer in der Heuer kürzen. Womit dem Herr Heurer bekennet, sowohl das Guht Lütckenharstett als Kleinen Rahde und deren Gebeute in gutem brauchbarem stande empfangen zu haben, außer das Backhauß und die Mühlen Welle, so noch sollen verbeßert werden und verheißet anbey vor sich und seine Erben auch bey verpfändung seiner Güter die gesampte Gebeute in einem guten stance laut Bau-Contractes der Landschafft bey seinem Abtritt wieder zu liefern und zu übergeben. Weillen aber der Herr Heurer bey seinem Antritt des Hofes keine SommerSaat empfangen hat, so soll er gleichfals beym Abtritt keine auszusäen bemächtiget noch der Landschaft zu überliefern schüldig seyn. Uhrkundlich haben beyderseits Contrahenten dieses eigenhändig unterschrieben. Actum Melldorff den 31ten May Anno 1698.

Peters Boyen
Johannes Wilkens

Hannes Dührsen
Peter Dethleff[300]
Johan von Horsten
Clauß Hansen
Johan Tuchscherer.

---

[300] Peter Dethlefs, geb. 1649, gest. vor 1719, Hausmann in Windbergen. War Baumeister 1673-1679 der Kirche, Landesgevollmächtigter 1680-1712 der Südervogtei Meldorf.

Anhang 3.5
Leichenpredigt für Catharina von Buchwald 1700

Im Landesarchiv Schleswig befindet sich unter Abt. 127.21, Nr. 27 die Leichenpredigt vom 18. Mai 1700 für die Ehefrau des königlichen Oberförsters Baltzer Hans von Buchwald, für Catharina Margaretha von Buchwald geborene Huthwalker. Die Totenrede hielt der Meldorfer Pastor Martinus Vossius, herausgegeben hat die Leichenpredigt Propst Heinrich Hahn. Ich danke dem Landesarchiv für die gute Kopie der Leichenpredigt. Einige Auszüge daraus, insbesondere zur Person:

Abb. 22: Leichenpredigt 1700, Titelblatt. Landesarchiv Schleswig, Abt. 127.21, Nr. 27.

[Seiten 3-6, Einleitung]
- „die HochEdle, Groß-Ehr- und Tugendreiche Frau Catharina Margaretha gebohrne Huetwalckerin, des HochEdlen und Groß-Mannhafften Herrn Balthasar Hansen von Buchwald, Ihro Königlichen Mayestät zu Dennemarck Norwegen Oberförsters Frau Eheliebste"
- „die Zeit ihres Ehestandes betreffend den 40 Jahren ziemlich nahe zu kommen"
- „der betrübten Kinder und Enkel"; „der abwesende Herr Lieutenant"
- „Sie auch, hoch- und vielgeehrte Anwesende, sind in ansehnlicher vornehmen Frequentz erschienen, die schönen Tugenden der seeligen Verstorbenen mit einer solennen Leichfolge zu bezeugen."
- „Auch ich verlasse die Frau Buchwaldin, meine bey Lebzeiten sehr werthe Frau Schwieger- und Freundin"

> Auf den Seiten 35-37 wird dann die Personenbeschreibung gegeben, und damit Daten zur Familie des Baltzer Hans von Buchwald und seiner Frau. Diese werden hier vollständig abgedruckt, da Leichenpredigten oft nicht leicht zugänglich sind.

PERSONALIA

Was nun der Weyland Hochedlen, Groß-Ehr- und Tugendreichen Seeligen Frau Oberförsterin Catharina Margarethen von Buchwaldin Ankunfft, Gebuhrt, Education und biß an ihr letztes Seufftzen geführten christlichen Wandel, löblichen Lebens-Lauff, auch endlich genommenen sanfften, vernünfftigen und seeligen Abscheid betrifft, solches wollen wir wolhergebrachten Gebrauche nach in möglicher Kürtze andeuten.

Die Seelige gedachte Frau Oberförsterin Catharina Margaretha von Buchwaldtin ist Anno 1645 am 20. Maji zu Stade im Hertzogthum Brehmen von vornehmen Eltern gebohren.

Ihr Vater ist gewesen der Weyland Hoch-Edel und Groß-Mannhaffter

Seeliger Herr **Johan Huedwalcker**,[301] Dero zu Dennemarck, Norwegen etc Königlicher Majestät Wolbestalter vieljähriger Capitain bey Dero Infanterie.
Die Mutter, die Weyland Hoch-Edle, Groß-Ehr- und Tugendreiche Seelige Frau **Catharina Huedwalckerin**.
Der Groß-Vater Väterlicher Linie ist gewesen der Weyland Wol-Ehren-Vester, Groß-Achtbahrer und Wolführnehmer, Seeliger Herr **Johann Huedwalcker**, Vornehmer Erbgesessener im Kirch-Spiel zu Osten.
Die Großmutter Väterlicher Linie, die Weyland Groß-Ehr und Tugendbegabte Seelige Frau **Catharina Huedwalckerin**.
Der Groß-Vater Mütterlicher Linie ist gewesen der Weyland Edler und Vester Seelige Herr **Andreas Boldte**, Königlicher Dennemarckischer bestalter Kirch-Spiel-Schreiber des Kirch-Spiels Brauns-Büttel.
Die Groß-Mutter Mütterlicher Linie die Weyland Edle Groß-Ehr- und Tugendreiche Seelige Frau **Armgard Boldten** aus dem Vornehmen Geschlecht der Wasmern.
Von dieser löblichen Ankunfft Väter- und Mütterlicher Linien ist unsere in Gott ruhende Frau Oberförsterin entsprossen und nach ihrer fleischlichen Geburt durch Beschaffung ihrer Eltern unserm Seeligmacher Jesu Christo durch die heilige Tauffe zugeführet und einverleibet. Von der Zeit an, da sie so weit erwachsen, haben vorgedachte Eltern, so lange sie dabey gelebt, dieselbe zu aller Pietet und Gottseeligkeit wol erzogen, auch in ihren Christenthum hochrühmlich aufgebracht. Wie aber ihre Seelige Mutter ihr etwas frühe durch den zeitlichen Tod hingenommen, ist sie einige Jahre nach

---

[301] Eine Familie Hudtwalcker stammt aus Lüdingwort, zwischen Cuxhaven und Bremerhaven im Lande Hadeln. Johann Hudtwalcker (1608-1678) heiratete Margaretha (†1691). Sie hatten 10 Kinder. Die Familie spaltete sich in drei Äste, der dritte Ast gehört nach Hamburg-Altona. Ein Enkel Johann Michael wird in Hamburg Senator.
Ein Capitain Hutwalker war für viele Jahre in Diensten des dänischen Königs während des Dreißigjährigen Krieges. Ein 1638-1640 in Süderdithmarschen stationiertes Regiment wurde von Becker und Hoetwalker befehligt. Im Dezember 1643 und Februar 1644 hat er ein Kommando bei Krempe und in der Wilstermarsch. Hudtwalker verlässt nach Ende des Krieges den Kriegsdienst, mit einem kleinen Vermögen. Capitain Huedtwalker lässt sich 1646 in Brunsbüttel nieder, wie das „Rechnungsbuch des viertel Brunsbüttel" meldet. Er wird 1661-1674 als Eigentümer eines Stückes Land von 8 Morgen genannt. Dieser Johann Hudtwalker hat als Tochter eine Catharina Margaretha, geboren am 1. Januar 1645/46, daneben weitere 9 Kinder. Johann Hudtwalker, geboren 1608, stirbt am 28. Oktober 1678 im Alter von 70 Jahren. Siehe bei www.hudtwalcker.com.

Altona bey der (Tit.) Frau Burgermeisterin **Goldbach**in hingethan worden, um daselbst so viel besser in allen guten Sitten, anständlichen Wissenschafften und Tugenden erzogen und unterwiesen zu werden, worinnen sie auch dergestalt zugenommen, daß durch des Allerhöchsten Fügung auf vorher geschehener vornehmen Personen Anwerbung diese Seelige Frau an den Hochedlen und Groß-Mannhafften Herrn Balthasar Hans von Buchwald, Königlichen Dennemarckischen Oberförstern als jetzigen höchstbetrübten Witwern Anno 1661 ehelich versprochen und darauff am 16. Maji selbigen Jahrs die Heimführung und hochzeitliche Vollenziehung der vorabredeten und versprochenen Ehe erfolget.

Von solcher Zeither Sie in die 39 Jahr im Ehestand miteinander gelebet, in wehrender solcher Ehe ist die in Gott ruhende Frau Oberförsterin von dem gütigen Gott mit den Ehe-Segen zu 8 Mahlen gnädig angesehen und ihren Ehe-Herrn mit 4 Söhnen und 4 Töchtern erfreuet, davon 2 Söhne und 3 Töchter seelig verstorben, 2 Söhne und eine Tochter aber annoch im Leben, welche wohlgedachte Frau Tochter und der jüngste Sohn gegenwärtig und dieser Ihrer seeligen Mutter das letzte Ehren-Geleit biß an ihre Ruhe-Stette geben, der älteste Sohn aber wegen Abwartung seiner Dienste nicht zugegen. Wie nun diese in Gott ruhende seelige Frau Oberförsterin in solcher Zeit zufoderst gegen ihren und unsern Gott im Himmel, auch gegen ihren Nechsten und gegen ihren hertzgeliebten Ehe-Herrn sich betragen und verhalten, davon ist bekant, daß Sie die Predigten fleissig besuchet und dem Gehör des Göttlichen Worts von Hertzen nachgegangen und den Gottesdienst eifferigst abgewartet, sich auch zum Beicht-Stuel und Gebrauch des Hochheiligen Nachtmahls mit höchster Andacht gehalten und überall in ihrem Christenthum sich embsig erzeiget und erwiesen.

Ihren Nächsten und männiglich mit denen Sie umgangen, hat Sie nach Standes Erheischung mit Ehrerbietung, Freundlichkeit und Bescheidenheit begegnet und gerne Freundschafft halten mögen.

Ihren Ehe-Herrn als jetzigen hochbetrübten Wittwern war Sie eine rechte Crohne, wie dann auch diese jetzt durch den Tod getrennte Ehe-Leute eine so hertzens-vergnügte und friedliche Ehe miteinander geführet, daß billig der hochbetrübter Herr Witwer beseufftzen mag ihrer Gegenwart und ferneren ehelichen Beywohnung beraubt zu leben.

Ihre Kranckheit anlangend, so hat sich diese seelige Frau Oberförsterin am jüngst verwichenen 20. Aprilis nicht wol befunden und sich nicht lange hernach zu Bette begeben, da sich dann befunden, daß diese ihre Kranckheit auff ein hitziges Fieber ausgeschlagen. Ob nun zwar dem Herrn Oberförstern hierbey nicht wol zu muthe gewesen, und dahero zu möglichster Praecavirung alle ersinnliche Mittel zur Hand genommen, 2 Doctoren Medicinae dazu, um deren Rath und Hülffe in Medicamenten zu haben, sich bedienet, so hat dennoch solches alles nichts wider eine so starck angesetzte Kranckheit verfangen mögen, ob gleich die seelige Frau solcher verordneten Medicamenten sich gerne und gedultig bedienet. Welche aber, nach dem Sie den allgemehligen Untergang ihrer Kräffte je mehr und mehr vermercket, ihre Gedancken auff ein seeliges Ende gewendet und sich in zeitige Vorbereitung, wenn etwa der liebe Gott Sie abfodern wolte, gestellet und mich, ihren Beicht-Vater nicht lange vor ihren seeligen Abschied zu sich fodern lassen, deme folglich Sie ihre Confession gethan und nach gethaner Beichte die Absolution gesuchet, auch das hochheilige Nachtmahl verlanget, welches sie mit höchster Devotion und inbrünstiger hertzlicher Andacht empfangen, darauff nachgehends Sie dem lieben Gott Ihre Seele unter stetigem Seufftzen und Beten befohlen, daß nemlich Sie auffgelöset und bey ihren Jesu zu seyn verlangte, der dann derselben so sehnliches Verlangen gnädig erhöret, indeme sie ihr Leben in wahrem Glauben hertzlicher Andacht an ihren Erlöser am 1. Maji jüngsthin Morgens um 3 Uhr sanfft, vernünfftig und seelig geendiget, Ihres Alters 55 Jahr weniger 19 Tage. G.S.J.G.

Diese Leichenpredigt wurde in Glückstadt bei Reinhard Janßen Wittwe gedruckt. Als gedruckte Anschrift zum Überreichen/Übersenden eines Exemplars dieser Leichenpredigt liegen bei:

Dem Hoch-Edlen, Vesten und Mannhafften Herrn, Herrn Baltzer Hans von Buchwald, Königlichen Vieljährigen Oberförstern in dero Herzogthümern Schleßwig, Holstein, als hochbetrübten Wittbern. Auch der Hoch-Edlen und Groß-Tugendreichen Frauen, Frau Anna Margaretha von Buchwaldtin, Des Hoch-Edlen Hoch-Erfahrnen und Hochgelahrten Herrn, Herr **Johannis von Buchwald**, Weitberühmten Medicinae Doctoris, Dero zu Dennemarck, Norwegen Königlichen Majestät Wolbestallten Medici über Dero See-Estat, wie auch Oberleib-Chirurgi, sehr werthen Ehe-Liebsten, als der Wolseeligen eintzigen hertzgeliebten Frau Tochter.

Imgleichen dem Wol-Edlen und Mannhafften Herrn, Herr **Detlev von Buchwald**, Königlich bestalten Leutenant bey Dero Infanterie. Wie auch dem Wol-Ehrenvesten und Großachtbahren Herrn, Herrn **Wolff Ernst von Buchwald**, Als der Wolseeligen Frau Oberförsterin Großgeehrten Herrn Söhnen. Uberreichet diese Leich-Predigt mit hertzlicher Anwünschung, daß

der Gott alles Trostes sie mit reichem Trost überschütten und an Leib und Seel hier zeitlich und dort ewig gesegnen wolle.
Meldorff den 2. Juni 1700
Ihrer Allerdienstwilligster Diener und Fürbitter
M. **Henricus Hahn**, Probst des Südertheils Dithmarschen.

> **Das liebe Ehe-Band**
> Welches
> Durch den seel. Tod
> Der weil. Hoch-Edlen / Groß-Ehr-und
> Viel-Tugendreichen Frauen
> **Fr. Catharinen Margare-**
> then von **Buchwalden**/
> Gebohrnen Huetwalckerinn/
> Des Hoch-Edlen und Groß-Mannhafften
> HERRN
> **Herrn Balthasar Hansen**
> von **Buchwald**/
> Ihro Königl. Majest. in Dennemarck /
> Norwegen Oberförstern
> Gewesenen
> **Frau Ehe-Liebsten**
> Zerrissen/
> Bey ansehnlicher Versammlung Vornehmen Leich-
> Folger in einer schlechten Abdanckungs-Rede mitleidend
> beklagen halff
> M. MARTINUS VOSSIUS
> Past. zu Meldorff.
>
> Glückstadt/ gedruckt bey Reinh. Jantzen nachgel. Wittibe
> Im Jahr 1700.

Abb. 23: Leichenpredigt 1700, Schlussblatt. Landesarchiv Schleswig, Abt. 127.21, Nr. 27

Anhang 4
Verkauf von Lütjenhastedt 1744

1743/44 verkauft die Landschaft Süderdithmarschen den Freihof Lütjenhastedt, den Hof Kleinrade und den Friedrichshof in öffentlicher Versteigerung (4. Februar 1744). Es erschien ein gedrucktes Blatt, das Kaufinteressenten erwerben konnten, um danach zu bieten. Insgesamt hat das Landesarchiv Schleswig dazu einen umfangreicheren Schriftverkehr. Diese Versteigerungsinformation lautet:

Wann von der Landschaft Süder-Dithmarschen der Schluß gefasset, die in solcher belegene und derselben eigenthümlich zuständige Höfe Lütjenharstede, Kleinrade und Friedrichshoff entweder einen jeden gantzen Hoff mit allem, was nach dem Inventario[302] dazu gehörig, oder auch solche in gewissen Stücken zu verkauffen, worüber denn folgende Eintheilung gemachet, als

1. Lütjenharstete
- in drey Höfe, bey deren jedem ein Wohnhaus nebst ohngefehr 14 Morgen Wischen, und an Pfluglande zu 22 Tonnen Aussaat, gewisse Antheile in Höltzungen und Mohren, auch Weide-Gerechtigkeit auf der Heide, imgleichen in Fischteichen und Kirchenstühlen.
- eine Windmühle mit einem Hause nebst etwas Wisch- und Pflugland, auch einem Antheil Busch und Mohr, imgleichen Weide-Gerechtigkeit auf der Heide.
- die bey gewissen Höfen in Krumstedt und Bargenstedt bishero gebrauchte Wisch- und Pflug-Ländereyen nebst dazu gehöriger Gerechtigkeit.
- 60 Stücke Pflug-Land und ohngefehr 13 Morgen Wischen im Kirchspiel Burg belegen.
- 7 Blöcke Pflugland und ohngefehr 5 ½ Morgen Wischen bey Fredstedt belegen.
- Einige Bühten Holtz in Lehrsbüttler Feldmark belegen.
- eine Kahtstete bey dem weddel mit dazu gehöriger Koppel und Wischen.
- die Fischerey in der Schaaf-Aue und eine Ahl-Wehr in der Wollmersdorfer Aue.

---

[302] Dieses Inventarverzeichnis wird das in braunes Leder gebundene Buch sein, das einen Auszug aus dem hier behandelten „Erdbuch" darstellt.

2. Klein Rade
das dabey befindliche Wohnhaus auch Vieh- oder Bauhaus nebst ohngefehr 11 Morgen Wischen und an Pfluglande zu 22 Tonnen Aussaat, auch nöthige Heide und Weide-Gerechtigkeit nebst Busch und Mohr, imgleichen einen Kirchen-Stuhl.

3. Friederichshoff
- das darauf verhandene Wohnhaus nebst 3 Ställen und einem Backhause, sodann das gesamte dazu gehörige freye Geest-Land zu 34 Tonnen Aussaat an Rocken und Buch-Weitzen, nebst den Pferde- und Küheweiden unter dem Hofe.
- eine Bau-Landes von Pflug- und Wisch-Ländereyen in Freedstede belegen ohne Haus, jedoch mit einer Meent-Gerechtigkeit auch etwas Höltzung.
- die in der Marsch in unterschiedlichen Krögen belegene ohngefehr 33 Morgen Landes welche contribuable [gleichmäßige Besteuerung der Einnahmen, z.B. Kopfsteuer, Türkensteuer, Viehschatzung].
- eine Wind-Mühle aufm Dingen, nebst dem dabey stehenden Hause.
- ein Haus auf der Sandhöjen und 2 Häuser aufm St. Michaelis Donnen nebst dem dabey gehörigen Sand- und Wisch-Lande.

Und dann zu solchem Verkauf die Licitation [Auktion] von Lütjenharstedte und Kleinrade auf den 4. Februarii des instehenden 1744. Jahres, von Friedrichshoff aber auf den 6. Februarii berahmet und angesetzet. So wird solches hiemit bekannt gemachet, und wollen diejenigen, welche obbemelte Höfe gantz oder von vorher specificirten Stücken etwas zu kauffen Belieben tragen möchten, sich an obbenannten Tagen in der Landschaft Versammlung alhie einfinden. Und nach gethanen anständigen Both gewärtigen, wie ihnen das verlangte gegen baare Bezahlung oder sichere Caution werde zugeschlagen werden. Indessen kann das Inventarium von solchen Höfen nebst der gemachten Eintheilung davon einem Jeden bey der Landes-Cassa alhie vorgezeiget werden, und wenn Jemand auch solche vorher in Augenschein zu nehmen belieben mögte, wolle derselbe sich bey denen Herren Landes-Gevollmächtigten **Marx Strufe** zu Süderharstete und **Peter Boje** in Eddelake angeben, welche die Anweisung desfalls thun werden.

Melldorf den 20. Decembris 1743.
In der Landschaft Versammlung.

Wann von der Landschaft Süder-Dithmarschen der Schluß gefasset, die in solcher belegene, und derselben eigenthümlich zuständige Höfe, Lütjenharstete, Kleinrade und Friederichshoff, entweder einen jeden ganzen Hoff mit allem, was nach dem Inventario dazu gehörig, oder auch solche in gewissen Stücken zu verkauffen, worüber denn folgende Eintheilung gemachet, als

1. **Lütjenharstete.**
   in drey Höfe, bey deren jedem ein Wohnhaus nebst ohngefehr 14 Morgen Wischen, und an Pfluglande zu 22 Tonnen Aussaat, gewisse Antheile in Hölzungen und Mohren, auch Weide-Gerechtigkeit auf der Heide, imgleichen in Fischteichen und Kirchenstühlen.
   eine Windmühle mit einem Hause nebst etwas Wisch- und Pfugland, auch einem Antheil Busch und Mohr, imgleichen Weide-Gerechtigkeit auf der Heide.
   die bey gewissen Höfen in Krumstedt und Bargenstedt bishero gebrauchte Wisch- und Pflug-Ländereyen, nebst dazu gehöriger Gerechtigkeit.
   60 Stücke Pflug-Land und ohngefehr 13 Morgen Wischen im Kirchspiel Burg belegen.
   7 Blöcke Pflugland und ohngefehr 5½ Morgen Wischen bey Freedstedt belegen.
   Einige Büthen Holz in Lehrsbüttler Feldmark belegen.
   eine Kahtstete bey dem Weddel mit dazu gehöriger Koppel und Wischen.
   die Fischerey in der Schaaf-Aue und eine Ahl-Wehr in der Wollmersdorffer Aue.

2. **Klein Rade.**
   das dabey befindliche Wohnhaus auch Vieh- oder Bauhaus nebst ohngefehr 11 Morgen Wischen und an Pfluglande zu 22 Tonnen Aussaat, auch nöthige Heide und Weide-Gerechtigkeit nebst Busch und Mohr, imgleichen einen Kirchen-Stuhl.

3. **Friederichshoff.**
   das darauf vorhandene Wohnhaus nebst 3 Ställen und einem Backhause, sodann das gesamte dazu gehörige freye Geest-Land zu 34 Tonnen Aussaat an Rocken und Buch-Weitzen, nebst den Pferde- und Küherweiden unter dem Hofe.
2. eine Bau-Landes von Pflug- und Wisch-Ländereyen in Freedstedt belegen ohne Haus, jedoch mit einer Meent-Gerechtigkeit auch etwas Hölzung
3. die in der Marsch in unterschiedlichen Krögen belegene ohngefehr 33 Morgen Landes welche contribuable.
4. eine Wind-Mühle aufn Dingen, nebst dem dabey stehenden Hause.
5. ein Haus auf der Sandhöjen und 2 Häuser aufm St. Michaëlis Donnen nebst dem dabey gehörigen Sand- und Wisch-Lande.

Abb. 24: Verkaufsanzeige für Lütjenhastedt, Ausschnitt. Landesarchiv Schleswig.

Der Hof Klein Rade wird laut Kaufvertrag vom 13. Mai 1744 „verkaufft an **Dierck Dühr** auf KleinRade und **Matthieß Claußen** aus Eggstädt für 3000 Mark Courant."

Am Ende der gedruckten Seite der Verkaufsanzeige sind handschriftlich eingetragen Preise für die drei Konvolute: 1. Lütjenhastedt; 2. Klein Rade; 3. Friedrichshof; 4. Mühle.

Die angegebenen Preise sind jedoch nicht die erzielten Preise.

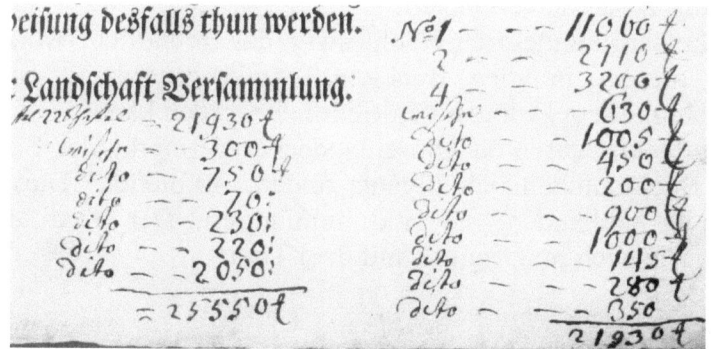

Abb. 25: Verkaufsanzeige für Lütjenhastedt. Handschriftliche Preise. Landesarchiv Schleswig.

Anhang 5

Das braune Leder-Büchlein 1690-1695

Neben dem oben abgedruckten vollständigen „Erdbuch" des Baltzer Hans von Buchwald gibt es im Landesarchiv Schleswig (Abt. 102.II, Nr. 159 I) ein in braunes Leder gebundenes Büchlein mit dem Titel „Richtige Specification und auffsatz deß Hofeß Süder- oder Lütke Hatstet", mit dem auch das Original-Erdbuch beginnt. Es enthält 140 Seiten, von denen 72 Seiten beschrieben sind, nämlich die Seiten 1-18, 21-41, 46-74, 78, 90, 103-104. Der Text im braunen Büchlein beginnt 1580 wie im Original. Dieses braune Lederbüchlein jedoch wurde auf Anordnung von Buchwald erst im Januar 1690 vom Original abgeschrieben, wie aus der letzten Seite ersichtlich ist, und 1695 der Landschaft übergeben. Offensichtlich sollte für den Verkauf ein einsehbares Besitzregister erstellt werden; das Original des „Erdbuches" verblieb bei dem jeweiligen Hofbesitzer bis zu Christian Köhler, der es mir 1998 für eine Kopie zur Verfügung stellte, und der es schließlich 2013 dem Verein für Dithmarscher Landeskunde übergab.

Auf dem hinteren Deckel ist aufgeschrieben „Des Gutes Hatstedt ErdtBuch mitt dreyen beylagen, ergangener achtungen, so von mier nachgesucht und corrigirt, übergeben an die deputirten von der Lantschafft, und darnach angewiesen ao 1695 den 7. Maii. No 6." Aus vielen Details kann man schließen, dass nicht Buchwald selbst das braune Büchlein geschrieben hat. So ist die Rechtschreibung konsequent und deutlich anders als im Original, einige Lesefehler und Auslassungen lassen dies zusätzlich erkennen.

Ich danke dem Landesarchiv Schleswig, das freundlicherweise die guten Kopien dieses „braunen Büchleins" anfertigte, damit es hier zum Vergleich mit dem Erdbuch veröffentlicht werden kann.

Innen auf dem vorderen Umschlagdeckel vermerkt der Schreiber „In diesem Buche müßen sich allgantz finden 140 bletter." Diese sind auch vollständig vorhanden, sie sind nummeriert. Der Text auf Blatt 1r beginnt, wie auch im Original, mit dem Titel:

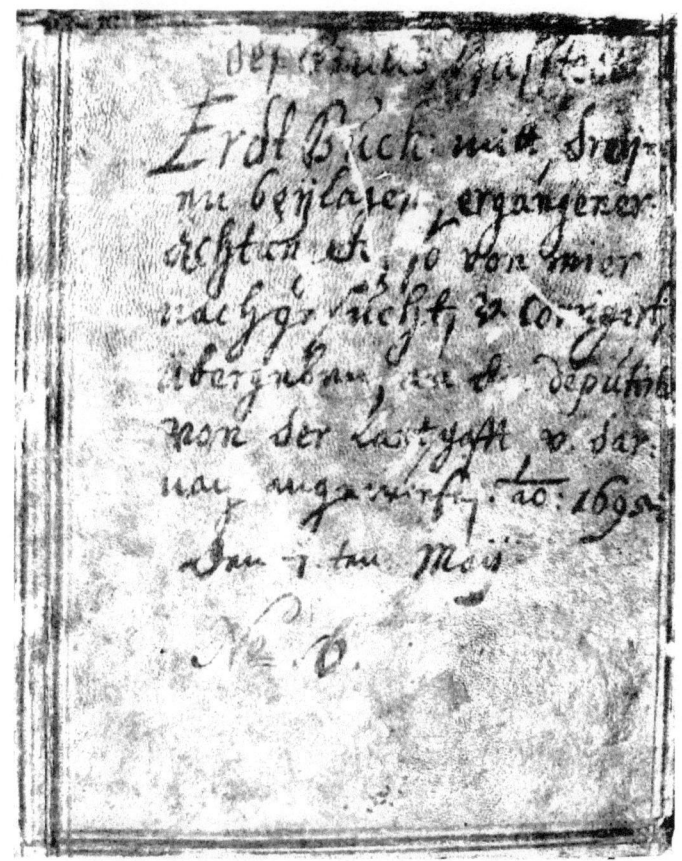

Abb. 26: Das braune Büchlein. Landesarchiv Schleswig, Abt. 102 II, Nr. 159 I.

Richtige Specification und auffsatz deß Hofeß Süder- oder Lütken Hastet, wie derselbe in seinen Scheidungen, pertinentien, Lendereyen, Holtzungen, Wiesen undt Weiden, auch Fischereyen etc begriffen ist. Darüber anno [16]80 dieseß buch und Verzeichniß gemacht oder angefangen ist. Biß dahin aber, ob Gott will, continuirett werden soll, daß solcheß zu ende gebracht und ein richtigeß Register von allem zu finden sein wirt, maßen dan eß an solchem bißhero mangelt und man im blinden gehen muß. Baltzer Hanß von Buchwalt.

Die Rückseite von Blatt 1 enthält zusätzliche Information zum kopierten Buch, in schlechterer Handschrift, mit Streichungen. Diese Seite findet sich nicht im Original:

[Blatt 1v]
Diese extra 9 bletter halten in sich die scheidungen deß Hofeß Süderhastedt, und gehörett, waß darin begriffen alleß anhero, wie den auch die Kirchenstühle darunter zu verstehen sint, welche die Kleinen Räder mitt genießen, vide volio 103.
In den Zehlenden 11 und 12 auch 13ten blade werden die pertinentia an fischereien und der Sperßdeichermühle specificirt. Vom 13 biß 21. blahte stehen einige alte gründe und uhrkunde propter interesse dieseß Hofeß eingezeichnet. Vom 21. bis 72 blahtt ist specification zu finden wegen der Pfluglendereien, menten, Kahten und Heuser zu Krumstedt.

[Blatt 2r]
Der Hoff Hastedt grenset inß Norden mitt dem Dorffe Süderhastedt, fenget zu westen an von der Krumsteter Auwe an wiesen, so alda an der Auwe liegen, die Dähpell genant, an welchen zu nordwesten ein frömbtt wiesentheill oder wehr zu osten hinauff schießet, welcheß seine alte pfähle oder Dohlen sive[303] marckzeichen hatt, biß an des pastorem wiese, genant der Hemm. Dieser Hemm alß eine wiese, so bei der pastoreij gehöret, grenset oder scheidett in seiner begrabung ferner inß osten hinauß mitt einem alten graben schießende, waß außer obgedachtem wehr und diesem Hemm zu westen an der Auw lieget, solches wirt genant die Däpell. Grenßen zu Süden an die Fresteder wische, halten an Dachwerck 8. Waß bey norden der Damgrübe, alß welche ich gantz neu nach gerader linie durch vom Damm biß an die Auw ziehn laßen, anhero gehorett,

[Blatt 2v]
lieget zu osten vorgedachte Döpell und zu Süden deß gedachten Hemß, daß dem pastoren gehöret, ein Dachwerck allein, so anhero nach diesem Hofe gehöret, wobey benachtbaret [sic] folgende 8 Dachwerck.
Dan Schießen 8 dachwerck in einer lenge inß osten hinauff nach meinem pferdemohr zu lanck dem rätienbeck [Ratjenbäck], welcher an die norder seite lieget. Diese achte Dachwerk haben daß herkommen und diesen

---

[303] Hier hat sich der Schreiber verlesen. Im Original steht „vier" und nicht „sive" = oder.

gebrauch, daß 4 Dachwerk anhero und 4 Dachwerk nach hiesigem Dorff gehören. Wirt aber alle iahr umbgewexelt, also daß daß eine iahr daß unterste, daß ander iahr daß oberste theil anhero gewonnen und genoßen wirt. Dan liegett bey norden dem Dammgraben der große Krug, helt acht Dachwerck in einer lenge und breite, und ist außgedolett wie weitt er sich verstreckett. Bey Süden der Dammgrübe zu westen liegett die Döse, 6 Dachwerk haltende, grenset mitt den Fredtsteder wischen und den Däpeln zu Süden und westen nach außweise seiner alten Dohlen oder pfähle.

Die wischen, so nach Kleinen Rade gehören, *halten Dachwerk und*[304] liegen zwischen der Döse und dem Bullenkrog unter die Frestedter wischen. Dan folgett alda an selbiger seite deß Dammgrabenß der Bullenkrog, helt 4 Dachwerck, grenset inß Süden mitt dem Fresteder wischen und schißet inß osten an daß Kühemor.

Biß hieher Diese Große wische specificirt helt in alleß an Dachwerke

	31 Tachwerk
die Düwenwisch 12 und die Bornholtzwische 4, ist	16 ′′
facitt in alleß an tachwerk	47 ′′

[Blatt 3r]

Daselbst bey norden dem Damm fenget an daß pferde-Mohr, welches mitt einem grahben oder einer bache zwischen den hasteder wiesendamm und dem pferdemohr flieset, die scheidung machet, biß an die Dufenwische. An dieser Dufenwische zu norden und an dem pferdemohr zu osten lieget eine kleine wiese, so ietzo einem Krüger zu Hastet namenß Clement gehoret, ins Süden aber mitt einem graben von der Dufenwische abgegrübet und gesondert ist, welchen graben der besitzer der wische allein kleien muß und davor genuß hatt von dem pferdemohr zu seiner wische soweitt dieselbe geht. Da dan solchem graben erstlich zu osten hinauff und dan zu Süden wieder hinein lanck der Dufenwische eine ecke zwischen dem Dorff- und Hofemohr [Kätnermoor und Torfmoor] oder -weide eine breite grübe von westen inß osten schießent, die Barckengrübe genant, gantz hinauff auß Dorffackerland und dem Galgenkamp zu Süden,

[Blatt 3v]

die Scheidunge machet, und schießen die Stücke, so auffm Galgenkamp liegen, und nach dem Hofe gehören alle von Süden inß norden, von welchen

---

[304] „halten Dachwerk und" steht nicht im Original.

Stücken zu westen bei dem Kirchwege setze 4 nach dem Dorff Hastet gehören, in einer Fähre, die westerste etc zu Süden gehören alle nach dem Hofe Hastedt. Von denen Stücken so von westen inß osten zu Süden dem Galgenkamp liegen, scheidet die norderste Föhre, welche zu Süden dem Galgenkamp von westen inß osten nach dem Harenbusche zu leufft, biß an dem busch. Sothaner Busch aber, so breihtt derselbe inß norden gehet, gehoret nach dem Hofe Hastedt, von westen inß osten biß an den uhralten Kirchsteige, so von Kleinen-
[Blatt 4r]
rahde kömbt, und bereihtß zimlich inß westen über die schnuhr inß Hofe felt, sowohll getrehten alß gepflüget ist.
Zu osten dem Kirchsteige aber gehoret der Busch nach dem Dorffe, und schießet lanck solchem Busch hinauff von westen inß osten ein Block ackerlandt, welcher nach dem Hofe gehoret. Von solchem Block alß von norden inß Süden nach dem holtze oder Busch Lemsick zu lieget der Kamp genant Frauenfeldt, worauff der Hoff Hastedt liegen hatt erstlich den vorbemelten block landeß allernegst dem Harenbusch, dan folgt ein block landeß, so nach dem Dorffe gehöret, zunegst aber wieder ein block landt so anhero gehoret, darnegst aber nach dem Dorffe gehörent 4, dan folgen zwey Stücke
[Blatt 4v]
in einer führ, dieselben gehoren nach dem Hofe (alhier ist inn nachsehen geirret und corrigiret worden). Dan folget ein Stück, so nach den Dorffe gehort. Den folgen abermahll zwey Stücke in einer führe, so nach dem Hofe gehören. Darauff zwei stücke beisammen, so nach dem Dorff gehören. Dan folget Ein stück, so etwaß zu osten ab vom Kirchstehge an die Süder Fähre einen Stein liegen hatt, so nach dem Hofe gehöret, darauff dan wieder zwey stücke in einer Fähre nach Hastedt folgen, worauff wieder zwey stück beisammen liegen, so anhero nach dem Hofe gehören, dan wieder fier stücke, so nachm Dorff gehören, dan wieder zwei Stücke beysammen nachm Hoffe, dan nur Einß mer inzwischen, welcheß nach hastedt gehöret, die übrigen alle inß Süden alß neun lange und ein kurtz stück so
[Blatt 5r]
neben dem Lehmsick kehret, gehören alle anhero nach dem Hofe. Daruff continuiren inß osten bey dem Großen Räder Kirchwege und liegen daselbst bey norden dem Holtze, davon der weck lanck gehet und zu westen deß busches, genant Pastoren Elmm, kehrent, fünff block in einer Fähren, so

vorhin alle 5 sollen anhero gehörett haben, ietzo aber und solange ich eß beseßen, auch schon für meiner Zeihtt nur Einern davon anhero gebrauchet und der 5te block bei dem priesterlande geblieben. Von dem öster ende deß Südersten block landeß, so allernegst am busche oder Holtze lieget, etwa Sexich guhte manneß schrit inß Süden, lieget der erste Scheidestein zwischen dem hiesigen Hofe und dem Dorff feltmark

[Blatt 5v]

an einem alten kleinen wege zu osten einer kleinen Bühte holtz, welche Bühte zu Süden den vorbemelten 4 Blocken, alß daß erste holtz anfenget undt flux mitt einem kleinen alten wege auch an die Süderseite von meinem holtze scheydet.

Vorberürter Scheidestein ziehlet inß osten auff seine Fyer [vier] nachtbaren [sic], davon drey Steine auffeinander folgent auff der lohe inß osten nach dem langen Haren zu und der Fierte an die oster seite im langen Haren nach denen bergen, so ins osten alda liegent, sich finden.

Hinter dem Langharen alß zu osten lieget ein alter Heydekamp, so etwa auff

[Blatt 6r]

die helffte nach dem Dorffe an die norder seite und inß Süden nach dem Hofe Hastedt gehoret, und giebet der vorberürte stein, so an die oster seite in seiner Ziehlung mitt denen anderen Scheidesteinen terminiret, von seinem termino ab inß osten einen richtigen unterscheidt mitt denen alten aufftrifften und Fähren, auff solchem altem lande oder Kampe, wie weihtt solche stücke zu Süden anhero und zu norden nach dem Dorffe gehoren.

Von vorbemelten Bergen alß inß osten an gehett die Scheidung wieder inß westen unter dem Großen Räder Busch alß bey welchen zu norden lanck ein sichten oder kleine Galle gehet, welche die scheidunge machet zwischen groß-Rade und dem Hofe, iedoch daß die alten quehrstück zu norden bei der galle nach Rade bleiben und die nordersten Führe ost und west lauf-

[Blatt 6v]

-fent, gerade inß westen die scheidunge machet. Nachdem alda im Langharen zu westen deßelben bußches oder holtzeß stehenden Scheidepfahll und Stein, welche alß eine vollige scheidung inß Südewesten mitt noch zweien solchen pfahlen und Steinen zwischen dem Hofe und dem Großen Rader Dorffelt die scheidunge machet, auff dem Räder Kirchwege zu, und continuiret selbe den Kirchwech an die oster seite unt lanck biß an die kleinenräder Stücke, so bey fast Südosten dem Finckhert oder gewesenen vogellhert über den Kirchwege

schießen und solanck sie seint über den weck trehten. Derer selben Stücke seint bey osten dem Kirchwege in einer
[Blatt 7r]
Fähre 18, von welchen die letztern inß süden unter den kleinen holtze, so daran inß westen ligt, kehren. An die norderseite aber deßselben holtgenß machet die erste fohre unter solchem holtze die scheide wieder inß westen biß an die daiegen südt und nordt schießenden langen stücke.

> Nun ist auf dieser Seite eine längere Passage durchgestrichen und am Rande mit anderer Tinte und Handschrift von Baltzer Hans von Buchwaldt korrigiert, so dass wieder Übereinstimmung mit dem Original besteht.

NB: Alhier sint auch drey stücke abgezwacket [*abgemerket*], welcheß der gehrn zu Süden und daß holtge inß westen mitt den anderen stücken, so zu westen demselben liegen und nach Kleinen Rade gehören, so iegen einander lauffen, [*sind*] genuchsam [*zu*] unterscheiden, wan solche stücke fürbey biß an den Kickbarg. Alßdan für ietzo ein kleiner Rehm oder buschwerck inß süden iegen dem Kickbarg stehtt, so schieß die übrigen langen stücke ost und west alle bei itzigem rehmen inß westen liegende in einer länge biß unter daß daran zu süden liegende kleine hötzgen, da dan die voriahrt oder daß quehrstück, so unter gemeltem holtzgen ligtt und darauff die langen stücke gutenteihlß kehren, mitt ihrer Süder Föhre lanck unter solchem hötzgen die scheide macht.
[Blatt 7v]
Geradezu da der pfahll und stein beisammen iegen solcher Föhre an alß eine bestendige scheidung nach viehlem streihtt und vergeleich gesetzet stehn, alß welche Steine und pfehle zwischen GroßenRade, auch Frehtstede, und diesem Hofe Haste [sic] zu einer bestendigen scheide also gesetzet sein, daß bey verlust einer tonne biehr der Hoff die pfehle und iehne die steine sichtbarlich und unversunken oder unümbgefalen in stande halten müßen, solche pfehle und steine behalten und unterscheiden sonder allem bedinge, einem ieden daß seine zu nach deroselben schnuhr und lienie, wie sie auff einander ziehlen, biß an den Fredtsteder Kirchweck. Zu westen aber selbigen Kirchwegeß haben die Frettstehder Freiheitt, mitt ihrem Vieh allein und nicht weitern gerechtichkeitt alß etwa Torff zu stechen oder heide zu meien, noch holtz oder busch zu hauen, zu hüten biß an die borrenß holtß wische [Bornholtzwische]. Daiegen aber unß geleichmeßig die Hüte mitt Vieh und

Schaffen frey bleibett biß unter ihrem holtze und weillen sotannß holtz der Frettsteder merklich abnimt und hiniegen Krattbusch weiter herrauß zu unß heranweckst, so könnte in nachiahren geschehen, daß ihr holtz anherwertz
[Blatt 8r]
breiter ausrichten und unser Rauhm der hüte halber nach diesem buchstaben enger würde. So hatt eß aber den verstant, daß weillen zu Süde-westen der borrenholtz wische daß mohr so gantz und gahr anhero nach dem Hofe gehörett, der Vieh Drifft im wege ligt und hindert, wir dennoch über dem kleinen Mohr eine frey Drifft behalten, unter solchem Frehtsteder Holtze weck mitt unserem Vieh und Schaffen nach maken orde [Orke] zu, alß woselb ich ietzo einen Teich machen laßen. Hiniegen aber bleibett alle weitere abnutzung zu genieß einem ieden gesetzte Stein und Pfehle pro termino und alß ein von diesen Pfahle und Steinen der letzte zu Südtwesten der Borrenßholtzwische stehtt, so ist zu wißen, daß derselbe auff die Mitte deß Heidthalseß, so daß lange felt genant wirt, deuhtet, und gehorett die scheidung mitten lanck solchen Heidthalß biß an daß mohr westwertz schießende, da dan zwischen unserem Kühemohr und dem Fredtsteder pferdemohr ein richtiger graben die scheide helt, welchen wier und sie zugeleich offen halten und kleien müßen, wo selbst den der vor- und obgedachte Bullenkrog und die vorbenamte wische sich wieder befinden und also die scheidung dieseß gantzen Hofeß geschloßen. Dabey angefüget wirt
[Blatt 8v]
daß weill man an der Großen Rader und Fredtsteder seite bey angetrehtenem besitz dieseß hofeß viehle ungelegenheit, streihtt und proces annemen müßen, maßen sie ein mehreß weder ihnen zugehorig in langen iahren in gebrauch gehabt und dahero alß ein recht pretendiret, ihnen auß schwerem beweiß, da die alten, so darum gewust, verstorben waren, wohll zimlich gewichen und eine richtige grentz wieder zu erlangen man sich durch schrifft (auffgerichtetem interims-vergleich) alß von welchem sowohll wiehr alß auch beide Dorffer einß unter Sehligem Magister Johanneß Bremer Handt zu sich genommen und empfangen hatt. Deßfalß einß geworden und allen streihtt und eintracht weiterß verhüten wollen. Und weillen leider mein gehabteß originall davon miehr anno [16]75 mitt im feuer auffgegangen, bin ich dahero und daß ich mitt verdruß erfaren müßen, wie theihlß auß eintracht und studio, teihlß auch auß unwißenheitt und vermeindtlichem rechte einer oder ander auff seine meinung bestehen und irren könne und daß ich auch kein Register oder grundtliche

[Blatt 9r]
nachricht gefunden, waß zu hiesigem hofe gehört, bewogen worden, meinem successori zuhm besten und zu grüntlicher Sicherheitt dieseß alß ein Erdtbuch zu formiren, und zwar nach solcher ahrt, daß ich geleichsam alß eine Kette aneinander hengentt ich auch alle stücke und terminos von einem zuhm andern also deutlich angezeiget und berannt, und daß mitt ost und west, Süden und norden etc also angezeiget, daß obzwar nich alleß ost und west nach dem compas gerichtet ist, du doch darauß in der nachsuchung alleß richtig außfinden wirst und kanst.

Und alß ich biß hieher mitt eigener handt alleß eingeschrieben, und zwar hier und dort etwaß alß im ersten concept corrigiret habe, magstu denn doch, soweihtt eß meine hant ist, sicher gelauben und auß diesem und nachfolgendem erkennen und schließen, daß ich miehr angelegen sein laßen, alleß in richtigkeitt zu faßen und dich, lieber nachfolger, in ruhe zue halten, deß Gott Dier verleihen wolle. Nachfolgendeß aber alleß alß pertinentia dieseß Hofeß habe ich zwar mitt eigener hant der außfindunge nach concipiret,

[Blatt 9v]
aber auß solchem concept anhero inß reine zu bringen, einen meiner Leute gebraucht, welcheß ich selbst nachgesehn und alleß richtich befunden habe, und hastu in diesem buche deßfalß beschrieben an blettern mitt diesem, so ich biß hieher selbst gesetzet, in der Zahll Einhundert undt firtzich stück.

> Von hier ab haben also andere Schreiber auf dem Hofe des Baltzer Hans von Buchwaldt dessen Erdbuch kopiert, die Handschriften wechseln des öfteren. Zuerst folgen Schriften in schlechterer Qualität, später auch schöne, gut lesbare Handschriften. Auch ist die Rechtschreibung je nach Schreiber unterschiedlich gestaltet. Zwar weiß man, dass es damals noch keine fixierten Rechtschreibregeln gab, aber die Unterschiede lassen sich auch auf die Bildung des Schreibers zurückführen.

Anno 1675 Septembris, alß ich diesen Hoff pachtweise bewonet, ist leider durch bösen menschen dieser Hoff angezündet und alleß, waß an gebeuden darauff gestanden, außer die scheune und daß backhauß in die asche geleget worden. Da dan der Hoff gantz öde und wüste geworden ist, biß ich denselben Anno [1]677 mitt ihro Königlicher Mayestät allergnedichster

Confirmation hinwieder an mich erkaufft, und nachdem ich mitt meinem Principalen H. N[icolaus] von Merle,[305] königlicher oberstallmeister, zimlich tieff eingestiegen und bei meinem antritt nach überstandenem Kriege diesen Hoff auff daß blose wohnhauß noch, welcheß doch sehr an dach, wenden und lehdungen verfallen, so mehr gantz öde angetreten und mittelst aufgerichteter Heuerzahrt dur[ch] dem Sehligen Landvoigt H. mattieß Johanßen ex commissione ihro königlichen Mayestät vollenzogen, dahin condescendiret,[306] daß ich den verschuß getahn, wiewohl vorbehaltlich der gefahr deß feuerß, daß in solchem event der Hoff Hastet meineß verschoßeß halber miehr zum unterpfande bleiben, ich aber gehalten sein wolte, daß onus dreier gelde [*Gilden*], alß darin ich sofort den Hoff zeichnen laßen müßen, abzuhalten, da den in ungücklichem ausschlag der Herr Pricipall die Gillen genießen und nach belieben bauen möchte, ich aber für keine feuerß gefar weiter stehn noch zu antworten schüldich sein wollte. Daß ich also und solchemnach ein großes meiner mittell darin angewent und über 1800 rdaller [Reichstaler] an solchem Hoff und deß pertinentia verschossen, welcheß wier aber dahin behandelt, daß ich mitt bahrer Zugabe den Hoff erblich erhandelt und an barem Gelde herauß gegeben 2500 Reichstaler.

[Blatt 10r]

Waß eß mitt Kleinen Rahde führ bewantniße hatt, davon zeiget der von ihro Königlichen Mayestät allergnädichst erteihlte Confirmation brief die specialia ann.

Der restliche Text auf dieser Seite 10r ist durchgestrichen, unleserlich gemacht; ebenso der obere Teil auf der nächsten Seite. Es geht korrekt weiter im Text:

[Blatt 10v]

Im Fredsteder holtz zu westen leufft eine bache bey regenigem wetter die grunt hinauß nach dem mohr zu, daselbst dan ein Deich vorhin gewesen, so

---

[305] Nicolaus von Merlau, verkauft den Hof laut Vertrag vom 31. Mai 1678. Die Familie von Merlau, seit 1199 urkundlich, hat als Stammsitz Burg/Schloss Merlau in Mittelhessen am Rande des Vogelsberges. Im Mittelalter war sie ein regional bedeutendes Adelsgeschlecht. Ein Johann I. von Merlau war 1395-1440 Fürstabt von Fulda.

[306] Der Schreiber hat das falsche „condescediret" des Originalerdbuches korrigiert zu „condescendiret".

anhero gehört, seiner unwürdichkeitt halber aber, und daß die fische von andern herauß gefangen worden, bleibett derselbe wüste liegen.
[Blatt 11r]
Demnach nun folgen die pertinentia dieseß Hofeß an Fischereien.
Undt gehörett anhero die Schaff Auwe, in den Winberger See fließent, mitt in-sich haltende ein Wehr, darauff sonst niemandt zu fischen berechtiget ist, biß an den See sich streckendt.
An Höltzungen
Alleß waß auff hiesigem Hoffelde liegett, woran daß Dorff Hastedt, Großen Rade und die Kleinen Räder angehegte und in deren confirmation ienen zugestandene höltzungen und AckerLandt grenßen.
Zu Baringstedt beim Dorff eine Büht, so verhauen ist.
Zu Lehrßbüttell liegen 5 büten holtz, so verhauen seint.
Zu Röst liegen alda im Roster Holtz 2 büte Holtz, so nach Friedrichhoff iegen 2 Morgen wischlant in der Auwehörne zum Friedrichhoff nach Hastedt die würcklicher abnützung (nichts aber zu verhauen oder zu verkauffen) verlegett und genützet werden.
[Blatt 11v]
Item gehöret anhero daß [Ael-]Wehr, so zu allernegst dem Winberger See liegt, in der Wollmerstorfer Auw, so auß dem See fliest.
[Blatt 12r]
Die Statthalterßwiese im Egsteder Feltmark mitt dem wehre ist Kleinen Rade zugeleget und von ihro Königlichen Mayestät Confirmiret, iegen abgifft der gewönlichen Heuer, so eß in der zeihtt anhero gegeben hatt, nemlich 17 Mark.
[Blatt 12v]
Kleinen Rade giebet anhero zu iärlichem Canon 2 ton Rocken, Eine halbe tonne Haber undt Einen Scheffel Buchweitzen.
[Blatt 13r]
Zuhm Sperßdeich lieget eine Waßer Mühle, dabey gehorig ein klein wiesenteihll und einige blöck landeß. Diese Mühle ist abgebrant, weihll ich den hoff in heuer gehabt, und alß eß eine geringe heuer gegeben, nemlich 30 Mark 12 Schillinge, hatt eß der mühe nicht verlonen wollen, neue steine und Zimmer deßfalß wieder anzuschaffen. Bin dahero bewogen worden, eine stampmühle daselbst zu verfertigen laßen, dabey eß den annoch wegen deß waßerß mangelt und übermeßigen zuhstürtz an zeihten viehle incommoditet giebet. Diese mühle aber in beßerem stande zu bringen ist man annoch, so

Gott will, in bedacht und sinneß. Der Mann aber, so dabey wonet, namentlich Hanß Groht, gibett für den Deichgraß darauß zu meien und dem zugehörigen wischlappen und blocken iahrlich zuhr Heuer 15 Mark 6 Schillinge.
[Blatt 13v ist leer]
[Blatt 14r]
Folgen die anhero gehörige drey Hofe Landes in Crumstede sambt denen vier meendte Gerechtigkeiten.
[Blatt 14v ist leer]
[Blatt 15r]
Anno 1565 ist bey allgemeiner Ächtung deß Meldorffischen Gehst Landes von dem Bauerschafft Crumstedt das Landt, so nach dem Hofe Hastett gehöret, außgelegt und folgender maßen von dem Königlichen Circhspiellschreiber Johannes Guden mir, Baltzer Hanß von Buchwaldten, alß pro tempore besitzern desselbigen Gutes für erlegte gebühr extradiret worden.
Da ich dan anno 1682 Nach gespürter Unrichtigkeit der gethanen außlegung halber sowoll alß auch sonst die durch ein ander Confundirte [vermengte] Ländereyen zu richtiger Bauerhöfe ordnung hinwieder
[Blatt 15v]
Einzuführen und zu welcher Bauer dieses oder jehnes Landt gehöret, zu unterscheiden mich selbst angelegen sein laßen, alle und jede stücke durch die gesambte Hauer Leute, derer für jetzo zehen in der Zahll seint, und in nachfollgender Specification ernennet werden, mir fürzeigen laßen und durch scharffe nachfrage und inquisition so viell möglich alles mit fleiße zu nachfollgender richtigkeit gebracht. Darinne Ich des Cirspiellschreibers heraußgegebenen Specification auff dem fuße nachgefollget und alle befundene irrung und unterschleiff expliciret und angezeichnet habe.
Und ist dabey anzumercken, daß erstlich in Krumstedt sein müßen ohne die
[Blatt 16r]
Anhero gehörige Kahten etc drey volle Bauerlandeß, alß die eine des Nahmens **Tieß Buh**, die andere **Hulle Clauß Buh**, die dritte **Hencke Eggers Buh**, welche jetzo bey ½ und ¼ und $^1/_8$ teil Hufen an Nachfollgenden Hauersleuten verheuret sein, und bey jedem stück gezeichnet ist, zum wenigsten mit zwey großen buchstaben, zu welcher Bauw es gehöret. Und haben diese drey Hufe landes 4 Meenten und Meente gerechtigkeiten, so verheuret und verlegt werden unter die Hauerleute, alß es am ersprießlichsten ist.

Der folgende Absatz wurde vergessen. Er ist als Einschub am Rande links und unten geschrieben.

Bey den Menten ist zu wißen, daß nachgehendeß die eine mente, so vor 70 und mehr iaren hero auch also continuirlich gebraucht ist, geteihlet unter 2 Heuerleuten, die sie beide in Heuer gehabt, also daß sie allein waß die wejde betrifft, wegen ihr vieh, pferde, Schaffe etc mitt deß bauerschafftß wille dieselbe also genoßen, daß sie so viel indeßen gehabt frei und ohne graßgelt genoßen, auch Heide so viehll sie notich frei gehabt zu holen [hoten], daß übrige aber, waß an torff graben etc auff den menten iahrlich zu teihlen oder zu heuren, deßfalß haben sie nicht mehr zu genießen, alß auff eine volle mente felt und gehört, welches zwar wieder dem vergleich mitt Herrn Hinrich Rantzowen anno 1687[307] den 6. maij getroffen scheinet zu sein. Weill ich eß aber also befunden und die possessio ex praeschriptione [sic] schon über 2fach verstrichen, auch daß Bauerschafft wieder solchem vergleich ander erinnerung verhengt, mainteniret [aufrechterhalten] man solche possession. Da aber daß Bauerschafft dem obgedachten vergleich geleben will, tuht man dieser Seiten eß auch dabei laßen,

Von hier ab geht es im normalen Text weiter.

zumahlen den an Marx Gribbohm die eine, die andere Detleff Ihfen, die 3te an Hanß Grohten, und die 4te Jochem Kröger bey geleget ist. Alß von deroselben hergebrachten Gerechtigkeit und
[Blatt 16v]
Uhrsprungk sowoll auch mehrerer angelegehnheiten des Dorffschaffts Crumstede, alß woran man vierten theils interessiret zu desto mehrerer [nachricht und bey behaltung dehrer] Uhrkunde[308] Ihres alters halben, alß welches fast kaum verstatten will dieselbige jetzo aller ohrten Leßlich zu erkennen.

    Copeilich
anhero zu übersetzen und diesem nachricht und Erdtbuch mit Einzuverleiben man für dienlich erachtet und rahtsahmlich anhero abschreiben wollen Nachfollgenden Einhalts.

---

[307] Im Original-Erdbuch steht 1684. Hier im braunen Lederbüchlein ist das ursprüngliche 1684 zu 1687 überschrieben worden.
[308] Die Worte „nachricht und bey behaltung dehrer" steht nicht im Original-Erdbuch.

[Blatt 17r]
Copia deß Sehligen Stahtthalters Hinrich Rantzauven gemachten Vergleichs mitt dem Bauerschafft Krumstedt.
Tho wethen dat twischen dem Gestrengen Edlen und Ehrentfesten Heinrichen Rantzawen, der Königlichen Mayestät tho Dennemarcken Herr Stadtholder, wegen seines Gudes tho Krumstede und den andern Burschops Lüden, alle tho Krumstede, So tho der gemene marcke berechtiget sien, Alße Jürgens Clauß, Voß Siemen, Boyen Jacobs boye, Stecken[309] Martens Eruen, Gorries Peter und Blauwen Pers Paull wegen der gemene marck gehandelt und also verdragen ist, dat der Herr Stadtholder up siene Erffgüder, so he tho Krumstede hefft, vehr gemene marck, de he stracks bebuven und gebrucken laten

[Blatt 17v]
Mag; Jürgens Clauß[310] up siene Erffgüder drey gemene marck; Voß Siemen twe gemene marck; Imglicken Jacobs Boye, Stecken Martens Eruen und Gorries Peter ein jeder twe gemene marck und Blauwen Pers Paull eine gemene marck Errflich und Egendöhmlich hebbe, doch nicht ehr genethen noch gebrucken schöllen, beth so lange dejenigen, so noch nicht by gebuwet hebben, ein jeder by buwen und solcker gebuwete dorch ehre Kinder und Eruen bewahnen laten werden. Hieren bauen hebben diße bauen gemelte Semptlicke Burschops Lüde Herman Krußen, ock ene mene marck tho sienen gehoffe Errflick und Egendöhmlick verkofft vor 40 Mark Lübisch, de he stracks erleggen schall und schöllen desülven tho des Burschops nütte wedder angelegt werden. Hiermit schall also alle ehre irrung wegen der menemarck gäntzlick upgehauen und vordragen sin, und hebben de ermelte Burschops Lüde demnha hiermit

[Blatt 18r]
Kräfftiglich vor sich und ehre eruen vorsecht und verplichtet, hernhamalß kenen mehr de menemarck tho verkopen edder den gebruck tho vergönnen, ock kene bygebuwete mehr tho gesteden, sondern düssen Vordragh stendig tho holden. Deß in Uhrkundt hebben se düße Zerten [Karten], welche der Herr Stadtholder mit egener Handt under schrefen, darup vorferdigen durch datt Wort Wahrheit von enander scheiden und vor dem Gerichte tho Meldorp

---

[309] Im Original-Erdbuch deutlich „Stacken".
[310] Im Original-Erdbuch deutlich „Jürgens Claes".

bestedigen laten, worvon de ene by wollgemelten Herrn Stadtholder und de ander by Jürgens Clauß in Verwahrung gelecht worden. Actum Harstede den 6. May Anno 1584. Hinrich Rantzauwen.

Anno [15]84 den 15. May Sindt Voß Siemen, Jürgens Clauß, Boyen Jacobs boye, Gorries Peter, Stecken Martens Hanß, Blauwen Pers Paull und Herman Cruße Persöhnlick Jegenwerdig vor dem gehegeden Gerichte tho Meldorp erschenen und hebben düße Jegenwerdige Corten Gerichtlich lesen und bestedigen laten. Anno et die ut supra.

Johannes Helt, verordneter Landvogt im Süderdehle Dithmarschen sampt den andern Gerichts-mitverordneten. Antonius Steinkus.

Gorries Peter ist ohne Eruen weggestorben.

[Blätter 18v – 20v sind nicht beschriftet]

[Blatt 21r]

Folgen die Kahten und Heuser, auch Jetzo wüst liegende Hauß und Kahtstetten, So anhero gehören und sich zu Krumsteden befinden.

[Blatt 22r, 22v ist leer, nichts fehlt]

Jochem Kröger hatt den Krug und daß Bierschencken, giebet Jährlich zu Haußheuer für seine Kahte und zugehörigen Lande 9 Mark 13 Schillinge. Ist eine Kahtstehte und hatt Kahtenerß gerechtigkeitt, mihr aber Meyet er 2 Tage Graß, Gräbet 2 tage Torff und meyet 1 Tag Rogken nebenst einen binder. Waß aber an Ländereyen zu seinem Wohnhause gehöret, wie auch denen anderen Hauerleuten zu ihren Heusern gehörig ist, Solches zeigt die Specialie Erklährung, wie dieselbige außgeleget und nachmahllß erforschet worden ist, eigentlicher an und ist alldarauß Specialiter zu ersehen.

[Blatt 23r, 23v ist leer, nichts fehlt]

Jochem Kröger hat in Hauer ¼ teil Landt, giebet jetzo davor 6 ton Rogken. Dieses Landt gehöret zu Hencke Eggers Buh. [Es fehlt hier „anjetzo Claus Sned", da die Abschrift viel später erfolgte und diese Aussage nicht mehr zutrifft.]

[Blatt 24r, 24v ist leer, nichts fehlt]

Hanß Grohte bewohnet eine Kahte, dabey Kothener gerechtigkeitt ist, giebet davor Jährlich nur 8 Mark biß Dato, und thut davon die gewöhnliche Hofe Dienste als 2 tage graß meyen, einen Tag Rogken meyen nebenst einen binder, und 2 tage Torff graben. Waß an Ländereyen bey seiner Kahte gehöret, zeigt nachfollgende Specification eigentlich an, und ist im nachsuchen darauß zu ersehen. Sonst hat er in Heuer ¼ teill Landt von Tieß

Buh, davor giebet er Jährlich biß Dato nur 5 ton Rogken. [Es fehlt hier wieder „anjetzo Claus Tode".]
[Blatt 25r, 25v ist leer, nichts fehlt]
Mehr hat Hanß grodt in Heuer eine Meente, davor Er Jährlich giebet 7 Mark. Bey dieser meente gehöret ein stück landes nach breiterer anzeige der nachfollgenden Specification.
[Blatt 26r, 26v ist leer, nichts fehlt]
Noch lieget eine Jetzo wüste Hauß[stätte], bey nordosten Jürgens Peter, und zu Süden Hanß Klehn, benamendlich Klünners Hofstede. Noch deroselben alten graben zu erkennen, und bleibet zu Süden ein kleiner wegk frey zwischen Jürgens Carstens Hofstette und dieser.
[Blatt 27r, 27v ist leer, nichts fehlt]
Hencke Peters Hoffstede, so gegen Hanß Grohten Hause über lieget, zeiget von selbst an Ihr habende größe, und ist vorhin eine Bauerlandes dabey gewesen, genandt Hencke Eggers Bauw.
[Blatt 28r, 28v ist leer, nichts fehlt]
Die wüsten Hoffstätten zu Continuiren, lieget Ebenmeßig wüste eine Kahtstede bey den Weddell mit zugehöriger Koppel, Mohr und anliegender Wische, deroselben begreiff in allem auß denen alten graben zu erkennen ist, und seine alte gerechtigkeitt hatt alß eine Kahte.
[Blatt 29r, 29v ist leer]
Item gehöret anhero daß weddelmohr alß auß welchen sonst niemand berechtiget ist, torff zu graben, welcheß mitt pfahlen zu norden determiniret ist.
[Blatt 30r, 30v ist leer, nichts fehlt]
Detloff Ihfen bewohnet eine Hofstette, woselbst Tieß Buh vorhin bestanden, giebet jetzo an Hauß Heuer 10 Mark. Und thut gleichmäßig vor benahmter Hofe Dienste mit meyen und Torff graben, so auch garben binden, mehr gibt Er wegen bey seinem Hause liegende Höfe 9 Mark.
[Blatt 31r, 31v ist leer, nichts fehlt]
Detloff Ihfen hat in Heuer ½ Hofe Landes, für Jährlichr abgiefft 8 ½ ton Rogken. Diese Landt gehöret zu Hencken Eggers Buh.
[Blatt 32r, 32v ist leer, nichts fehlt]
Detloff Mannesfeldt hat in Heuer eine Kahte sambt dehren zubehör an Hof und stücken, alß welche stücke landes auß nachfollgender Specification zu ersehen, behält Kähtnerß gerechtigkeit und giebet jährlich 10 Mark.
[Blatt 33r, 33v ist leer, nichts fehlt]

Detloff Mannesfelt hat in Heuer $^1/_8$ teill Landt, und giebet Er, Detloff Mannesfelt, für dieses $^1/_8$ teil Landt 3 to[nnen] R.[ogken] und gehöret solches zu Hülle Clauß Buh. ["Anjetzo Aßmus Hanßen" fehlt wieder.]
[Randbemerkung] Obstehende 3 to Rogken sind mit fleiß geleschet.
[Blatt 34r, 34v ist leer, nichts fehlt]
Noch hat Detloff Mannesfelt in Heuer ¼ teil landt zu Tieß Buh gehörig, giebet jährlich darvor 4 ton Rogken.
[Blatt 35r, 35v ist leer, nichts fehlt]
Hanß Kröger, sonst genandt Hanß Claußen, hatt Ebenmäßig im Heuer ¼ teil landt zu Tieß Buh gehörig. Zu jährlicher abgiefft 4 ton Rogken.
[Blatt 36r, 36v ist leer, nichts fehlt]
Hanß Holling und dessen Schwieger Sohn Hanß Klehn haben in Hauer ¼ teil Landt von Tieß Buh, giebet Jährlich zur Heuer 4 ½ ton Rogken. ["Anjetzo Claus Tode und Claus Kleen" fehlt wieder.]
[Blatt 37r, 37v ist leer, nichts fehlt]
Aßmus Hanß hat von Hencke Eggers Buh $^1/_8$ teil Land in Heuer, giebet Jährlich 3 ton Rogken.
[Blatt 38r, 38v ist leer, nichts fehlt]
Von Hülle Clauß Buh hat in Heuer Marx Wahrnsholdt daß Wohnhauß und dessen Zubehör, giebet dafür biß Dato nach alter gewohnheit nur 2 ton Rogken in alles.
[Blatt 39r, 39v ist leer]
Marx Warensholdt hat in Heuer von Hülle Clauß Buh landes die Helffte und $^1/_8$ teil, giebet Jährlich darvor 14 ton Rogken.[311]
[Blatt 40r, 40v ist leer, nichts fehlt]
Harrings Hans hatt in Heuer $^1/_8$ teil Landt von Hülle Clauß Buh, giebet Jährlich an Rocken 3 ton.
[Blatt 41r, 41v ist leer]
Jürgens Clauß vorhin, und jetzo Peter Claußen, hat in Heuer $^1/_8$ teil landt von Hülle Clauß Buh, giebet Jährlich darvor 3 ton Rocken. ["Anjetzo Hanß Harmß" fehlt wieder.]
[Blätter 42-45 sind leer, nichts fehlt]

---

[311] Im Original-Erdbuch „12 Tonne Rocken"; hier wurde die „12" überschrieben und korrigiert zu „14".

Von hier ab wird nicht mehr das ganze Braune Büchlein wiedergegeben, sondern nur noch einige interessante Seiten. Insbesondere wird die ausführliche Einzelaufstellung der Grundstücke, die nun folgt, hier weggelassen.

[Blatt 46r]
Richtiger Außzugh von Denn in der Krumbstätter Feldtmarck belehgenen, zu dem Lüttienhastetter Hoefe aber gehörigen Pflugh Ländereyen, gleich die anno 1665 bey allgemeiner Meeldorffischen Geest Landesächtung von dieser Bauerschafft ausgegeben und kundt gemacht. Welche ich auff begehren deß Herrn Ober Försters Baltzer Hanß von Buchwaldten extradiret und abgestattet habe allß verordneter Königlicher Kirchspiellschreiber und Notarius.
Auff Derschhöhde ost und west streckend
1. Ein Stück Clauß Möllers wittebe, Süden. Dieses hatt Detloff Mannesfeldt von Tieß Buh.
...
...

[Blatt 72r]
Copia deß Sehligen Stahtthalters Hinrich Rantzawen gemachten Vergleichs mitt dem Bauerschafft Krumstett.
[Randbemerkung] Dieseß ist auß versehens bey der abschrifft anhero gesetzt, und dahero ebenmeßig pagine 17 von anfanck dieser bletter zu finden.
Tho wethen datt twischen dem gestrengen Edlen und Ehrentfesten Heinrichen Rantzau, von der Königlichen Mayestät tho Denomarcken [sic] Herr Stadt Holder, wegen seines gudes tho Krumstede und den andern Burschops Lüden, alle tho Krumstede, So tho der mene marcke berechtiget sein, Alße Jürgens Clauß, Voß Siemen, Boyen Jacobs boye, Stecken Martens Eruen, Gorries Peter und Blauwen Pers Paull, wegen der Meine marck gehandelt und also vor dragen ist, dat der Herr Stadtholder up sine Erff güder, so he tho Krumstede hefft, vehr
[Blatt 72v]
Gemene marck, de he stracks bebuwen und gebrucken laten mag, Jürgens Clauß up sine Erff güder drey gemene Marck, Voß Siemen twe gemene marck, Im glicken Jacobs Boye, Stecken Martens Eruen und Gorries Peter ein jeder twe gemene marck und Blauwen Pers Paull eine gemene marck Erfflich und Egen döhmlich hebbe, doch nicht ehr genethen noch gebrucken

schöllen beth so lange de Jenigen, So noch nicht by gebuwet hebben, ein jeder by buwen und solcher gebuwete dorch ihre Kinder und Eruen bewohnen laten werden. Hieren bauen hebben dieße bauen gemelte Semptlicke Burschops Lüde Herman Crußen ock ene meine marck tho sinen gehoffe Errflick und Egen dohmlick verkofft vor 40 Mark Lübsch, de he stracks erleggen schall und schöllen desülven tho deß Burschops nutte wedder angelegt werden. Hiermit schall also alle ehre jrrung wegen der meine marck gäntz-
[Blatt 73r]
lick up gehauen und vordragen sin, und hebben de ermelte Burschops Lüde demhna hiermit krefftiglich vor sich und ehre eruen vorsecht und verpflichtet, hernachmalß kenen mehr de meine Marck tho verkopen edder den gebruck tho vergönnen, ock kehne bigebuwete mehr tho gesteden, Sonder düssen Verdrach stendig tho holden. Deß in Uhrkundt hebben se düsse Zerten, welcke der Herr Stadtholder mit egener Handt underschrefen, darup vorferdigen durch dat wort Wahrheit von Enander scheiden und vor dem Gerichte tho Meldorp bestedigem Laten, Worvon de ene by woll gemelten Herrn Stadtholder und de ander by Jürgens Claus in verwahrung gelecht worden. Actum Harstede, den 6. May Anno 1584. Hinrich Rantzauwen.
Anno [15]84 den 15. May Sindt Voß Siemen, Jürgens Clauß, Boyen Jacobs boye, Gorries Peter, Stecken Martens Hanß, Blauwen Perß Paull und Herman Kruße Persöhnlick Jegenwerdig
[Blatt 73r]
vor dem gehegeden gerichte tho Meldorp erschenen und hebben düsse Jegenwerdige Korten Gerichtlich lesen und bestedigen Lahten. Anno et die ut supra.
Johannes Helt, verordneter Landt vageth im Süderndehle Ditmarschen, sampt den andern gerichts mit verordnetern. Antonius Steinhaus.
Gorries Peters ist ohne Erben weggestorben.
[Blatt 74r]
Die wiesen zu diesenn Hufen befinden sich meinem eingegebenen Extract nach auß der in anno 1680 den 17. May etc. ergangenen Achtung über die wiesen im Krumsteder Feltmark.
[Blätter 75-77 sind leer]
[Blatt 78r]

Eine Hufe Landeß zur Burg, so hiebevor Johan Boyen Erben vom Sehligen Ambtman Detloff Rantzowen, alß der über diesen Hoff wegen ihro Königlichen Mayestät zu disponiren gehabt, zugelegt jährlich vor 37 Mark 12 Schillinge abgifft anhero inß Register.

Daß Hauß ist Boyen Erben eigen und von ihme erbaut und erkaufft, weill die Hoffstete abgebrant und wüste gewesen. Hoffstete aber und mente samb deren zubehor, wie auch Lant und wischen, gehören diesem Hoff Hastedt zu, samb allen waß sonst an Deich-, Fischereien und Aue gerechtigkeiten dazu gehorich und in der zeitt gebraucht ist.

[Blätter 79-89 sind leer]

[Blatt 90r] Baringstedt

In diesem Dorff ist eine wüste Hoffstedt, dabey eine Mente Acker Landt und wiesen, welcheß alleß nach geschener Maße und Echtung außzufinden stehtt, weß Junckern Lant ist und deßfalß außgesetzet worden.

Diese Hufe giebet für Acker Landt undt wiesen iahrlich 25 ton Rocken, ohne die mente und der Hoffstedt, welche a part. verheuret sein.

[Blätter 91r-102v sind leer]

[Blatt 103r]

Waß denen Kirchstühlen angehet, sint die beyden negste Stüle zur Linken für dem Altar die uhr alten Stende, der eine denen Herren und der andere der Frauen deß Hofeß.

Für daß gesinde ist der erste manneß Stull Lanck auß in der Kirche, recht für dem predich Stull. von oben an, für die Knechte und die zu Kleinen Rade, biß an den Egsteder Stuhl.

Und nebenüber von oben an die negst der fodersten banke, und also die zweite in der Zahl, für die megte.

NB: in diesem Stuhll hatt fürhin ex concessione deß fürweßerß auff Hastedt eine alte frau ihreß Schwachen gehörß halber erlaubniße erhalten, darin zu gehen, und solcheß einige iare betreten. Nach deroselben Tode haben deren Erben diesen Stant continuiret, sie haben aber kein recht und ist vonn meinem Sehligen Vatter sowoll

[Blatt 104v]

alß auch von mier selbst ihnen solcheß angemeldetetet, darauß zu bleiben, man hatt aber in solcher sache keinen Streit suchen wollen.

Der nach diesem Hofe gehörige Kirchhoff ist weder von meinem Sehligen Vatter noch von mir nicht gebraucht, weillen unsere Dinste so in gar entzeler Zahll bey unß gestorben, nahe bey in anderen Kirchspielen zu Hause gehöret,

und so dan tötlich kranck ieder weillen nach den irigen zugefürt oder hingeholet worden.
Nach verstrich viehler iaren aber also hatt sich daß Bauerschafft Hastet darin [Blatt 104r]
mittlogiret und entlich ihn gar sich zugeeignet, wie den der augenschein deß raumß, alß noch welchem der Kirchhoff eingeteihlet ist, solcheß klar genuch zu tage leget.

Im hinteren Deckel des braunen Lederbüchleins steht:

Bey der tradition und anweisung dieß an der hochlöblichen Lantschaft verkaufftten Guteß Hastedt ist dieseß Buch nebenst 3 ergangenen Echtungen und maße alß Eine über Lant und secundo denen wiesen der Krumsteder Holtz und die 3te eine Achtung über Lant und wiesen zu Baringstett in allen stücken von mier, ohne waß zu Baringstet ist, nachgesucht und mitt meiner eigenen hant corrigirt und übergeben, nebenst einem losen blate, worauf, waß in diesem sich findet, jedeß blatt und Reige notiret und specificiret ist, übergeben.
Hastet den 7. May anno 1695. Baltzer Haß von Buchwalt.
So weit der gezogene strich von dem negsten Blade biß hierher weiset, seint vorspecificirte bletter richtig, und nach beygelegten blade zu beglauben.

Der Rest des Original-Erdbuches, der dort ja von einem anderen Schreiber stammt, fehlt hier denn auch.
Baltzer Hans von Buchwaldt hat also dieses „Braune Lederbüchlein" beim Verkauf seines Hofes Lütjenhastedt an die Landschaft Dithmarschen im Jahre 1695 übergeben.

Abb. 27: Dies wird eine eigenhändige Unterschrift von Baltzer Hans von Buchwaldt aus dem Jahre 1695 sein.

Anhang 6
Die Bargenstedter Landschätzung von 1677

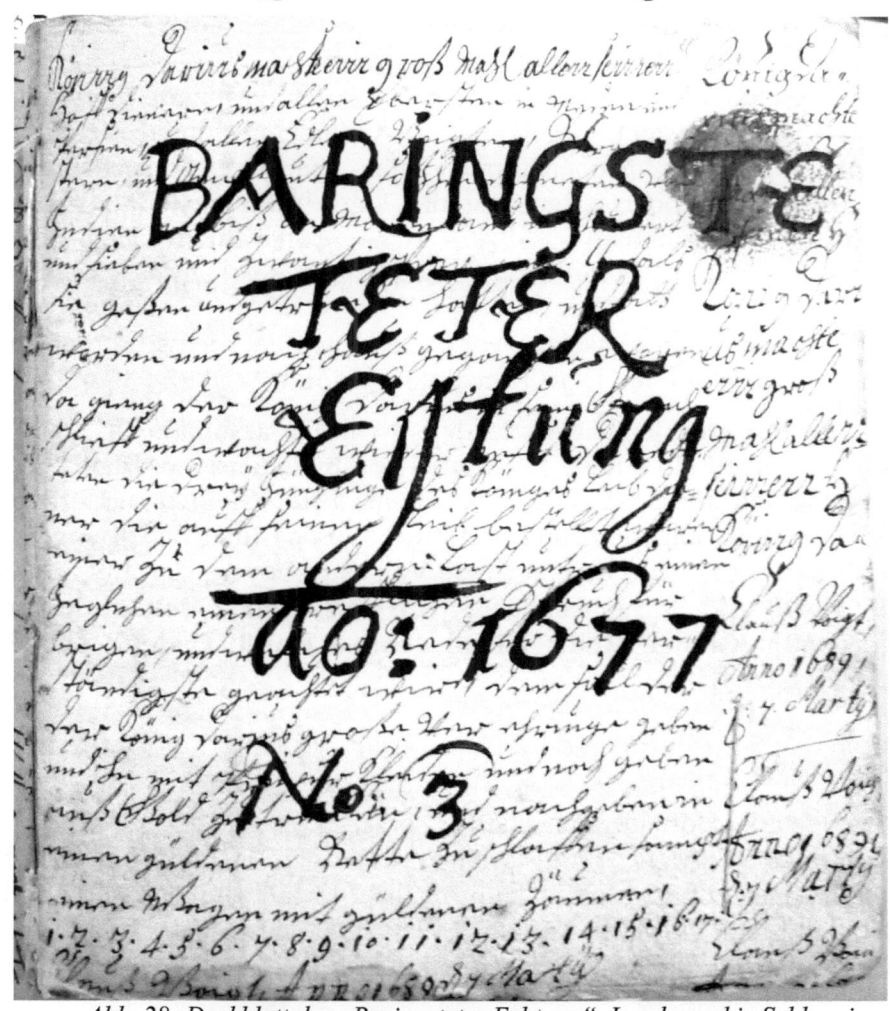

Abb. 28: Deckblatt der „Baringsteter Echtung". Landesarchiv Schleswig.

In der Akte Abt. 102.II, Nr. 159 I im Landesarchiv Schleswig befindet sich neben den beiden Kopien des „Erdbuches" und weiterer Schriftstücken auch ein Heft, auf dessen Deckel mit großer Schrift „BARINGSTE-TETER Echtung - anno 1677 No. 3" steht. Da das braun gebundene Buch mit der Erdbuch-Kopie die Nummer 6 auf dem Deckel trägt, vermute ich, dass dies eine Nummerierung von Baltzer Hans von Buchwald war, der mindestens 6 solcher Dokumente nummeriert und der Landschaft Süderdithmarschen übergeben hatte, und Nr. 3 wäre dann diese „Baringstetter Echtung".

Der Text enthält auf Blatt 40v Namen von Hofbesitzern, die wohl zum Gut Lütjenhastedt gehören! Außerdem interessieren die unterschiedlichen Namensformen für den Ort **Bargenstedt** wie „Bergerstedt" oder „Bergenstedt" oder „Baringstedt". Das Heft gehörte offensichtlich Baltzer Hans von Buchwaldt, der die Wertschätzung der Höfe in Bargenstedt für dieses Heft abschreiben ließ (Blatt 54v).

Der Text auf dem Umschlag vorn und hinten hat nichts mit dem Inhalt der „Echtung" zu tun. Blatt 1r beginnt wie folgt:

Copia Von Bergersteder[312] Geestlande, so von die aestimatoren[313] auß dem Fürstlichen antheil alß **Clauß Jeronimus** von Süderheistette, Hanß ...[314] von Süderhollm, **Johann** Dettleff zue Schrum und **Hanß Siemen** zu Dörpling im Octobris 1677 ist angesehn und aestimiret worden, und haben angefangen den 4. Octobris 1677 auff den Süderade Von osten beym Dohr. Erstlich an **Maeß Hanß** Erben; Junckerland; **Karsten Rode**; **Johan Reymerß**; Junk[ersland]; **Karsten Rode**; **Klauß Johanß Hanß**; **Detleffß Clauß** der alte; Junk[ersland];

...

...

[Blatt 40v]
Ferner folgen die Höfe im Baurschaffte.
Karsten Rode 42 Mark; Frenß Clauß Martens 150 Mark; Clauß Johanß Ancken Hoppemanß 12 Mark; Clauß Johanß 24 Mark; Junge Maeß 45 Mark; Maeß Hanß Erben 19 Mark; Karsten Roden und Junge Maeß 6 Mark; Hargen Rode und Junge Maeß 4 Mark.

...

---

[312] Hierbei handelt es sich um den Ort Bargenstedt.
[313] Wertschätzer.
[314] Der Name fehlt im Original.

[Blatt 41v]

Die Wischen in Bergenstetter Feltmarcke, so im Junij 1677 angesehen und aestimiret worden.

...

[Blatt 54r]

...

Dieses ist meinem Orginal, dem Protocollo, von Wort zue Wort gleich Lautent, zeuget dieses, Dörpling den 18. Decembris anno 1677. **Hanß Siemen**.

Waß im abschreiben versehn, solcheß ist richtig nachgesehn und corrigirt und dem sogenannten protocoll geleich, und sint die errata auff nachfolgenden specificirten blättern

[Blatt 54v]

zu sehn, alß auff dem ersten blade der andern seiten außgelaßen. Die 15te reige [Reihe] ... auff dem 3ten blatt; der ander seite die 13te reige ... für alt; 8. blatt der 2 seiten, 6te reige durchgehende stätte, 9. 6. die 6te reige war außgelaßen, die 11te Reige corrig. ...

Wirt damitt alß eine geleichlautende copij von dem originall, so die Barinstedter in henden haben, bestetigett von Baltzer Hanß von Buchwalt, der eß abgeschrieben laßen anno 1690 Januario und bey der tradition übergeben anno 1695 den 7. Maij.

Anhang 7
Abschrift des Erdbuches ca. 1724

Eine zweite Kopie des Erdbuches des Baltzer Hans von Buchwaldt stellt das Heft „Richtige Specification" dar; es ist eine textgetreue Kopie des Erdbuches, wobei kleine Lesefehler auftreten; die Blätter sind nicht nummeriert. Größere Abweichungen als nur Rechtschreibunterschiede habe ich in eckige Klammern und kursiv gesetzt wie zum Beispiel [*Abweichung*]. Diese Abschrift 1724 wurde nicht von dem Original-Erdbuch gemacht, sondern wahrscheinlich nach dem „braunen Büchlein" (siehe Anhang 5), wie kleine Fehler zeigen, die aus dem „braunen Büchlein" in diese Abschrift 1724 übernommen wurden. Das Original-Erdbuch stand ja auch gar nicht zur Verfügung, da es im Privatbesitz der Hofeigentümer verblieben war, bis es erst jetzt von Christian Köhler dem Archiv des Vereins für Dithmarscher Landeskunde zur Verfügung gestellt wurde.

Der letzte Eintrag in diesem Heft ist ein Pachtvertrag vom 17. Januar 1724 für 10 Jahre mit dem Landesgevollmächtigten **Hanß Halcke**, der natürlich weder im Original-Erdbuch von 1680-1693 noch im „braunen Büchlein" von 1690-1695 stehen kann. Somit kann dieses Heft frühestens 1724 angelegt worden sein.

Ich danke dem Landesarchiv Schleswig für die guten Kopien des Heftes (Abt. 102 II, Nr. 159) und die Erlaubnis zur Veröffentlichung.

[Seite 1]
Richtige Specification und Aufsatz des Hoffes Süder oder Lütkenhastedt, wie derselbe in seinen Scheidungen, Pertinentien, Ländereyen, Holtzungen, Wiesen und Weyden, auch Fischereyen etc. begriffen ist. Darüber anno [16]80 dieses Buch und Verzeichniß angefangen und gemachet ist. [Ein Satz fehlt. Eine Unterschrift, der Name „Baltzer Hans von Buchwalt" fehlt hier ebenfalls.]

[Seite 2]
Der Hoff Hastedt gräntzet ins Norden mit dem Dorffe Süderhastedt, fänget zu westen an von der Krumstetter Aue an Wiesen, so alda an der Aue liegen, die

Dähpel[315] genandt, an welchen zu Nordwesten ein fremd Wiesentheil oder Wehr zu Osten hinauf schießet, welches seine alte Pfäle oder Dohlen Vier Marckzeichen hat, biß an des Pastoren Wiesen genandt der Hemm. Dieser Hem als eine Wiese, so bey der Pastorey gehöret, grentzet oder scheidet in seiner Begrabung ferner ins Osten hinaus mit einen alten Graben schießende, was außer obgedachten Wehr und diesem Hemme zu westen an der Aue lieget, solches wird genandt die Däpel. Gräntzen zu Süden an die Frehstetter Wiesen, halten an

[Seite 3]

Dachwerk 8. Was bey Norden der Dangröde [*Damgraben*] alß welche auch gantz neu nach gerader Linie durch von dann [*Damm*] biß an die ausziehen [*Aue ziehen*] laßen, anhero gehöret, lieget zu Osten vorgedachter Däpel und zu Süden des gedachten Hems, so dem Pastoren gehöret. Ein Dachwerk allein, so anhero an diesem Hofe gehöret, wobey benachbahret folgende 8 Dagwerk.

Dann schießen 8 Dachwerke in einer Länge ins osten, hinauf nach meinem Pferde-Mohr zu Lanck dem Ratienback, welcher an die Nordenseite lieget. Diese 8 Dachwerke haben das herkommen und disen Gebrauch, daß 4 Dachwerk anhero und 4 Tagwerk an hiesgem Dorffe gehören, wird aber alle Jahr umgewechselt, also daß das eine Jahr das unterste, das andere Jahr das obere

[Seite 4]

theil anhero genommen und genoßen wird. Dann lieget bey Norden dem Damgraben der große Krug, hält 8 Tagewerk in einer länge und breite, und ist ausgewahlet [*ausgedohlet*] wie weit er sich erstrecket. Bey Süden der Damgrube zu westen lieget die Döse, sechs dagwerk haltende, gräntzet mit dem Frehstette Wiesen und Däpeln zu Süden und westen nach ausweisung seiner alten Dohle und Pfähle. Die Wiesen, so nach Klein Rade gehören, liegen zwischen der Döse und dem Bullenkrug unter die Frehstetter Wiesen, dann folgt alda an selbiger seiten des Damm-Grabens der Bullenkrug, hält 4 Tagwerk, gräntzet ins Süden mit den Frehstetter Wiesen und schießet ins

---

[315] Dähpel = Döpel ist eigentlich keine spezielle Flurbezeichnung, sondern stellt eine mit Gras überwachsene Stelle, eine Wiese dar. Die Bedeutung Döpel = Tümpel ist hier nicht gemeint.

osten an das Kühemohr. Biß hieher diese große Wische specificiret hält in alles
[Seite 5]
an Dachwerke   31 Tage
die Duwen Wisch 12 und die Bornholtz Wisch 4 ist   16 ″
Facit in alles an Tagwerk   47 ″

Daselbst bey Norden dem Damm fänget an das Pferdemohr, welches mit einem Graben oder einem Bache zwischen den Hoffstetter Wiesen Damm und dem Pferde Mohr fließend die Scheidung machet biß an die Duwenwische. An dieser Duwenwiese zu Norden und an dem Pferdemohr zu Osten lieget eine kleine Wiese, so jetzt einen Krüger zu Hastedt nahmens Clement gehöret, ins Süden aber mit einem Graben von der Duwenwische abgegrabet und besondert ist, welchen Graben der Besitzer der Wische alleine kleyen [muß] und davor er genieß hat vor dem Pferdemohr zu seiner
[Seite 6]
Wische, soweit dieselbe gehet, da dann solchen Graben erstlich zu osten hinauf und den zu Süden wieder hinein lang der Duwenwische und [eine] Ecke zwischen [dem] Dorff und Hofemohr über [oder] Weide eine breite Grube von Westen ins osten schießend die Barken Grube genandt, gantz hinauf nach dem Dorff Ackerland und dem Galgen Kamp zu Süden.
Die Scheidunge machet[316] und schießen die stücke, so auf den Galgen Kamp liegen und nach dem Hofe gehören, alda von Süden ins Norden, von welchem stücke zu westen bey dem Kirchwege 4 nach dem Dorffe Hastette gehören in einer Fähre die westersten und zu Süden die gehören alle nach dem Hofe Hastedt. Von den Stücken, so von westen ins osten nach dem Haren Busche zuläufft
[Seite 7]
biß an den Busch. Sothaner Busch aber, so breit derselbe ins Norden gehet, gehöret nach dem Hofe Hastedt von westen ins osten biß an den Uhralten Kirch-Steige, so von Kleinrade kömt, bereits zimlich ins westen über die Schnur ins Hofe fält, sowohl getreten als gepflüget ist. Zu Osten dem Kirchsteige aber gehöret der Busch nach dem Dorffe und schießet lanck solchen Busch hinauf von Westen ins Osten ein Block Acker Land, welcher

---

[316] Hier hat der Schreiber die Worte sinnentstellend getrennt. Es heißt im Original „und dem Galgenkamp zu Süden die Scheidungen machet. Und schießen die Stücke ..."

nach dem Hofe gehöret. Von solch ein Block also von Norden ins Süden nach dem Holtze oder Busche Lemstück zu lieget der Kamp, genandt Frauenfeldt, worauf der Hoff Hastett liegen hatt erstlich den vorbemeldten Block Landes, allernegst dem Haaren Busch, dann folget ein Block Landes allernegst dem Haren Busch, dann folget ein Block Land, so anhero gehöret, darauf

[Seite 8]

aber nach dem Dorffe gehören 4, dann folgen 2 Stücke in einer Fähr. Dieselbe gehören nach dem Hoffe, dann folget ein stück, so nach dem Dorffe gehöret, dann folget abermahl 2 Stücke in ein Fähr, so nach dem Hofe gehören, darauf 2 Stücke beysammen, so nach dem Dorff gehören, dann folget ein Stück, so etwas zu osten ab, vom Kirchsteige an die Süder Fähre ein Stein-bogen hat, so nach dem Hofe gehöret, darauf denn wieder 2 Stücke in einer Fähre nach Egstett folgen, worauf wieder 2 Stücke beysammen liegen, so anhero nach dem Hofe gehören, dann wieder 4 Stück, so nach dem Dorffe gehören, dann wieder zwey Stücke beysammen nach dem Hofe, dann nur eines mehr inzwischen, welches nach Hastett gehöret, die übrigen alle ins Süden, die

[Seite 9]

Neun lange und ein kurtz Stück, so neben dem Lehmsick sich kehret, gehören alle anhero nach dem Hoffe.

Darauf continuiret ins Norde-osten bey dem großen Räder Kirchwege und liegen daselbst bey Norden dem Holtze daran der Weg gehet, und zu westen des Busches genandt Pastoren Elmm kehred fünff Blöck in einer Fährer [sic], so vorhin alle 5 sollen anhero gehöret haben, ietzo aber und so lange ich es beseßen, auch für meiner Zeit nur Vier darvon anhero gebrauchet, und der 5te Block bey dem Priesterlande geblieben, von den ostern Ende des Südersten Block Landes, so allererst am Busche oder Holtze lieget, etwa sechzich gute Mannesschritte ins Süden lieget der erste Scheidestein zwischen dem hiesigen Hofe und dem

[Seite 10]

Dorff Feltmarkt an einen kleinen Wege zu osten einer kleinen Büte Holtz, welche Büte zu Süden dem vorbemeldten 4 Blöcken alß das erste Holtz anfänget und fluchs mit einem kleinen alten Wege auch an die Süder seiten von meinem Holtze scheidet.

Vorbe[r]ührten Scheidestein zehlen [*ziehlet*] ins osten drey Steine auf ein ander folgent auf der Lohe ins osten nach dem langen Haren zu und den

Weiter an der oster Seite in Langenhorn nach den Bergen, so ins osten alda liegen, sich finden. Hinter dem Langharn als zu osten lieget ein alter Heide Kamp, so etwa auf die Helffte nach dem Dorffe an die Norder seite, und ins Süden nach dem Hofe Hastett gehöret, und giebet der vorbewahrte Stein, so an die oster seite
[Seite 11]
in seinen zahlung [*ziehlung*] mit denen andern Scheidestein terminiret von seinem termino ab ins osten eine richtige Unterscheid mit denen alten auftritten und fahren, auf solchen alten Lande oder Kampe, wie weit solche Stücke zu Süden anhero und zu Norden nach dem Dorffe gehören. Von vorbemeldten Bergen alß ins osten an gehet die Scheidung wieder ins Westen unter dem Großenräder Busch als bey westen zu norden lang, ein Sichten oder kleine Gale gehet, welche die Scheidung machet zwischen Großenrade und dem Hofe, jedoch die alten querstücke zu Norden bey der Galle nach der Rade bleiben und die vorderste Fähre ost und West lauffend gerade ins Westen die Scheidunge.
Nachdem alda in Landharen [sic] zu Westen deßelben Busches oder Holtzes stehenden Scheide-pfahl
[Seite 12]
und Stein, welche alß eine völlige Scheidung ins Südwesten mit noch zweyen solchen Pfählen und Steinen zwischen dem Hofe und dem großen Rader Dorfffeldt die Scheidung machet auf dem Rader Kirchwege zu continuirt selbige dem Kirchwege nahe an die oster seite entlanck biß an die Kleinen Rader stücke, so fast bey Südosten dem Finckhert gewesen[en] Vogelhert über dem Kirchwege schießen, und so lang sie sind, über den Weg treten, derselben Stücke sind bey osten dem Kirchwege in einer Fähre 18. Von welchen die letzten ins Süden unter dem kleinen Holtze, so daran ins westen lieget, kehren an die Norderseite aber deßelben Höhlkens [*Höltzgens*], machet die erste Fähre unter solchem Holtze die Scheide wieder ins Westen
[Seite 13]
biß an die dagegen schießen zu Süden und Norden, alhie sind auch drey Stücke abgemerkt, welches der gere [*Gehrn*] zu Süden und das Hölcken ins Westen mit den andern Stücken, so zu Westen demselben liegen, und nach Kleinen Rade gehören, die lange Stücke so gegeneinander lauffen, sind genugsam zu unterscheiden. Wann solche Stücke fürbey biß an den Kiekberge alß dem für jetzo ein kleiner Rehm oder Buschwerk ins Süden gegen dem Kieckberge, so schießen die übrigen langen stücke ost und west

alle bey itzigen Rehmen ins Westen liegende in einer länge, biß unter das daran zu Süden liegende kleines Höltchen, da dann die Verjart oder das querstück, so unter gemeldten Höltgen lieget, und darauf die langen stücke gegentheils [*guten theils*] kehren, mit ihrer Süder Fähre lanck, unter
[Seite 14]
solchen Höltzgen die Scheide machet, gerade zu da der Pfahle und Steine beysammen gegen solche Fähre an als eine beständige Scheidung nach vielen Streit und Vergleich gesetzet stehen, als welche Steine und und Pfähle zwischen großen Rade, auch Frestette und diesem Hofe Hastett zu einer beständigen Scheide also setzet seyn, daß bey Verlust einer Tonne Bier der Hoff die Pfähle und jene die Steine sichtbahrlich und unversunken oder unumbgefallen im Stande halten müssen, solche Pfähle und Steine behalten und unterscheiden, sonder allem Ledigen einer jeder das seine zu nach derselben Schnur und Linie, wie sie auf einander ziehlen, biß an den Frehstetter Kirchweg. Zu westen aber selbigen Kirchweges haben die Frehstetter
[Seite 15]
Freyheit, mit ihrem Vieh allein und nicht weiter Gerechtigkeit, alß etwa Torff zu stechen oder Heide zu meyen, noch Holtz oder Busch zu hauen, zu hütten biß in die Bornsholtz Wische, dagegen aber uns gleichmäßig die Hüte mit Vieh und Schaffen frey bleibet biß unter Ihrem Holtz. Und weil sothanes Holz aber der Frehstetter merklich abnimbt und hingegen Krattbusch weiter heran zu uns heranwächst, so könnte ja nach Jahren, daß ihr Holtz an [herwerts][317] breiter auswüchse und unser Raum der Hüte halber nach diesem Buchstabe enger würde, so hat es aber den Verstand, daß weil zu Südwesten der Bornholtz Wischen das Mohr so gantz und gar anhero nach dem Hofe gehöret, der Viehtrifft im Wege lieget und hindert, wir demnach über den
[Seite 16]
kleinen Mohr eine freye trifft behalten unter solchem Fredstetter Holtze-Weg mit unserm Vieh und Schaffen nach macken orde zu, (als woselbst ich ietzo einen Teich machen laßen) hingegen aber bleibet alle weitere abnützung zu genieß einem jeden gesetzte Steine und Pfähle pro termino und als nun von diesem Pfahle und Steine der letzte zu Süderwesten der Bornholtz Wische stehet, so ist zu wissen, daß derselbe auf die Mitte des Heidhalses, so das

---

[317] Dieses Wort hat der Schreiber nicht lesen können und eine Lücke gelassen.

lange Feldt genandt wird, deutet, und gehöret die Scheidung mitten lang solchem Heidhalß biß an das Mohr west verschiedenen [westwertsschießende] da dann zwischen unseren Kühe-Mohr und dem Fredstetter Pferde-Mohr ein richtiger Graben die Scheide hält, welchen

[Seite 17]

wir und sie zugleich offen halten und kleyen müßen, woselbst dann der vor- und obgedachte Bullenkrog und die vorbenandte Wische sich wieder befinden, und ist also die Scheidung dieses gantzen Hofes geschloßen. Dabey angefüget wird, daß weil man an der großen Rahder und Fredstetter Seite bey angetretenem Besitz dieses Hofes Viele Ungelegenheit, Streit und proceth [process] annehmen müßen, maßen sie ein mehres weder ihnen zugehörig in langen Jahren in Gebrauch gehabt, und dahero als ein Recht praetendiret ihren aus schwerem beweis, da die alten, so darumb gewußt, verstorben, waren wohl zimlich gewesen und eine richtige Gräntze wieder zu erlangen man sich durch schriftlich aufgerichtetem

[Seite 18]

interims-Vergleich, als von welchen sowohl wir alß auch beide Dörffer eins unter seel. Magister Johannes Brehmer Hand zu sich genommen, und empfangen hat, deßfals eins geworden und aller Streit und Eintracht weiters verhüten wollen. Und weiln leider mein gehabtes original davon mir Anno [16]75 mit im feur aufgegangen, bin ich dahero und daß ich mit Verdruß verfahren müssen, wie theils aus Eintracht und Studio, theils auch aus Unwißenheit und vermeintlichen Rechte einer oder ander auf seiner meinung bestehen und irren können, und daß ich auch kein Register oder gründliche Nachricht gefunden, was zu hiesigem Hofe gehöret, bewogen worden, mein Successori zum besten

[Seite 19]

und zur gründlicher Sicherheit dieses alß ein Erdbuch zu formiren, und zwar nach solcher Ahrt, daß ich gleichsahm alß eine Kette an ein ander hänget, ich auch alle Szücke und terminos von einem zum andern also deutlich angezeiget und benahmet, und daß mit Ost und West, Süd und Norden etc. also angezeiget, daß obzwar mich [nicht] alles ost und West nach dem Compas gerichtet ist, da doch daraus in der Nachsehung alles richtig ausfinden wirst und kanst. Und alß ich bishieher mit eigener Handt alles eingeschrieben, und zwar hie und dort etwas als im ersten concept corrigirt habe, machst [magst] du denn doch, so weit es meine Hand ist, sicher

glauben und aus diesem und nachfolgenden erkennen und schließen, daß ich mir angelegen seyn laßen, alles in richtigkeit
[Seite 20]
zu fassen und dich, lieber nachfolger, ja Ruhe zu halten, daß Gott dir verleihen wolle. Nachfolgendes aber alles alß pertinentia dieses Hofes habe ich zwar mit eigener Handt der ausfindunge nach concipirt. Aber aus solchem concept anhero ins reine zu bringen, einer meiner Leute gebrauchet, welches ich selbst nachgesehen und alles richtig befunden habe. Und hastu in diesem buche desfalß beschrieben an Blättern mit diesem, so ich bisher selbst gesetzet, in der Zahl einhundert und Viertzig Stück.
Anno 1675 Sept., als ich diesen Hof pachtsweyse bewohnet, ist leider durch böse Menschen derselbe Hoff angezündet und alles, was angebunden [*an Gebeuden*] darauf gestanden, außer die Schäune und Backhauß
[Seite 21]
in die Asche geleget worden. Da denn der Hoff gantz Öde und Wüste geworden ist, biß ich dem Anno [1]678[318] mit Ihro Königlichen Mayestät allergnädigster confirmation hinwiederumb an mich verkaufet, und nachdem ich meinen Principalen H. N. von Merle K[öniglicher] Ober Stallmeister, ziemlich tief eingeseßenenn [*eingestiegen*] und bey meinem Antritt nach überstandenen Kriege diesen Hoff auf das bloße Wohnhauß nach, welches doch sehr an Dach, Wenden und Bedungen verfallen, so mehr gantz öde angetreten und mittelst aufgerichteter Heuer-Zart durch dem seeligen Landvogt Herr Matthias Johannsen ex commissione Ihro Königlichen Mayestät vollenzogen, dahin condessediret [*condescediret*], daß ich den Vorschuß gethan, wiewohl vorbehalten der Gefahr des Feuers, daß in solchem event den Hoff Hastette meiner Vorschußes halber mier
[Seite 22]
zum Unterpfande bleiben, ich aber gehalten seyn wolte, das [für das fehlende Wort „onus" ist eine Lücke gelassen] dreyer Gelde [Gilden], (als darin ich sofort ich den Hoff zeichen laßen müßen) abzuhalten, da denn ich [*nach*] unglücklichen Ausschlag Principahl die Gelder [Gilden] genießen und nach belieben bauen möchte, ich aber für kein Feuers Gefahr weiter stehe noch zu antworten schuldig seyn wolte, daß ich also und solchemnach ein großes meiner Mittel darin angewandt über 1800 Reichsthaler an solchen Hoff und

---

[318] Im Original-Erdbuch ist das ursprüngliche 678 deutlich zu 677 überschrieben worden.

deßen pertinent verschoßen, welches mir [wir] aber dahin behandelt, daß ich mit bahrer Zugabe den Hoff erblich erhandelt und an baarem Gelde heraus gegeben 2500 Reichsthaler.[319]

Was es mit Kleinen Rade für bewandniß hat, davon zeiget der von Ihro Königlichen Mayestät allergnädigst ertheilte confirmations-Brief die Specialia an.

In Fredstetter Holtz zu westen laufft ein Bach bey regenichtem Wetter die Grund hinaus nach dem Mohr zu, daselbst dann ein Teich vorhin gewesen, so anhero gehöret, seiner Unwürdigkeit halber aber und daß die Fische von andern heraus gefangen worden, bleibet derselbe wüßte liegen.

Demnach nun folgen die pertinentia dieses Hofes an Fischereyen, und gehöret anhero die Schaff-Aue in den Windberger See fließend, mit in sich haltende ein Wehr, darauf sonst niemand zu fischen berechtiget ist, biß an dem Seeteich sich streckend.

Die Höltzungen

Alles waß auf hiesigem Hofffelde lieget, woran das Dorff Hastett, Großenrade und die Kleinen Rader angehegte und in deren confirmation ihnen zugestandene Höltzungen

[Seite 24]

und Ackerlandt grentzen zu Baringstedt beym Dorff eine Büte, so verhauen ist, [zu] Leersbüttel liegen 5 Büte Holtz, so verhauen sein. Zu Rost liegen alda in Kötner Holtz 2 Büte Holtz, so nach Friedrichshoff gegen [2] Morgen Wischland in der Aue hörn zum Friedrichshoff nach Hastedt die würcklicher Abnützung (nichts aber zu verhauren alß verkauffen) verleget und genützet worden. Item gehöret anhero das Mohr,[320] so zu allernegst dem Windbergen See lieget, in der Wollmersdorffer Aue, so aus dem See fließet.

---

[319] Das sind dann 1800 + 2500 = 4300 Reichstaler Kaufpreis.

[320] Im Original-Erdbuch ist zu dem Wort „Wehr" (statt „Mohr") eingefügt „Ael", so dass der Schreiber statt „Ael-Wehr" nun „Mohr" gelesen hat; außerdem ist das Wort „Wehr" über ein altes Wort geschrieben, das vielleicht „Mohr" geheißen haben könnte. Da das „braue Büchlein" an dieser Stelle auch nur „Wehr" hat und dieses Wort leicht als „Mohr" falsch gelesen werden kann, ist dies ein Hinweis darauf, dass diese Abschrift von 1724 von dem „braunen Büchlein" gemacht wurde; das Original-Erdbuch stand ja auch gar nicht zur Verfügung, da es in Privatbesitz der Hofeigentümer verblieb.

Die Statthalter Wiesen im Egstetter Feld Marckt mit dem Wehre ist Kleinen Rade zugeleget und von Ihro Königlichen Mayestät confirmiret gegen Abgifft der Gewöhnlichen Heuer, so es in der Zeit anhero gegeben
[Seite 25]
hat, nemlich 17 Mark.
Kleinen-Rade giebet anhero zu Jährlichem canon 2 Tonnen Rocken, eine halbe Tonne Habern und einen Scheffel Buch-Weitzen.
Zum Spersdick lieget eine Waßer-Mühle, dabey gehörig eine kleine Wiesentheil und einige blöcke Landes. Diese Mühle ist abgebrandt, weil ich den Hoff in Häuer gehabt, und alß es eine gerings Hauer gegeben, nemlich 30 Mark 12 Schillinge, hat es der Mühle [Mühe] nicht verdienen wollen, neue Steine und Zimmer desfalß wieder anzuschaffen, bin dahero bewogen worden, eine Stamp-Mühle daselbst zu verfertigen laßen, dabey es denn annoch wegen des Waßers mangelt, und übermäßigen Zusturtz anzurichten [an Zeiten] viele incommoditet gibet.
[Seite 26]
Diese mühle aber in beßeren Stande zu bringen, ist man annoch so Gott will in Bedacht und Sinnes. Der Mann aber, so dabey wohnet nahmentlich Hanß Groht giebet für den Teich, Gras darauf zu meyen und den zugehörigen Wischlappen und Blöcken Jährlich zur Hauer 15 Mark 6 Schillinge.
Folgen die anhero gehörige drey Höffe Landes in Krumstette samt denen vier Menten Gerechtigkeit.
Anno 1665 ist bey allgemeiner Ächtung des Meldorffischen Gestlandes von der Bauerschafft Krumstedt das Land, so nach dem Hofe Hastedt gehöret, ausgeleget und folgendermaßen von dem Königlichen Kirchspielschreiber Johannes Guden mir, Baltzer Hanß von Buchwaldten, alß p.t. Besitzern deßelbigen Guts für erlegte
[Seite 27]
Gebühr extradiret worden.
Da ich dann Anno 1682 nach gespührter Unrichtigkeit der gethanen Auslegung halber sowohl alß auch sonsten die durcheinander confundirte Ländereyen zu richtiger Landhöffe [Bau-Höfe] Ordnung hinwieder einzuführen, und zu welcher Bau dieses oder jenes Landes gehöret, zu unterscheiden mich selbst angelegen seyn laßen, alle und jede Stück durch die gesambte Heuer-Leute, derer für jetzo 10 in der Zahl sind, und in nachfolgender Specification ernennet werden, mir fürzeichen laßen und durch scharffe Nachfrage und requisition so viel möglich alles mit Fleiß zu

Nachfolgender Richtigkeit gebracht, darinnen ich des Kirchspielschreibers herausgegebenen Speci-
[Seite 28] fication auf dem Fuße nachgefolget und alle befundene Irrung und Unterschleiff expliciret und angezeichnet habe. Und ist dabey anzumercken, daß erstlich in Krumstett seyn müsten ohne anhero gehörige Kahten etc drey volle Land [Bau] Landes, alß die eine des Nahmens Ties Buh, die andere Hulle Claus Buh, die dritte Hencke Eggers Buh.
Welche jetzo bey ½ R. und ¼ R.[321] und ⅛ theil Hufen an nachfolgenden Hauers-Leuten verhauret seyn. Und bey jedem Stück gezeichnet ist zum wenigsten mit zweyen großen Buchstaben, zu welcher Land [Bau] es gehöret, und haben diese Höfe Landes 4 Menten und Meenten Gerechtigkeiten, so verhauret und verleget worden unter die Hauers-Leute, alß es am ersprießlichsten ist.
[Seite 29]
Bey den Meenten ist zu wißen, daß nachgehends die eine Meente, so vor 70 und mehr Jahren her auch also continuirlich gebrauchet ist, getheilet unter 2 Hauers Leute, diese bede in Hauer gehabt, also daß sie alleine, was die Weyde betrifft, wegen Ihrer viel [Vieh] Pferde, Schaffe etc. mit des Bauerschaffts Willen dieselbe also geniesen, daß sie soviel [hier fehlt die Passage: „indeßen gehabt, frey und ohne Gras Geld genossen, auch Heyde soviel"] sie nöthig frey gehabt zu holen [hoten],[322] das übrige was an Torff graben etc. auß [auf][323] den Meenten Jährlich zu theilen oder zu hauren. Desfalß haben sie nicht mehr zu genießen als auf eine volle Meente fällt und gehöret, welches zwar wieder den Vergleich mit Herrn Heinrich Rantzauen Anno 1664 [1684] den 6. May getroffen[324] scheinet zu seyn, weil ich es also befunden und die possessio ex praescriptione schon über 2-fach verstrichen, auch das Bauer-
[Seite 30]
schafft wieder solchen Vergleich andern Erinnerungen verhanget, meinteniret [mainteniret] man solche possession, da aber das Bauerschafft den

---

[321] Im Original-Erdbuch steht kein R. (für Rute), auch nicht im „braunen Büchlein". Der Schreiber hat dieses „R." also fälschlich hinzugefügt.
[322] Auch dieser Fehler „holen" statt „hoten" = hüten ist aus dem braunen Büchlein übernommen.
[323] Auch dieser Fehler „auf" statt „auß" ist aus dem braunen Büchlein übernommen.
[324] Das Wort „getroffen" steht nicht im Original-Erdbuch, wohl aber im braunen Büchlein.

obgedachten Vergleich geleben will, thut man dieser Seiten auch dabey laßen, [Der Satz „zumahlen den an Marx Gribbohm der eine, der ander Dethleff Iben, der dritte an Hanß Grohthe, und der 4te Jochem [Jahan] Kröger bey geleget ist, alß noch derselben hergebrachten Gerechtigkeit und" fehlt] uhrsprünglich sowohl auch mehreren Angelegenheiten des Dorffschaffts Krumstette (alß woran man Vierthentheils interessiret zu des mehrerer Uhrkunde ihres alters halber alß welches fast kaum verstatten will, dieselbige jetzo allen Orten loßlich zu erkennen.

    Copeylich

Anhero zu übersetzen und diesen Nachricht und Erdbuch mit einzuverleiben man für dienlich erachtet und rechtsamlich anhero abschreiben wollen nachfolgenden Einh alte [sic].

[Seite 31]

Copia Deß seeligen Statthalters Hinrich Rantzauen gemachten Vergleichs mit der Bauerschafft Krumstedt.

Tho weten dat twischen den gestrengen Edlen und Ehrenvesten Hinrich Rantzauen, der Königlichen Mayestät tho Dännemarcken, Herr Statthalter wegen seines Gudes tho Krumstedte und den andern Burschops Lüden, alle tho Krumstette, so tho der gemene Marcke berechtiget sein, als Jürgen Clauß Voß, Siemen Boyen, Jacobs boye, Stecken Martens Erven, Gorries Peters und Blauen Peters Paul wegen der genenen [sic] Marke gehandelt und also verdragen ist, dat Herr Stathalter op seine arfgüder, so he tho Krumstette hefft, vehr gemene Marckt, de he stracks bebuen und gebrüten [gebrücken] laten mag, Jürgens Claß up seine Ervgüder drey gemene Marck, Voß Siemen 2 gemene Marck, inglicken Jacobs Boye, Stecken Martens Erven und Gorries Peters ein jeder twe gemene Marckt und Blauen Peters Paul eine gemene Marck Erfflich und Egendömlick hebben,

[Seite 32]

doch nicht eher geneten noch gebrucken schölen bet so lange diejenigen, so noch nicht bie gebuet hebben, ein jeder bie buen und solcher gebute dorch ere Kinder und Erven bewohnen laten werden. Hierin buen hebben diße bauer gemeldte sämtliche Burschop [Lüde] Hermann Kruße ock ene Nemarck [Meen Marck] tho sienen gehofe errflick und egendöhmlick verkofft vor 40 Mark, de he stracks erleggen schall, und schalen desülven tho des Burschops nuten wedder angeleget werden. Hiemit schall also ehre Irrung wegen der meene marck gäntzlick obgehaven unde verdragen sien, un hebben de ermeldte Burschops Lüde [demnach] hiermit kräfftlich vör sick und ehre

Erben vorsecht und verpflichtet, hernachmahls keune mehr de Meenmarck tho verlopen [verkopen] edder den Gebruck tho vergönnen, ock kene bie Gebuete mehr tho gesteden, sodann diesen vertrach stendich

[Seite 33]

tho holen. Des in urkund hebben se düsse Zarten, welcke der Herr Statthalter mit egener Handt unterschreben, darup verferdigen, durch dat Wort Warheit, von einander scheden und vor den Gerichte tho Meldorp bestätigen laten, worvon de ene bie wohlgemeldten Herr Statthalter und de ander bie Jürgens Clauß in Verwahrung geleget worden. Actum Hastett den 6. May 1584. Hinrich Rantzau.

Anno [15]84 den 15. May sind Voß Siemen, Jürgens Clauß Boyen, Jacobs Boye, Gorries Peters, Stecken Martens Hans, Blauen Peters Paul und Herman Kruße persöhnlich jegenwärtig vor dem gehegeden Gerichte tho Meldorp erschienen und hebben düße gegenwärtge Carten Gerichtlich lesen un bestädigen lahten. Anno et die ut Supra. Johannes Heldt

Görries Peters ist   verordneter Land-

[Seite 34]

[ohne] Erven weggestorven.   Vogt in Süderdhle Dithmarschen samt den andern

                                        Gerichts mit verordneten Anth[onius] Steinhus. mppr.

Folgen die Khaten und Häußer, auch ietzo wüst liegendes Hauß und Kattsteden, so anhero gehören und sich zu **Krumstette** befinden.

Jochen Krüger hat den Krug und das Bierschencken, giebet Jährlich zu Haushauer für seine Kate und zugehörigem Lande 9 Mark 13 Schillinge, ist eine Kattstede und hat Köteners Gerechtigkeit, mir aber meiet er 2 Tage Graß, gräbet 2 Tage Torff und meiet ein Tag Rocken nebenst einen Binder.

Was aber an Ländereyen zu seinem Wohnhauße gehöret, wie auch denen andern

[Seite 35]

Hauerleuten zu ihren Häusern gehörig ist, Solches zeigt die Speciale Erklärung, wie dieselbige ausgeleget und nachmahlß erforschet worden ist, eigentlicher an, und ist alldaraus Specialiter zu ersehen.

Jochem Krüger hat in Hauer ¼ theil Land, giot itzo davor nur 6 Tonnen Rogken, dieses Land gehört zu Hencke Eggers Buh, anitzo Claus Sard.

Hanß Grohte bewohnet eine Kahte, dabey Kötener Gerechtigkeit ist, giebet dafür Jährlich nur 8 Mark biß dato und thut davon die Gewöhnliche Hoffe

Dienste alß 2 Tage Graß meyen, einen Tag Rocken meyen nebenst einen Binder und 2 tage Torff graben. Was an Ländereyen bey seiner Kate gehöre, zeiget nachfolgende Specification eigentlich an, und ist im Nachsuchen daraus zu ersehen. Sonst hat in Hauer ¼ theil Land von Lies [Ties] Buh
[Seite 36]
davor giebet er Jährlich bis dato nur 5 Tonnen Rocken. An Itzo Claus Tode.
Mehr hat Hans Groht in Hauer eine meente, davor er Jährlich giebet 7 Mark, bey dieser meente gehöret ein Stück Landes breiterer anzeige der nachfolgenden Specification. Noch lieget eine jetzo wüste Hausstette bey NorderOsten Jürgens Peters und zu Süden Hanß
Kleen benahmentlich Klünners Hoffstedte. Noch derselben alten Graben zu erkennen und bleibet zu Süden ein kleiner weg frey zwischen Jürgen Carstens Hoffstette und dieser, Hencke Peters Hoffstette, so gegen Hanß Grohten Hause überlieget, zeiget von selbst an ihr habende Größe, und ist vorhin ein Bau Landes bey gewesen, genadt Hencke Eggers Land. Die wüste Hoffstette zu continuiren lieget ebenmäßig wüste eine Katstedte bey dem Weddel mit zugehöriger
[Seite 37]
Coppelmohr und anliegender Wische, derselben begreiff in allen aus denen alten Graben zu erkennen ist, und seine alte Gerechtigkeit hat als eine Kahte. Item gehöret anhero das Weddelmohr, alß aus welchen sonst niemand berechtiget ist, torff zu graben, welches mit Pfählen zu Norden determiniret ist.
Detleff Iben bewohnet eine Hoffstette, woselbst Ties Buh vorhin bestanden, giebet jetzo an Haus Hauer 10 Mark und thut gleichmäßich vorbenambter Höffe Dienste mit meyen und Torff Graben, so auch Garben binden, mehr gibt er wegen bey seinen Hause liegen[den] Hofe 9 Mark. Detleff Iben hat in Hauer ½ Hof Landes für Jährlicher Abgifft 8 ½ Tonn Rocken, dieses Land gehöret zu Hencke Eggers [Land].
Detleff Mansfeldt hat in Hauer eine Kate samt deren Zubehör an Hof und Stücken, alß welche Stücke Landes aus nachfolgender Specification zu ersehen, behält Köteners Gerechtigkeit und gibt Jährlich 10 Mark.
[Seite 38]
Detlef Mansfeldt hat in Hauer $1/8$ theil Land und giebet er, Detlef Mansfeldt, für dieses $1/8$ theil Landes 3 Tonnen Rocken und gehört solches zu Hülle Claus Buh. An Itzo Aßmuß Hanßen. Noch hat Detlef Mansfeldt in Hauer ¼

theil Land zu Ties Buh gehörig, giebet Jährlich davor 4 Tonn Rocken. An Itzo Rayte Kühl [steht nicht im Original-Erdbuch].
Hanß Kröger, sonst genandt Hanß Claußen hat ebenmäßig in Hauer ¼ theil Land zu Ties Buh gehörig zu Jährlich Abgifft 4 Tonn Rocken.
Johann Witt.
Hanß Holling und deßen Schwieger-Sohn Hans Kleen haben in Hauer ¼ theil Land von Ties Buh, giebet Jährlich zur Heur 4 ½ tonn Rocken, an ietzo Clauß Tode und Clauß Kleen.
Aßmus Hanß hat von Hencke Eggers Buh $1/8$ theil Land in Hauer, giebet Jährlich 3 Tonn Rocken.
Von Hülle Clauß Buh hat in Hauer Marx Warnsholt das Wohnhauß und deßen Zubehör, giebet dafür biß data nach alter Gewohnheit

[Seite 39]

nur 2 Tonnen Rocken in alles.
Marx Warnsholt hat in Hauer von Hülle Claus Buh Landes die Helffte und $1/8$ theil, giebet Jährlich davor 12 Tonnen Rocken.
Hennings Hanß hat in Hauer $1/8$ theil Land von Hülle Claus Buh, giebet Jährlich [an] Rocken 3 Tonn. An Itzo Mars Warnsholt.
Jürgens Claus vorhin und jetzo Peter Claußen hat in Hauer $1/8$ theil Land von Hülle Clauß Buh, giebet Jährlich dafür 3 Tonn Rocken. An Itzo Hanß Harms.
    Richtiger Außzugs
Von denen in der Krumstetter Feldmarckt belegenen, zu den Lütgenharstedter Hofe aber gehörigen, Pflug Ländereyen, gebe ich die anno 1665 bey allgemeiner Meldorffschen Geestlandes Achtung von dieser Bauerschafft angegeben und kund gemachet; welche ich auf begehren des Herrn Oberförsters ...

[Seite xx]

    Nach dem Rest dieser Seite (im Original-Erdbuch ist dies auf Blatt 31) folgt jetzt wieder die Einzelaufstellung für die Krumstedter Feldmark mit den Nummern 1 bis 187. Dieser Text wird hier nicht wiedergegeben. Auch die folgende erneute „Copia des seeligen Statthalters Hinrich Rantzauen gemachten Vergleichs mit dem Bauerschafft Krumstette" (Blatt 68-72) wird hier nicht erneut geschrieben, da sich keine neuen Erkenntnisse ergeben. Es geht weiter mit „Baringstätt" (Blatt 73-75 im Original-Erdbuch).

Baringstedt

In diesem Dorffe ist eine wüste Hoffstette, dabey eine Meente, Acker Land und Wiese, welches alles nach geschehener maße und Ächtung auszufinden stehet, was Junckern Landt ist und desfalß ausgesetzet worden. Diese Hufe giebet für Acker Land und Wiesen Jährlich 25 Tonn Rocken, ohne die Meente und der Hoffstett, welche a Part verhauret sey.

Was denen Kirchstühlen angehet, sind die bede nechste Stühle zur Lincken für den Altar die uhr alten stände, der eine dem Herrn und der ander der Frauen des Hoffes. Für das Gesinde ist der erste MannesStuhl lanck aus in der Kirchen recht für den Predigtstuhl von oben an für die Kirche [Knechte] und die zu Kleinen Rahde

[Seite xx]

biß an den Eckstetter Stuhl und neben über von oben an die nechsten der fordersten Bencke, und also die zweyte in der Zahl für Mägde. NB [Nota bene = beachte] in diesem Stuhl hat fürhin ex concessione des Fürwesers auf Hastedt eine alte frau ihres schwaches gehör halber Erlaubniß erhalten, darin zu gehen und solches einige Jahre betreten.

Nach derselben haben deren Erben diesen Standt continuiret, sie haben aber kein Recht, und ist von meinem seeligen Vater so undt als auch von mir selbst ihnen selbst angemeldet, daraus zu bleiben; man hat aber in solcher Sache keinen Streit suchen wollen. Der nach diesem Hofe gehörige Kirchhoff ist weder von meinen seeligen Vater noch von mir nicht gebrauchet, weilen unsere Dienste in so gar entzeler Zahl bey uns gestorben

[Seite xx]

nahe bey andern Kirchspielen zu Hause gehöret und so dann tödtlich kranck in der Weilen nach demjenigen zugefähret oder hingehohlet werden. Nach verstrich vieler Jahren aber also hat sich [„sich" steht nicht im Original] das Bauerschafft Hastedt darin mit logiret und endlich ihn gar zu sich geeignet, wie denn der Augenschein des Raumes alß nach welchem der Kirchhoff eingetheilet ist, solches klar genug zu Tage leget.

> Es folgt ein Vertrag über die Verpachtung von Lütjenhastedt an den Landesgevollmächtigten Hans Halcke in Burg für 10 Jahre von 1724 bis 1734, den ich natürlich nicht im Original-Erdbuch finden kann.

Hauer Contract, so von der Hochlöblichen Landschaft als verhauerin durch dero Herrn Deputirten alß dem Herrn Kirchspielvoigt **Clauß Boye** zu Eddelack und Herrn Landes Gevollmächtigtenn **Peter Detlefs** Alversdorff, mit dem Herrn Landes Gevollmächtigten **Hanß Halcken** alß Haurern umb das Gut Kleinen Hastett cum pertinentibus aufgerichtet.

Copia. Kund und zu wißen sey hiemit Jeder männiglichen, daß die Hochlöbliche Landschafft Süderdithmarschen das Guht Kleinen Hastedte genannt, so sie selbst von Ihrer

[Seite xx]

Königlichen Mayestät selbsten an Pension hat, anheute mit allen pertinentien alß Gebäuden, Höltzungen, Fischteigen, Mühle, Pflug-Acker, Weyden, Mohren und Wiesen samt aller an und zu behörigen Gerechtigkeiten an den Herrn Landes Gevollmächtigten Hanß Halcken zu Burg auf 10 nach einander folgende Jahre Hauerlich zu überlassen resolviret. Dahero gedachte Landschafft als verhauerin an einen und gedachter Gevollmächtigter als Haurer am andern theil wegen solchen Hofes Kleinen Hastett ein aufrichtiger Haur-Contract abgeredet und geschlossen worden, solchergestalt nemlich: es vermietet und verhauret vorgemeldte Landschafft Süderdithmarschen dero von Ihro Königlichen Mayestät selbsten in Pension habendes Guht Kleinen Hastett von künfftigen Maytag 1724 an zu rechnen biß May 1734 solchen erwehnten Hoff mit allem dabey gehörigen Gerechtigkeiten, Jagten, Wind-Mühle, Hötzungen, Wiesen Wachs, Pflug-Ackern mit derselben Winterfrucht, Heyden, Weyden, Mohren und allen dabey gehörigen pertinentien, gleich alß es der vorige Hauers-Mann **Marx Otte** jährlich und vor Ein Tausent Mark Lübsch, schreibe 1000 Mark Lübsch, behandelten Hauer-Schilling und überdehm alle Bau Kosten, so wohl an Gebäuden alß an der Windmühle zu halten, woran dann des Ersten Jahres Hauer auf Maytag 1725 verfallen und bezahlet werden sollen, und auch ferner alle Jahren solche Hauern auf Maytag abgetragen werden. Und solches alles übergiebet die Landschafft den Gevollmächtigten Hanß Halcken zu deßen genieß und Gebrauch krafft dieses hiemit Hauerlich, verspricht auch wieder Jedermales an und Zuspruch demselben bey geruhigen und ungehinderten Nutzen, außer wenn Ihro Königliche Mayestät den Hoff wieder haben wollten, soll Haurer solchen auch zu Räumen gehalten seyn, zu schützen und zu Handhaben. Vor die benöhtigte Bau Kosten aber will Haurer, wie er vorhin auch sich schon erkläret, nichts zu kürtzen begehren, sondern aus seinen eigenen Mitteln stehen und halten. Doch wann durch Feuerschaden und Sturm was Haubtsächliches ruiniret werde, will verhaurerin solches stehen nach Landes

Gebrauch, was die Gildekosten[325] anlanget, aber soll Haurer von denen dreyen Gilden, von welchen solcher Hof eingeschrieben stehet, so lange alß er solchen Hoff in Pension hat ohne der Landschafft Kosten auch behalten und stehen, dagegen verobligiret sich der Gevollmächtigte
[Seite xx]
Hanß Halcke alß Haurer die versprochene Hauer jährlich auf den gesetzten tag richtig abzuführen und das Gehäuerte in wehrender Hauer Zeit alß ein guter Hauß-Vater zu bewohnen und insonderheit darnach sehen, daß durch unordentliche Saht der Hoff nicht aus der Gahr[326] komme, die bey dem Guhte gehörige Höltzungen betreffend soll derselben Haurer Civiliter gebrauchen und nicht alß zur Friedigung und Haußhaltung darinnen hauen laßen, zum verkauff aber nichts darinnen fallen, und darüber vermuhten, etwas wiedriges von obigen geschehen sollte, will Haurer davor responsabel sein. Die bey dem Guhte gehörige Jagten hat Haurer auch in seinen Haurjahren auf seinen Grundt sich zu bedienen. Dann überliefert Haurer den Hoff mit denen Gebäuden, Mühle und andern Zubehör bey Endigung oder abtritt der Hauer Jahren in baulichen und guten brauchbahren stande, alß er denselben empfangen. Soll auch die Felder und Äcker mit so viel winter Saat wohl bestellet, wie er beym antritt der Hauer solche Empfangen, wiederumb hinterlaßen, gleich dann auch beym Antritt alles kurtze Stroh beym Hofe gelaßen werden und in wehrenden Hauer Jahren weder Stroh-Schäefer noch andre Dünger von dem Hofe nicht verfähret noch verkaufet werden. Und solchen Contract haben beede Parteyen vorstehendermaßen freywillig beliebet, steiff und fest zu halten, auch dawieder weder vor sich noch durch andere etwas zu thun noch zu erstatten. Dero eines dem Haurer auch nicht allein vor solchem Haur Schilling, sondern auch vor dem allen, was er hierinnen sich mehr verschrieben, alle seine redeße und freyeste Erbe, Haabe, Gründe und Güter keine ausgenommen der Landschafft hiemit will verpfändet haben, thut sich alle und jede Exceptiones als doli mali persuasiones rei non sic sedaliter Gesta Cessiones[327] [Abtretungen, Übergeben] und allen andern Rechtsbehelfffen so bereits erdacht oder noch erdacht werden könten oder mögte, auch daß eine gemeine Recht Regel nicht

---

[325] Dies bezieht sich auf die Gilden als Feuerversicherungen, die sogenannten Brandgilden.
[326] Gaar ist die Triebkraft des Bodens.
[327] Exceptio doli mali = Einrede wegen Arglist.

gelte, es gehe dann eine besondere vorher sich hiemit gäntzlichem verstriche und begeben hat. Uf ewilich [??] und beständig deßen haben diesen Contract bede theile, nemlich die von der Landschafft dazu deputirte Herrn sowohl alß auch Haurer eigenhändig unterschrieben. Geschehen Kleinenhastett, den 17. Januar 1724.

C[laus] Boye, Pet[er] Detlefs subscriptum
Hanß Halke

Ex officio in fidem

N. Matthisen.

Personennamen

1.) „Offizielle Personen"

Bornholdt, J.
Boye, Peter (Kirchspielvogt Eddelack)
Boye, Claus (Kirchspielvogt Eddelack)
Bruhn, Jacob (Landvogt)
Claussen, C.A.
Detlefs, Peter; (Landesgev. Albersdorf)
Dose, Ernst Ulrich (Landschreiber)
Dührsen, Hanß (Gevollmächtigter)
Erhard, Johann Ernestus
Friedrich Ernst (Markgraf zu Brandenb.)
Gries, Johann (Kanzleirat)
Gude, Christian (Landvogt)
Gude, Johannes (Kirchspielschreiber)
Hahn, Martin (Propst)
Hanssen, Johann
Helm (Landvogt)
Held, Johannes (Landvogt)
Henning, Marten
Holling, Hans (Landesgevollmächtigter)
Johannsen, Matthies (Landvogt)
Karstens, Hans (Gevollmächtigter)
Postel, Jacob (Landesgev./Kirchspielvogt)
Steinhaus, Antonius (Gerichtsverordneter)
Strufe, Marx (Landesgev. Süderhastedt)
Vieth, Nicolas (Kirchspielvogt Krumstedt)
Vossius, Martinus (Pastor)
Wilckens, Johannes (Kspielvogt Marne)

2.) Pächter bezw. Eigentümer Blätter 1-86

Bahr, Micheel
Beeck, Andreas
Blauwen Peers Paul
Bohld, Carsten
Bols, Marten
Bolß, Marx
Boye, Baltzer
Boye, Johann
Boyen Jacobs Boye
Brehmer, Johannes
Bruhn, Jacob
Bruhn, Marx
Buchwaldt, Anna von
Buchwaldt, Wulff von
Busch, Diederich
Busch, Thoms
Carstens, Harder
Carstens, Jürgen
Claudius, Peter
Claus, Hülle
Claussen, Peter
Claußen, Reimer
Claußen. Jürgen
Dühren, Dirck
Eggers, Hans

Eggers, Hencke	Köhler, August Friedrich
Eggers, Jasper	Köhler, Christian
Fölster, Dirck	Köhler, Christian Detlef (2 Personen)
Friedrich, Johann Christian	
Frieß, Marcus Friedrich	Köhler, Friedrich
Gribbohm, Marx	Köhler, Jasper
Grote (Groht), Hans	Köhler, Johann August
Gude, Johannes	Köhler, Johann Christian (2 Personen)
Hadenfeldt, Hans	
Halcke, Hans	Köhler, Paul Friedrich
Hansen, Dethleff	Kröger, Hanß (Hanß Claußen)
Hanß Claußen, (Kröger, Hanß)	Kröger, Jochem (Jochim)
Hanßen, Aßmus	Kröger, Tewes
Harden, Carsten	Krogmann, Hans
Hargens, Hans	Krogmann, Hein
Harmß, Hanß	Kruhe, Hinrich
Harrings, Hanß	Kruse, Hermann
Heesch, Hinrich	Kühl, Casper
Helt, Johannes	Kühl, Claus
Henche, Peter Triencke	Kuhlmann, Johann
Hennings, Timm	Lobeck, Jürgen
Holling, Claus	Mansfeld, Dethlev
Holling, Hanß	Martens, Hinrich
Iben (Iven), Dethlev	Matthießen, Hinrich Nicolaus
Junge, Eggert Hans	Merlau, Nicolaus von
Jürgens, Claus (Claes)	Möller, Claus
Karstens, Johann	Müller, Christian
Karstens, Karsten	Nagel, Claus
Klahn, Hanß	Nordmann, Jürgen
Kleen, Claus	Otte, Marx
Kleen, Hanß	Peters, Dethlef
Kleen, Johann	Peters, Görries
Klehn, Hencke	Peters, Hencke
Klünner	Peters, Johann
Köhler, Nils	Peters, Jürgen

Rantzau, Claus
Rantzau, Detlev
Rantzau, Geert
Rantzau, Heinrich
Rave, Joachim Hinrich
Reimers, Claus
Reimers, Hans
Reimers, Matthias
Reimers, Peters Hans
Sachau, Hans
Sachau, Marten
Schröder, Andrees
Siemen, Peter Hans
Sned, Claus
Stack, Claus
Stacken Martens Frau
Strufe, Claus
Strufe, Detlef
Strufe, Peter
Strufe, Reimer
Teedens, Claus
Thomß, Junge Jacob
Tieß
Tode, Claus
Tohms, Jacob
Tönning, Jürgen
Tuchscherer, Johann
Veers, Hartig
Vehrs, Hinrich
Viedt, Nicolai (Kirchspielvogt)
Vos, Marten
Voss, NN (Vollmacht)
Voß, Siemen
Warnsholt, Marx
Weiß, Hans Hinrich

Witt, Johann
Wittmack, Carsten
Wittmack, Wulff

Blätter 87-122 und 185-215:
Krumstedt

Claußen, Hans
Gribbohm, Dirck
Hanßen, Aßmus
Hanßen, Dethleff
Holling, Hans
Ife (Ive), Claus
Ive, Reimer
Jürgens, Peter
Karstens, Karsten
Kleen, Johann (Hans)
Kröger, Jochim
Kröger, Tewes
Kühl, Claus
Lobeck, Johann
Mansfeld, Ties
Mansfeldt, Claus
Niemann, Steffen
Peter, Claus
Strufe, Beecke
Strufe, Dethleff
Strufe, Peter
Teede (Teedens), Claus
Thedens, Wiebke
Vehrs, Hinrich
Wittmack, Wulff

Blätter 123-126 und 175-180: Burg

Berens, Claus
Boje, Johann
Grabbe, Dethleff
Grandt, Marten
Haelcke, Hans (Landesgevollmächtigter)
Haelcke, Jürgen
Harms, Hinrich
Heesch, Claus
Hollm, Eggert
Kröger, Johann
Locht (Lucht), Hinrich
Lohrt, Jacob
Martens, Hans
Riecke, Hans
Siercks, Hinrich
Strufe, Claus
Wulff, Hinrich

Blätter 147-149 und 181-184: Bargenstedt

Boie, Harder
Boßels, Claus
Busch, Johann Baltzer
Claus Johanns, Ancke
Claus Johanns, Hans
Claus, Jochim
Dethleffs, Claus
Hamfeld, Karsten
Hartmann, Jürgen
Hues, Hans
Karstens, Claus
Kruse, Dethleff

Kühl, Hans
Maaß, Hans
Niemann, Steffen
Reimers, Johann
Rode, Claus
Rode, Hans
Roth, Maaß Hans
Tießen, Ties
Wulff, Claus

Blätter 150-152 Speerdiek; und Summen

Boßels, Claus
Boye, Harder
Busch, Johann Baltzer
Hanßen, Aßmus
Hanßen, Dethleff
Harders, Hans
Hueß, Hans
Ive, Reimer
Kleen, Hans
Kröger, Jochim
Kühl, Claus
Kühl, Johann
Maassen, Jacob
Maassen, Margretha
Matthießen, Jacob
Niemann, Steffen
Peters, Claus
Rühmann, Claus
Strufe, Peter
Tießen, Ties
Vehrs, Hinrich
Wittmack, Wulff

Flurbezeichnungen

Kleinhastedt

Barkengrube
Besenkoppel (Haberkoppel)
Bornholzwische
Bullenkrug
Dammgrube
Döse
Duwenwisch (Dubenwisch)
Elm (Pastoren Elmm)
Fettmoor
Finckhert (Vogelhert)
Frauenfeld
Galgenkamp
Galgenmoor
Geer
Graskrog
Große Mühlenkoppel
Großer Rader Busch
Großheidemohr
Haberkoppel (Besenkoppel)
Haren Busch
Hawisch
Heidekamp
Heidemohr
Heidhals
Hemm
Jetthücken (Geethöcken)
Junkersfeld
Junkerskoppel
Junkerswisch
Kätnersmoor
Kieckberg
Kiel

Kleine Mühlenkoppel
Knöll
Krattbusch
Krumstedter Au [Weddelbek]
Kühemoor
Langenacker
Langenharen
Lehmsieck
Lohe
Lüttkoppel
Macken Orke
Moorkoppel
Mühlenkamp
Neue Koppel
Pferdemoor
Rapsamenkrug
Ratjenbäck
Rawinkel
Rehteich, in der Besenkoppel
Rundholz
Schwarzenbergkoppel
Streitkrug
Stückenkroog
Vierth

Krumstedt

Aehlecker, Ehlacker, Ellacker
Argenacker, Langer und Kurzer
Auf der Kurzen Wisch
Auf der Langen Wisch
Auf der Lohe
Auf Höllen
Auf Poten (Porten)
Blänckenohrt (Blöckenorth,

Blöken)
Broeck (Brook)
Colpers Blöcke
Däpelkrug (Depelkrug)
Darjen
Dorf, Zur Norden Dorf
Dröchhöhen (Dreschön)
Gehrn, Gehren
Grasmoorskrug
Hammersacker
Hempensee
Hencke Eggers Buh
Hilsfehr
Hülle Claus Buh
Hülle, Hölle
Hünerkrug (Hönerkrog)
Junkers Wehr
Katzenburg
Klampenkrug
Klampwische
Koppelmoor
Krambehrenkrug
Küll Blöcke
Kurzenstrengen
Lacken, Auf Lacken
Langenstrengen
Lange Wische, Kurze Wische
Lindfarn
Meeshemme
Neuer Krug (Nienkrog)
Pöttjen Blöcke (Spötje Blöcke)
Sahlsberge
Schlage
Siddeldeichkrug
Spadenwische

Suhljahrt (Sujeort ?)
Südermoorskrug
Thunacker
Tieß Buh
Timm Vahrs Acker (Timmerfahrtsacker)
Weddelmoor
Westerheide
Wollmersacker
Zittfahrd (Stirthjahrt ?)

Burg

Berglche
Bojenteich
Bruhnland
Dwehrhollm ?
Häfkenbroock
Hellmsche Beeck
Hellmsche Brücke
Hellmschen
Holstenwische
Klampslied
Kröcken (Krucken)
Krumbögel
Langenhollm
Meent
Neue Wische
Pastoratswische
Placken

Poßwische (Postwische)
Rätje
Redder
Reethhemm
Siebenstücken
Sprantwiese
Würden

Bargenstedt

Bockshörn
Born, Lütjenborn
Döse
Fuhlenhemm
Hanensee
Kröcken
Langen Wehren
Maade (Hohe Maade)
Norderwisch
Rätjen
Stobbenkrug (Stubbenkrog)

Spezielle Begriffe aus dem Plattdeutschen

Bu, Buh = Bauernstelle
Büte = Anteil, besonders an Moor und Wald
Dackwerk = Tagewerk
Däpel, Döhpel = (Tümpel) = eine mit Gras überwachsene Stelle, eine Wiese
Dohle, Dool, Doodelsteen = Pfahl, Markierungszeichen
Fähr, Fähre = schmaler Bach, Priel
Galle = unfruchtbare Stelle auf Acker und Wiese
Geer = keilförmiges Ackerstück
Harenbusch; Harr = Schlamm, Sumpf
Kratt, Krattbusch = Unterholz, niedriges Buschwerk, trockenes Holz, Dürrholz
Rem, Rehm, Rähm = schmale Wiese am Rand einer Hölzung, schmaler Gehölzstreifen in der Feldmark (Buschrem)
Schleten = dünne lange Äste, die statt Brettern in Scheunen und Ställen verlegt werden
Sicht = Niederung, sumpfige Stelle im Acker

Landmaße und Währungen

1 Morgen = 15 Scheffel = 600 (Quadrat-)Ruten ≈ 1,35 ha
    1 Scheffel = 40 (Quadrat-)Ruten ≈ 0,09 ha = 9 Ar
        1 Rute = 16 Fuß ≈ 22,46 m^2
            1 Fuß = 16 Finger ≈ 1,4 m^2

1 Tagwerk ≈ 0,53 Morgen = 0,72 ha

1 Tonne = 240 Quadratruten = 6 Scheffel = 0,4 Morgen

1 Mark = 16 Schillinge = 192 Pfennige
    1 Schilling = 12 Pfennige
1 Reichstaler = 3 Mark

Literatur

Ahrends, Otto; *Gejstligheden i Slesvig og Holsten*, Kopenhagen 1932.

Anken, Johann von; *Nachricht von der [Gelehrten]schule zu Meldorf*, Handschrift im Stadtarchiv Meldorf. [Vor 1771]

Beeck, Hans; *Die Chronik von Windbergen*, Rendsburg 1956.

Bolten, Johann Adrian; *Dithmarscher Geschichte*, 4 Bände, Flensburg 1781-1788.

Chalybaeus, Robert; *Geschichte Dithmarschens*, Kiel/Leipzig 1888, Ndr. Leer 1988.

Freytag, Erwin; *Neubürger in Meldorf 1574-1755*, Schleswig-Holsteinische Gesellschaft für Familienforschung und Wappenkunde, Kiel 1983.

Gietzelt, Martin (Hrsg.); *Geschichte Dithmarschens*, Heide 2000.

derselbe; *Geschichte Dithmarschens*, Band 2, Heide 2014.

Johnsen, Wilhelm; *Balster Hans und seine Liebste*, in: Zeitschrift *Dithmarschen*, 2/1954, S. 33-39.

Kirchenvorstand Süderhastedt (Hrsg.); *850 Jahre St. Laurentius-Kirche in Süderhastedt 1140-1990*, Süderhastedt 1990.

Köhler, Johannes; *Die Geschichte Kleinhastedts*, in: Jahrbuch des Vereins für Dithmarscher Landeskunde, Bd. III, 1919, S. 19-54.

Kolster, W. H.; *Geschichte Dithmarschens*, Leipzig 1873, Ndr. Leer 1976.

Kühl, Helmut; *St. Laurentius-Kirche in Süderhastedt*, Kiel 2004 (Magisterarbeit).

Launert, Dieter; *Nicolaus Reimers (Raimarus Ursus), Günstling Rantzaus – Brahes Feind, Leben und Werk*, München 1999.

Launert, Dieter; *Nicolaus Reimers Ursus, Leben und Werk*, ²Meldorf 2010.

Lorenzen, Vilhelm (Hrsg.); *Rantzausche Burgen und Herrensitze im 16. Jahrhundert*; aus dem Dänischen übersetzt, Schleswig 1913.

Lorenzen-Schmidt, Klaus-Joachim; *Kleines Lexikon alter schleswig-holsteinischer Gewichte, Maße und Währungseinheiten*, Neumünster 1990.

Marten, Georg / Mäckelmann, Karl; *Dithmarschen*, Heide 1927.

Mensing, Otto; *Schleswig-Holsteinisches Wörterbuch*, 5 Bände Neumünster 1927-1935.

Michelsen, Andreas Ludwig Jacob; *Urkundenbuch zur Geschichte des Landes Dithmarschen*, Altona 1834.

Michelsen, Andreas Ludwig Jacob; *Adlige Güter in Dithmarschen*. In: Staatsbürgerliches Magazin, Bd. 7, Kiel 1827, S. 706-732.

Neocorus, *Chronik des Landes Dithmarschen*, hrsg. von Dahlmann, 2 Bände Kiel 1827. (Heide 1904).

Nissen, Nis R.; *Am Anfang war das Dorf, Raumordnung im Mittelalter*. In: Martin Gietzelt (Hrsg.), Geschichte Dithmarschens, Heide 2000, S. 94-117.

Petersen, Hans-Peter / Scherreiks, Sandra; *Mühlengeschichte Dithmarschens*, Heide 2006.

Rantzau, Heinrich; *Cimbricae Chersonesi descriptio nova*. In: E.J. von Westphalen, Monumenta inedita rerum Germanicarum, Leipzig 1739.

Steinhäuser, Martin; *Der Adel in Dithmarschen*. In: Jahrbuch des Vereins für Dithmarscher Landeskunde, Bd. IX, Heide 1929, S. 26-55.

Stoob, Heinz; *Geschichte Dithmarschens im Regentenzeitalter*, Heide 1959.

Thiessen, Wilhelm; *Die Kirchspielvögte in Süderdithmarschen 1559-1867*, Zeitschrift *Dithmarschen*, Heft 1/1963, 2/1963, 4/1963, 1/1964, 2/1964.

Vieth, Anton; *Beschreibung und Geschichte des Landes Dithmarschen*, Hamburg 1733.

Westphalen, E. J. von; *Monumenta inedita rerum Germanicarum*, Bd. IV. 1745